U0492681

国家自然科学基金资助项目：多渠道零售环境下研究型购物者的感知价值与渠道转换行为研究——零售商与购物者互动视角(71272247)

多渠道零售下的消费者渠道转换行为
——研究型购物者行为探究

汤定娜 等著

中国财经出版传媒集团
经济科学出版社
Economic Science Press

图书在版编目（CIP）数据

多渠道零售下的消费者渠道转换行为：研究型购物者行为探究/汤定娜等著．—北京：经济科学出版社，2018.9
ISBN 978－7－5141－9788－4

Ⅰ.①多… Ⅱ.①汤… Ⅲ.①消费者行为论-研究 Ⅳ.①F713.55

中国版本图书馆 CIP 数据核字（2018）第 223921 号

责任编辑：刘　瑾
责任校对：曹育伟
责任印制：邱　天

多渠道零售下的消费者渠道转换行为
——研究型购物者行为探究
汤定娜　等著
经济科学出版社出版、发行　新华书店经销
社址：北京市海淀区阜成路甲 28 号　邮编：100142
总编部电话：010-88191217　发行部电话：010-88191522
网址：www.esp.com.cn
电子邮件：esp@esp.com.cn
天猫网店：经济科学出版社旗舰店
网址：http://jjkxcbs.tmall.com
固安华明印业有限公司印装
710×1000　16 开　15.25 印张　270000 字
2018 年 9 月第 1 版　2018 年 9 月第 1 次印刷
ISBN 978－7－5141－9788－4　定价：57.00 元
(图书出现印装问题，本社负责调换。电话：010-88191502)
(版权所有　翻印必究　举报电话：010-88191586
电子邮箱：dbts@esp.com.cn)

著作者成员（按姓氏拼音排序）

首席作者　汤定娜

其他作者　李社球　廖文虎　刘俊清　刘梦玮　刘遗志
　　　　　刘　煜　隋智勇　谭　娟　肇丹丹　周　明

前 言

多渠道零售自20世纪90年代末期在中国兴起，至今已有20年。相对于当初面对乍然出现的网络渠道束手无策，如今在多渠道包括移动端、社交端等多重新兴渠道重叠的环境中，消费者已然有了从容甚至游刃有余的表现。他们会熟练地运用各种技术手段和途径搜索信息来"货比三家"，也会频繁地在社交网站之类的平台上发布购买体验并讨论"值不值"。消费者的这种"从容"充分表明，在新时代、新理念、新技术的全面冲击下，消费者的消费及购买心理与行为模式都发生了很大改变。

本书所关注的消费者渠道转换行为正是上述所谓"从容"表现中的一种。在多渠道购物中，采取渠道转换行为的消费者大量存在，如在线上网店搜集信息，享受售前咨询服务后，却转身去了线下实体店购买，或者是在实体店看货试货，花了营业员大量时间和精力，却在付款环节打开手机下了单。这种行为如果是发生在多渠道零售商之间，被称作"搭便车"。"搭便车"行为使得渠道的环境更加复杂，竞争更加激烈，管理难度加大。鉴于此，零售商们正在进行多渠道整合并采取各种战略与措施以满足购物者的需求与期望，正在努力成为一个真正的"全渠道"零售商。而这一切都必须建立在对消费者的渠道选择与转换行为进行全面深入了解的基础之上。本书作者所尝试的正是系统地对消费者渠道转换行为进行研究，目前在渠道转换行为的典型主体、类型与路径以及影响因素等问题的研究上取得了一系列成果。

本书第一章主要阐述渠道转换行为的研究现状，并对本书涉及的内容做了导引。第二、三章主要介绍多渠道购物者中的典型代表，以渠道转换行为为特征的研究型购物者。尝试通过实证研究对研究型购物者的概念及行为类型进行界定。第四至六章，讨论了渠道转换行为的类型和路径。侧重点为两种主要的路径，即所谓的"展厅"行为（实体店搜索信息却网店购买）和"反展厅"行为（网上搜索信息却实体店购买），同时对从网络渠道向移动渠道转移的行为进行了研究。第七至十一章，探讨的是影响渠道转换行为的因素。既有内在因素，如感知价值、临场感，也有体现互动的外部因素，如多渠道整合质量、顾客—渠道价值一致性、企业—顾客互动等。第十二至十七章，涉及与主题相关的一些新问题。如因互联网发展而使得重要程度加强的网络信息搜索问题、移动购物中的时间压力问题、对在线评论中的虚假信息欺骗性辨别问题、体现互动与情境特点的直播视频购物问题、差评中的消费者购后认知失调问题以及从"平台"冠称的企业角度来看消费者选择问题等。此外,为方便检索,附上了专业术语索引。

本书为国家自然科学基金项目"多渠道零售环境下研究型购物者的感知价值与渠道转换行为研究——零售商与购物者互动视角"的主要研究成果之一。呈现的是本人带领的团队关于研究型购物者以及渠道转换行为的系列研究成果。团队主要成员及其参与本书写作的情况如下。湖北大学知行学院讲师刘梦玮:第一、四、十二章;湖北大学副教授周明:第二、四、六章;贵州大学副教授刘遗志:第三、五、七章;武汉工程大学讲师廖文虎:第八、十一章;内蒙古财经大学副教授肇丹丹:第九章;广西艺术学院副教授谭娟:第十章;五邑大学经济管理学院营销系主任李社球:第十四章;内蒙古财经大学副教授刘俊清:第十五章;武汉工程大学讲师刘煜:第十六章;桂林电子科技大学副教授隋智勇:第十七章。还有几位硕士生参与了书稿的合作撰写,如下,郑丽娇、陈猛:第二章;马连朋:第四章;杨艺敏、严颖:第六章;严爱东、吕摇:第十三章。本人承担了全书的大纲拟定和统稿审校工作并参与了第一、二、四、六、七、八、十一、十二、十三等章的合作撰写。李涛、郭娟娟、陈广旺、许冬、汤猛、高学平等也对本书的完成做出了贡献。宋晓琳和吕摇在本书的编辑和校对上做了大量的工作。从研究的前期基础角度看,关于"多渠道零售及其消费者行为"问题的研究往前可追溯到2004年,本人与王万竹、舒畅合作在武汉国际电子商务第三届会议上发表的论文"零售企业拓展网上零售的对策"以及2007年与孙亚莉、郑雯珺合作在武汉电子商务国际会议第六届会议上发表被ISTP检索的论文"Consumers' Online Purchasing Trust in Multi-channel Retail"。在研究过程中,美国俄亥俄州立大学的统计学博士郑雯珺在文献搜集、研究方法、模型构建和国外实地考察及比较研究方面提供了支持和帮助。特别感谢同事费显政教授和刘晓峰教授对本项目研究自始至终地倾力帮助和支持,他们的经验和建议让我们受益匪浅。同时也感谢博导组宁昌会教授和张新国教授对团队的支持和鼓励。感谢我的导师万后芬教授对本书的全方位支持。

本书的研究主题虽然有了一系列成果,但仍处在不断探索、不断挖掘之中。不足和瑕疵,欢迎商榷与指正。

汤定娜
2018 年 7 月

目 录

第一章 渠道转换行为研究回顾与展望 …………………………………… 1
    第一节 引言 ………………………………………………………………… 1
    第二节 渠道转换的概念 …………………………………………………… 2
    第三节 渠道转换的路径 …………………………………………………… 5
    第四节 渠道转换的影响因素 ……………………………………………… 8
    第五节 未来研究展望 ……………………………………………………… 11

第二章 研究型购物者的界定 ……………………………………………… 13
    第一节 引言 ………………………………………………………………… 13
    第二节 相关文献回顾 ……………………………………………………… 14
    第三节 量表形成与预测试 ………………………………………………… 19
    第四节 量表的检验 ………………………………………………………… 22
    第五节 结论 ………………………………………………………………… 26

第三章 研究型购物者的行为类型 ………………………………………… 28
    第一节 引言 ………………………………………………………………… 28
    第二节 研究型购物者行为的研究现状 …………………………………… 28
    第三节 研究方法与过程 …………………………………………………… 29
    第四节 结论与对策 ………………………………………………………… 42

第四章 渠道转换行为中的"展厅"现象 ………………………………… 45
    第一节 引言 ………………………………………………………………… 45
    第二节 文献综述 …………………………………………………………… 46
    第三节 研究假设与理论框架 ……………………………………………… 50
    第四节 研究方法与过程 …………………………………………………… 51
    第五节 结论与讨论 ………………………………………………………… 52

第五章 渠道转换行为中的"反展厅"现象 ········ 54
第一节 问题的提出 ········ 54
第二节 研究模型与假设 ········ 55
第三节 模型变量与数据收集 ········ 58
第四节 假设检验与数据分析 ········ 59
第五节 实证结论与讨论 ········ 62

第六章 从传统网络购物渠道向移动购物渠道转移 ········ 65
第一节 引言 ········ 65
第二节 网购渠道迁徙的相关文献回顾 ········ 66
第三节 传统网购迁徙到移动网购渠道的理论架构和假设提出 ········ 68
第四节 研究分析 ········ 70
第五节 PC 端向移动终端迁徙的影响因素分析 ········ 71
第六节 管理借鉴、不足与展望 ········ 73

第七章 感知价值对离线向在线迁徙的影响 ········ 76
第一节 引言 ········ 76
第二节 文献回顾 ········ 76
第三节 研究模型与假设 ········ 77
第四节 模型变量与数据收集 ········ 80
第五节 假设检验与数据分析 ········ 81
第六节 研究结论与对策建议 ········ 86

第八章 临场感对跨渠道搭便车意愿的影响 ········ 89
第一节 引言 ········ 89
第二节 文献回顾 ········ 89
第三节 研究假设与理论框架 ········ 93
第四节 研究过程与方法 ········ 95
第五节 结论与讨论 ········ 96

第九章 B2C 互动概念辨析及其对渠道转换行为的影响 ········ 99
第一节 B2C 互动的理论基础 ········ 99
第二节 B2C 互动的内涵 ········ 102

第三节　B2C 互动对渠道转换行为的影响 …………………………………… 106

第十章　"顾客—渠道价值匹配"对顾客保留的影响 ……………………… **115**

第一节　引言 …………………………………………………………………… 115

第二节　文献回顾 ……………………………………………………………… 115

第三节　假设推导与模型构建 ………………………………………………… 120

第四节　研究过程与方法 ……………………………………………………… 123

第五节　结论与建议 …………………………………………………………… 125

第十一章　多渠道整合质量对跨渠道"搭便车"意愿的影响 ……………… **126**

第一节　引言 …………………………………………………………………… 126

第二节　文献回顾 ……………………………………………………………… 127

第三节　研究假设与理论框架 ………………………………………………… 130

第四节　研究过程与方法 ……………………………………………………… 132

第五节　结论与讨论 …………………………………………………………… 133

第十二章　时间压力对消费者移动购物意愿的影响 ………………………… **136**

第一节　引言 …………………………………………………………………… 136

第二节　文献综述 ……………………………………………………………… 137

第三节　理论模型和研究假设 ………………………………………………… 140

第四节　研究方法与过程 ……………………………………………………… 142

第五节　结论与讨论 …………………………………………………………… 144

第十三章　直播购物中卖家—顾客互动对顾客信任的影响 ………………… **147**

第一节　问题的提出 …………………………………………………………… 147

第二节　文献综述 ……………………………………………………………… 148

第三节　理论模型和研究假设 ………………………………………………… 152

第四节　研究方法与过程 ……………………………………………………… 154

第五节　结论与讨论 …………………………………………………………… 157

第十四章　网络信息搜索体验对再访问意愿的影响 ………………………… **160**

第一节　引言 …………………………………………………………………… 160

第二节　文献与理论依据 ……………………………………………………… 161

第三节　研究模型与假设 ……………………………………………………… 163

第四节　研究方法与过程 ……………………………………………………… 165

第五节　结论与讨论 ··· 169

第十五章　顾客感知视角的虚假评论欺骗性 ·· 172
　　第一节　问题的提出 ··· 172
　　第二节　虚假评论文献综述 ··· 172
　　第三节　研究设计与过程 ·· 174
　　第四节　结论与建议 ··· 179

第十六章　基于差评的消费者减少购后失调的应对策略 ·· 183
　　第一节　引言 ·· 183
　　第二节　扎根理论方法 ·· 184
　　第三节　研究设计与研究过程 ·· 185
　　第四节　结论与讨论 ··· 189

第十七章　平台企业定价行为与消费者平台转换研究 ··· 190
　　第一节　引言 ·· 190
　　第二节　文献回顾 ·· 191
　　第三节　模型及假设 ··· 193
　　第四节　企业定价博弈及对消费者的转化影响研究 ······································ 194
　　第五节　结论 ·· 203

参考文献 ·· 205
索引 ··· 233

第一章 渠道转换行为研究回顾与展望

第一节 引 言

自20世纪末21世纪初起,零售业进入多渠道时代。近20年来,随着信息技术的发展和网络渠道的兴起,新的数字化渠道如移动终端、社会化媒体得到广泛应用,零售业发生了翻天覆地的变化。这些新兴的渠道类型不但改变了零售业的商务模式,也改变了消费者的行为模式(Verhoef et al.,2015)。相对于单一的实体店渠道环境,多渠道环境下的消费者行为更加复杂多变(Schoenbachler & Gordon,2002)。

在零售领域,渠道是企业与顾客之间沟通、互动的媒介,被视为顾客触点(Neslin et al.,2006)。根据零售商使用的渠道宽度,可以将渠道划分为单渠道与多渠道。单渠道是指零售商使用单一的实体渠道或者网络渠道向消费者提供产品或服务;多渠道是指零售商使用两种或两种以上的渠道向消费者提供产品或服务(Levy & Weitz,2009)。这些渠道除了商店、邮购、电话中心、电视购物频道、直邮和网站等渠道外,还包括迅速发展的移动购物、虚拟超市和社会化媒体等新兴渠道。在此之后全渠道(omni-channel)的概念也被提了出来(Rigby,2011)。全渠道是指零售企业采取尽可能多的零售渠道为顾客服务,满足购物者任何时间、任何地点、任何方式的购买需求,并实现渠道间的无差别体验(Beck & Rygl,2015)。与多渠道相比,全渠道的概念存在显著的不同点:一是涉及更多的渠道(Verhoef et al.,2015);二是强调渠道间的融合和无差别体验或无缝体验。目前,零售业渠道发展的现实状况与全渠道的要求还存在较大的差距,关于全渠道的研究还处于探索性阶段。

网络购物的迅速普及,使大量的消费者从传统的实体店渠道迁移到线上渠道(Avery et al.,2012)。多渠道消费者在购买决策过程中不同的购物阶段追求不同的价值,常常会利用不同类型渠道的优势来满足自身的需求,进而常常从一种渠道转换到另一种渠道。例如，查塔姆（Chatham，2004）在美国进行的一项调查结果显示，65%的顾客在实体店购买商品前曾在互联网上搜集相关信息，其中，20.4%的消费者从线上到线下转换的过程中同时也发生了品牌的转变（Van Baal & Dach，2005）。另外，消费者也可能先到实体店铺试用或体验产品，然后再转而通过在线商店完成购买。"在国美、苏宁看价，到国美在线、苏宁易购下单"，已经成为中国多渠道消费者的经验之谈。逾五成的顾客在购物的全过程中至少使用两种或两种以上渠道（Shankar & Winer，2005）。由于不同类型的渠道在信息丰富性、互动吸引力、价格等方面存在差异，消费者对不同类型渠道上产品与服务的价值评估也会不同，因而在购买过程中会考虑在渠道间发生转换，即从一种渠道转移到另一种渠道（Chiang，2003；庞芳，2014），这一现象常常被学者称为渠道转换。

目前国内外对渠道转换行为的研究虽然尚处于发展初期，但是也已经累积了一些研究成果。基于此，笔者从多渠道零售背景下消费者渠道转换行为的概念、消费者渠道转换的路径、消费者渠道转换的影响因素以及未来研究方向等几个方面对消费者渠道转换行为的研究进行了概述，旨在为以后更深入的研究提供借鉴。

第二节　渠道转换的概念

在多渠道零售环境下，消费者的渠道选择行为更加复杂，常常会在不同类型的渠道之间发生转换。国内外学者对多渠道背景下消费者的渠道转换行为进行了大量研究，提出了许多新的概念和观点，如渠道转换（Mccorkle & Reardon，2002）、渠道迁徙（Ansari et al.，2008；涂红伟，周星，2011）、跨渠道购买（Chiu et al.，2011；郭燕、周梅华，2014）、展厅与反展厅（Wolny & Charoensuksai，2014；Rapp et al.，2015）等，但是，总的来说研究较为零散（Badrinarayanan et al.，2012），而且相关概念常常被混用，缺乏清晰的界定与区分。因此，对于这些概念进行比较和分析是很有必要的。

一、渠道转换

麦考克尔和里尔登（Mccorkle & Reardon，2002）指出渠道转换是指消费者在多渠道环境中，从一个购买渠道向另一个购买渠道转移的动态过程。普克朗格拉等（Pookulangara et al., 2011）认为，在多渠道环境下，当消费者对当前渠道不满意时，他们就会转换到另外一种不同的渠道或者零售商，这个动态的过程即为渠道转换。消费者渠道转换的目的是为了最大化自身的购买利益，或者说使得购买成本包括金钱、时间、精力等最小化。本书认为多渠道零售环境下消费者的渠道转换行为既可能是整个购买过程在不同属性的渠道之间转换，也可能是消费者在信息搜寻阶段和购买交易阶段对不同类型渠道的选择，既可能是在归属于同一零售商的不同类型渠道之间发生转换，也可能是在归属于不同零售商的渠道之间发生转换。鉴于此，本书将渠道转换定义为消费者于购买过程中在不同类型渠道之间选择和更换渠道的过程。

渠道转换行为的常见形式是消费者通过线上（线下）渠道搜寻信息，再通过线下（线上）渠道完成购买。范霍夫等（Verhoef et al., 2007）将这种行为称为研究型购物行为。他们认为：由于与实体店相比，网络渠道在属性方面具有搜索优势和购买劣势；而且网络渠道表现出低渠道锁定的特征；此外，网络渠道与实体店之间存在正向的跨渠道协同。这三种因素结合起来形成了从网络渠道到实体店之间转换的显著的研究型购物行为。研究型购物者是多渠道零售环境下出现的特殊消费者群体，因其具有典型的渠道转换行为特点而引起学术界和业界的关注。本书通过实证研究的方法分别对研究型购物者的概念和研究型购物行为类型进行了界定和解析（详见本书第二、三章）。

二、渠道迁徙

"迁徙"（migration）一词最早为社会学家所提出，用来描述人类学中的人口迁移现象。斯坦菲尔德等（Steinfield et al., 2002）首次将迁徙概念引入营销学学科中用来研究消费者行为。托马斯和沙利文（Thomas & Sullivan, 2005）认为渠道迁徙是在整个购买决策阶段中，消费者在零售商不同的渠道之间反复对比衡量的动态过程。托马斯和沙利文强调的是消费者渠道迁徙是一个双向的、反复的动态过程，不但包括购买渠道的迁徙，也包括整个购买决策过程的不同阶段即信息搜寻阶段与购买阶段之间的迁徙。考夫曼等（Kauffman et al., 2009）则认为，渠道迁徙是消费者从一种购买渠道向另一种购买渠道的转换，而不是在零售渠道中来回流转。显然，考夫曼等的观点与托马斯和沙利文的观点截然不同，他们认为渠道迁徙是一个单向过程，而且仅仅是指购买渠道的迁移，不包括信息搜寻阶段与购买阶段之间的迁移。笔者认为渠道迁徙不仅包括消费者于在线购买渠道和离线购买渠道之间的迁徙，还包括消费者在信息搜寻渠道和购买渠道之间的迁徙。从这个意义上来说，渠道转换和渠道迁徙可以被视为同一概念。

三、跨渠道购买

跨渠道购买是消费者在购买决策过程中的不同阶段运用不同渠道的行为（郭燕、周梅华，2014）。根据是否转换零售商，跨渠道购买可以分为"跨渠道搭便车"（cross-channel free-riding）和"跨渠道保留"（cross-channel retention）。消费者在转换渠道的过程中如果同时也转换了零售商称为"跨渠道搭便车"（Chiu et al.，2011）。"跨渠道搭便车"不仅在购买决策的不同阶段实现了线上与线下零售渠道之间的转换，而且还转换了不同的零售商；消费者在转换渠道的过程中如果并未转换零售商则称为跨渠道保留（沙振权、梁韵莹，2015）。"跨渠道保留"是指虽然在购买决策的不同阶段实现了线上与线下零售渠道之间的转换，但是这种转换发生在同一个零售商的销售体系内。在跨渠道搭便车行为中，消费者通过实体店进行初步的产品信息收集，在店内通过移动终端进行进一步的比较从而选择最优渠道（通常是线上渠道）完成购买的行为被称为"展厅"（showrooming）现象（Butler，2013；Rapp et al.，2015）；相反地，消费者通过网络渠道或者移动渠道进行初步的信息搜索，但是通过实体店完成最终购买的行为被称为"反展厅"（webrooming）现象（Phillips，2013）。

将与渠道转换相关的概念进行解析与比较（见表1-1）可以看出，跨渠道购买是指消费者在购买决策过程的不同阶段选择了不同的渠道，或者说消费者在信息搜寻阶段和购买阶段发生了渠道迁移。因此，从这一角度来说，渠道转换比跨渠道购买的范围要大一些，跨渠道购买是渠道转换的形式之一。

表1-1　　　　　　　　　　渠道转换相关概念

概念	定义	学者
渠道转换	消费者在多渠道环境中从一种渠道转移到另一种渠道的动态过程	麦考克尔和里尔登；普克朗格拉等
渠道迁徙	消费者在整个购买阶段中反复变换零售商渠道的行为 并不是消费者在渠道间来回地转换，而是以一种渠道转换到另一种渠道的行为	托马斯和沙利文 考夫曼等
跨渠道购买	跨渠道购买是消费者在购买决策过程的不同阶段运用不同渠道的行为	郭燕、周梅华（2014）
渠道搭便车	消费者通过某企业的一种渠道搜寻信息后在其竞争者的另一种渠道完成购买，这类购物行为被学者称为"渠道搭便车行为"	赵等

续表

概念	定义	学者
跨渠道保留	顾客在跨渠道购买中从搜索到购买都接触相同的企业，则被认为是实现了"跨渠道保留"	沙振权、梁韵莹（2015）
"展厅"	消费者通过实体店进行初步的产品信息收集，在店内通过移动终端进行进一步的比较从而选择最优渠道（通常是线上渠道）完成购买的行为被称为"展厅"（showrooming）现象	巴特勒；拉普等
"反展厅"	消费者通过网络渠道或者移动渠道进行初步的信息搜索，但是通过实体店完成最终购买的行为被称为"反展厅"（webrooming）现象	菲利普斯

综合以往学者的观点，本书认为，渠道转换与渠道迁徙的内涵从一定意义上讲是相同的，都是指消费者从一种渠道迁徙到另一种渠道（不考虑零售商是否发生转换），既包括消费者在不同的购买渠道之间的转换，也包括消费者在购买过程的不同阶段从一种渠道转移到另一种渠道（跨渠道购买）。

第三节　渠道转换的路径

随着网络的普及和信息技术的发展，线上渠道受到越来越多消费者的青睐，这对零售商和消费者都产生了重要影响。一方面零售商希望成为多渠道零售商，传统零售商不断地增设网络渠道，纯电子商务零售商也开始转而设立实体店；另一方面消费者为了追求利益最大化以及个性化的购物体验，不断尝试各种新渠道，成为多渠道购物者。由于渠道的多样化，消费者在购物的各个阶段常常会选择使用不同的渠道，通过渠道转换行为，也表现出不同的渠道转换路径。

按照渠道的属性，消费渠道可分为在线渠道（如电话购物、网络购物、邮寄购物、目录购物、电视购物等）和离线渠道（如杂货店、超市等）两类（Levy & Weitz，2006；Neslin et al.，2006）；按照渠道的功能，消费渠道又可以划分为信息搜寻渠道和购买渠道（Coughla et al.，2001）。涂红伟和周星（2011）将渠道属性和渠道功能这两个维度相结合，形成了四条渠道转换路径：第一条路径是消费者从使用在线渠道搜寻信息转换到使用离线渠道完成购买，即在购买过程的不同阶段从一种渠道转换到另一种渠道；第二条路径是消费者从离线渠道转换到在线渠道完成购买，即整个购买过程从一种渠道转换到另一种渠道；第三条路径是消费者从使用离线渠道搜寻信息转换到使用在线渠道完成购买，即在购买过程的不同阶段从一种渠道迁徙到另一种渠道；第四条路径是消费者从在线渠道转换到离线渠道完成购买，即整个购买过程从一种渠道转换到另一种渠道。涂红伟和周星（2011）的这一划分方法简单清晰，得到了众多学者的认同。但是，该路径划分方法对于渠道的分类来说显得过于简单，不能完整地反映现实中的渠道转换情形。因为消费者不仅会在在线渠道和离线渠道之间进行转换，也可能从一种在线渠道迁徙到另一种在线渠道，或者从一种离线渠道迁徙到另一种离线渠道，如从网购渠道迁移到新兴的移动渠道等。

有学者对消费者的跨渠道购买行为进行了整合性研究，创新性地引入了零售商这一新的维度，从零售商是否相同的角度提出了线上和线下两种渠道、搜寻和购买两种渠道功能以及同一零售商/不同两种零售商三个维度进行组合，提出了8条转换路径的观点，并且明确指出消费者跨渠道购买行为包括跨渠道搭便车和跨渠道保留两种类型（Chiu et al.，2011）。本书分别对跨渠道搭便车中的"展厅"和"反展厅"这两种行为的影响因素进行了探索（详见本书第四、五章）。

张明（2012）对跨渠道搭便车行为进行了研究，认为在多渠道消费环境中存在两种消费者：具备产品知识的消费者和不具备产品知识的消费者。具备产品知识的消费者对产品有足够的知识，并且准确地知道该产品是否适合他们的状况或特定需求。不具备产品知识的消费者则需要零售商的销售服务以解决不确定性匹配。因此，根据消费者类别和渠道属性两个维度可以将消费者的渠道搭便车路径划分为四种。蒋侃和许柳燕（2016）对多渠道顾客的跨渠道保留行为进行了研究。他们首先将多渠道顾客的转换路径划分为线下搜寻信息→线上购买和线上搜寻信息→线下购买两种，同时他们认为在多渠道零售环境下顾客可能采取两种不同的思考路径：片段式处理和基于类别的处理，并据此将消费者划分为两种类型。因此，消费者的跨渠道顾客保留路径也可以划分为四种类型。张明（2012）以及蒋侃和许柳燕（2016）的研究的共同之处是都将渠道的属性（在线渠道VS离线渠道）和消费者类型进行了综合考虑，尤其是将消费者类型引入作为渠道转换路径的维度之一的观点值得肯定。

孙永波等（2017）认为，随着移动智能终端的普及、无线网络的发展以及移动支付和信息技术的发展和成熟，移动购物因为其便利性正在逐渐成长为消费者的主流购物方式。因此，将线上渠道仅仅归纳为网络渠道是不合适的。孙永波等认为，根据渠道属性的不同，可以将渠道划分为线下渠道、网络渠道和移动渠道三种类型；根据渠道功能的不同，可以将渠道划分为信息搜寻、购买、购后反馈三种渠道类型；根据消费者在渠道转换过程中是否同时转换了零售商，可以分为同一零售商和不同零售商两种类型。根据渠道属性（线下渠道 VS 网络渠道 VS 移动渠道）、渠道功能（信息搜寻渠道 VS 购买渠道 VS 反馈渠道）和是否转换零售商（同一零售商 VS 不同零售商）三个维度，渠道转换路径可以归纳为 18 条路径。本书对新兴的移动渠道下的消费者行为特点进行了研究，如时间压力对移动购物者的影响（详见本书第十二章），并对从传统的网络渠道到移动渠道的转移路径进行了研究（详见本书第六章）。

通过对以往文献的梳理，我们发现对消费者渠道转换路径的划分，通常使用的维度主要包括四种：渠道属性、渠道功能、消费者类型、零售商是否发生转换（表 1-2）。随着时间的推移和研究的深入，消费者渠道转换路径的研究成果更为丰富和全面了。但是目前的研究存在以下问题：一是每一种维度具体划分为几种类型尚没有定论。例如，渠道属性是划分为线上渠道与线下渠道两种，还是线下渠道、网络渠道和移动渠道三种并不统一；渠道功能是划分为信息搜寻功能和购买功能两种，还是信息搜寻功能、购买功能和购后反馈功能三种也存在分歧；另外，根据不同的标准，消费者也可以划分为不同的类型。二是不同的学者在进行渠道转换路径的划分时会根据需要选择不同的维度，但是很少有学者对这些维度进行综合考虑以及说明和论证哪些维度更加重要。三是虽然关于渠道转换路径的研究已经有比较丰富的成果，但是少有文献对于渠道转换路径的可行性进行论证。因此，选取哪些维度作为渠道转换路径划分的依据、什么样的路径划分最能体现现实中的消费者渠道转换以及如何利用渠道转换路径的研究成果为零售商提供制定多渠道策略的依据应作为未来研究的重点。

表 1-2 渠道转换路径的划分维度

维　　度	代表性学者
渠道属性（线上 VS 线下）、渠道功能（信息搜寻 VS 购买）	涂红伟和周星（2011）
渠道属性（线上 VS 线下）、消费者类型（信息搜寻 VS 购买）	张明（2012）；蒋侃和许柳燕（2016）
渠道属性（线上 VS 线下）、渠道功能（信息搜寻 VS 购买）、零售商是否相同（相同 VS 不同）	赵等（2011）
渠道属性（网络 VS 移动 VS 线下）、渠道功能（信息搜寻 VS 购买 VS 购后）、零售商是否相同（相同 VS 不同）	孙永波等（2017）

第四节 渠道转换的影响因素

众多的国内外学者对渠道转换的影响因素进行了探索，形成了一系列研究成果。如前所述，渠道转换可以分为整个购买过程从在线渠道（离线渠道）转换到离线渠道（在线渠道）以及在不同购买过程阶段从在线渠道（离线渠道）转换到离线（在线渠道）。后一种转换方式也称为跨渠道购买，根据在渠道转换过程中是否转换零售商又可以分为跨渠道搭便车和跨渠道保留。国内外关于跨渠道购买驱动因素的研究，主要以跨渠道搭便车为主，关于跨渠道保留的研究相对较少。沙振权和梁韵莹（2015）认为多渠道质量整合和信任都会影响消费者的跨渠道保留意愿。周飞、冉茂刚和沙振权（2017）发现多渠道质量整合通过沟通质量的中介作用影响消费者的跨渠道保留意愿，并且享乐型购物导向在这种关系中起到调节作用。也有部分学者指出影响消费者跨渠道保留的因素主要包括消费者因素、渠道因素、零售商因素三个方面（范丽，2017；张萨仁娜，2017）。本书探讨了顾客与渠道价值一致性对顾客保留的影响（详见本书第十章）。

跨渠道搭便车的相关文献数量颇为丰富，按研究视角的不同可以分为单一视角研究与综合视角研究。单一视角研究主要是从消费者、产品和零售商等某一个方面来独立地分析它们对消费者渠道搭便车行为的影响。消费者因素方面，范霍夫等（Verhoef et al.，2007）研究发现，购物体验、渠道忠诚度、消费动机等都会驱动消费者从在线渠道搜索信息转向通过离线渠道购买；周等（Chou et al.，2015）认为，消费者对渠道/公司的感知风险、感知吸引力和感知转换障碍都会影响其渠道搭便车意愿。本书对网络购物临场感对渠道搭便车的影响进行了探讨（详见本书第八章）。产品因素方面，范·巴力与达奇（Van Baal & Dach，2005）研究得出，产品类别、产品使用周期（产品购买频率）以及技术更新速度都会影响消费者渠道搭便车行为，并调查发现，超过20%的消费者会选择通过在线渠道搜索信息进而转移到离线渠道购买。零售商因素方面，诺克斯与乔治（Knox & George，2006）研究发现，营销传播对消费者从信息搜寻渠道转向购买渠道的迁徙行为有显著影响。本书对多渠道整合质量对消费者跨渠道搭便车意愿的影响进行了探讨（详见本书第十一章）。

另外，也有学者从综合视角对消费者的渠道搭便车行为进行了分析。他们认为，消费者因素、产品因素、零售商因素等并不是孤立地作用于消费者在信息搜索渠道与购买渠道间的转换行为；文卡特斯等（Venkatesan et al., 2007）发现消费者的购买决策会受企业与消费者之间的互动效果影响，从而会发生渠道搭便车行为；赵等（Chiu et al., 2011）以 PPM 研究模型为基础，从消费者与零售渠道两方面入手，综合分析了消费者的互联网经验、渠道替换经验以及多渠道自我效能；感知多渠道整体性、转换成本以及企业内锁定；感知竞争对手实体店的服务质量、感知在线渠道风险以及感知竞争对手实体店的吸引力等多方面因素对渠道搭便车行为的影响。本书也从零售商与消费者的互动出发分析了其影响力（详见本书第九章）。海茨-斯潘（Heitz-Spahn，2013）认为，消费者的购物动机、人口统计因素以及产品类别都会显著影响消费者的渠道搭便车行为。袁丽和綦方中（2012）同样通过 PPM 理论对中国情境下渠道搭便车的驱动因素进行了实证检验，发现消费者使用多种渠道的自我效能、竞争对手的在线零售商的吸引力以及零售商锁定都会影响消费者的跨渠道搭便车意愿。涂红伟和严鸣（2014）从体验学习视角探讨了外部环境和体验学习知识对消费者渠道搭便车行为的作用过程，发现网络参照群体、渠道吸引力、自我效能感和转换成本对渠道搭便车行为有显著影响，并且自我效能感在网络参照群体和渠道搭便车行为的关系之间起部分中介作用，转换成本在渠道吸引力和渠道搭便车行为的关系之间起到完全中介作用。曹磊和张子刚（2009，2011）认为，消费者跨渠道搭便车的驱动因素包括消费环境、消费者行为和技术局限性三个方面，并且通过实证研究发现搜索便利性、卖方努力、个人产品知识及渠道多样化都会降低消费者感知搜索成本，从而促进消费者的信息搭便车行为。

  与此同时，也有学者根据渠道属性将渠道划分为在线渠道和离线渠道两种类型，分别探讨了哪些因素驱动消费者发生从在线到离线的渠道转换和从离线到在线的渠道转换，但并没有区分是整个购买决策过程的渠道转换还是在购买决策过程的不同阶段发生的渠道转换。部分学者以消费者从离线到在线的渠道转换行为为研究对象探索了渠道转换的影响因素。古普塔等（Gupta et al., 2004）研究发现离线渠道与在线渠道之间的感知风险差异、价格搜索意愿的差异、评估努力的差异、送货时间的差异都会显著影响消费者从离线渠道向在线渠道转换的意愿。弗哈根和多伦（Verhagen & Dolen, 2009）则发现服务、商品、氛围和布置四方面的因素都会影响消费者从离线到在线的渠道转换意愿。贾雷等（2011）指出态度、主观规范和感知行为控制是驱动消费者从线下渠道转换到线上渠道的三种主要影响因素，其中，态度又受到感知有用性和感知易用性的影响。本书则认为感知有用性、感知易用性、感知娱乐性、信息搜寻满意和转换成本都会影响消费者从线下渠道到线上渠道的转换意愿（详见本书第七章）。除此之外，消费者从传统的离线渠道转换到新兴的移动渠道还受到感知便利性（Kim et al., 2007; Magura, 2003; Mahatanankoon, et al., 2005）、社会感染（Bilgicer et al., 2015）等因素的影响。

另外，也有部分学者有针对性地研究了消费者从线上渠道到离线渠道的转换行为的影响因素。普克朗格拉（Pookulangara, 2010）指出，态度、主管规范、自我效能等都会显著影响消费者从在线渠道到离线渠道的转换意愿。陈霞（2016）基于PPM模型，实证检验了消费者、产品、渠道、情境四个方面的因素对消费者从离线渠道到在线渠道转换意愿的影响，具体而言感知风险、主观规范、自我效能、渠道吸引力和社会条件对消费者从在线渠道转移至离线渠道产生正向影响；转移成本、产品价格和外部情景性对消费者从在线渠道转移至离线渠道产生负向影响。

通过对以往文献的回顾，我们发现消费者渠道转换路径研究的不足限制了渠道转换影响因素的研究。因为转换路径的划分维度以及各个维度所使用的变量存在较大差异，因此，关于渠道转换影响因素的研究显得较为混乱。综合以往文献，本书对消费者渠道转换的影响因素进行了归纳和梳理。如表1-3所示，本书认为渠道转换的影响因素主要包括消费者因素、渠道因素、零售商因素、产品因素、社会因素和情境因素六个方面。

表1-3　　　　　　　　　　　渠道转换的影响因素

影响因素	具体变量
消费者因素	人口统计因素、感知价值、购物经验、购物体验、自我效能、渠道忠诚度、消费动机、临场感等
渠道因素	感知便利性、感知有用性、感知易用性、感知娱乐性、渠道吸引力等
零售商因素	多渠道整合质量、顾客与渠道价值一致性、零售商声誉等
产品因素	产品类型、产品价格、产品效用大小等
社会因素	主管规范、社会感染等
情境因素	氛围、布置等

资料来源：笔者根据文献整理。

虽然关于渠道转换影响因素的文献较为丰富，但是依然存在一些不足：首先，随着新兴社会媒体的盛行，出现了一些新的变量比如移动社交等都会影响消费者的渠道转换行为，而这些因素并未引起学者的重视。其次，不同转换路径的影响因素是存在差别的，但是很少有文献对不同路径的影响因素进行对比研究，深入探析他们之间的差异。最后，随着渠道的不断发展和演化，消费者转换渠道的影响因素也会发生变化。但是很少有文献对渠道转换的影响因素进行纵向研究，探究渠道演化过程中渠道转换影响因素的变化过程以及规律。

第五节 未来研究展望

多渠道零售环境下消费者渠道转换行为的研究已经有十多年历史，目前正处于迅速发展时期。而且随着零售企业的渠道改革和创新，消费者的渠道选择越来越多，消费者的转换行为不但在表现形式上呈现出新的特点，其影响因素也变得更加地复杂。本书在第十二至十七章对这些新问题进行了探索。

虽然学者们已经针对消费者的渠道转换行为做了一些有益的探讨，但是现有研究依然存在不足。例如，在研究方法上，多数研究都采用了问卷调查和统计分析方法，实验法和质化研究等方法的数量很少；从研究视角来看，大多数研究成果都是从静态的视角来进行研究的，缺乏动态视角的研究。从研究内容来看，大多数文献都是将消费者购买决策过程视为一个整体决策或者两阶段决策过程，而三阶段研究，尤其是三阶段的实证研究非常少见。

未来的研究可以考虑从以下四个方面来展开：

（1）三阶段购物过程研究。现有研究大多数都是集中于购买阶段，或者将消费者购买过程划分为信息搜寻和购买两个阶段（Konus et al., 2008；Verhoef et al., 2007），很少有研究考虑购后阶段。消费者的购后活动包括退换货、抱怨（评论）、产品维修以及后期保养等，对零售企业尤其重要，因为这是获得顾客满意和保留的大好机会（Cavalieri et al., 2007）。在线上销售中，售后服务是减少顾客感知风险和吸引线上顾客的有效手段（Huang et al., 2004）。科诺斯等（Konus et al., 2008）也指出研究消费者在购后阶段如何使用渠道意义重大。因此，未来学者们可以考虑以三阶段的购物过程为基础来进行相关问题的研究。

（2）动态视角的研究。不论是渠道转换路径研究，还是渠道转换影响因素的研究，都缺乏以纵向数据为基础的动态研究。在过去的十几年直到现在，许多的零售企业都在进行巨大的渠道变革。未来研究可以考虑通过历史数据对零售企业渠道发展过程中消费者渠道转换行为的变化过程及变化规律进行探索，研究成果将帮助零售企业对消费者未来的渠道选择行为进行预测，有利于零售企业更好地留住老顾客以及吸引新顾客。

(3) 不同细分市场的差异研究。内斯林等（Neslin et al., 2006）指出，多渠道顾客细分是制定有效的多渠道战略的关键。那么如何对多渠道顾客进行细分，这些细分市场在渠道转换上有何差异，商家应该如何根据各个细分市场之间的差异来进行分化管理，这些问题都值得关注和进一步地探析。

(4) 渠道转换的路径和机制研究。如前所述，对渠道路径研究的不足，限制了渠道转换影响因素的研究。未来的研究应该进一步深入探究渠道转换的路径，在此基础上研究不同路径的渠道转换驱动因素，进一步丰富和完善渠道转换行为研究。虽然已经有学者利用PPM理论对渠道转换机理进行了综合性研究，但是值得注意的是，消费者个人因素并未在其中得到充分的重视，而消费者个人因素，尤其是消费者心理特征毫无疑问是渠道转换过程中非常重要的一个因素。未来的研究可以考虑利用心理学的相关理论来解释和完善消费者的渠道转换理论模型。另外，现有研究关于消费者渠道转换机制的调节变量研究过少，将来的研究可考虑进一步挖掘，探讨更多的调节变量的影响。

第二章　研究型购物者的界定

第一节　引　　言

互联网技术和电子商务正在如火如荼地发展。据中国互联网协会发布的《中国互联网发展报告（2016）》显示，截至2015年年底，中国网民规模达6.8826亿人，其中，网络购物用户达到4.13亿人。2015年，中国电子商务市场交易总额约为20.8万亿元，其中，网络零售交易规模达到3.88万亿元。对于广大的传统零售商而言，将其业务延伸到网络渠道已经成为其重要的发展战略，而对于电子商务行业来说，大量的电商企业也已将其触角伸向传统渠道。在这样的多渠道发展的环境之下，研究型购物者的群体悄然产生并不断壮大。当前学者将研究型购物者认定为一群在购买过程中的信息搜集阶段和产品购买阶段发生渠道迁徙行为的消费者。也就是说，他们在网络上搜集产品信息然后在某种原因或动机的驱使下转向实体店完成购买，或者在实体店中搜集了产品的信息之后再到网上进行购买。他们能够利用其掌握的技术或是产品知识等相关的优势，最大化其在各个渠道中可能获得的收益，减少其损失。

诚然，无论是线上还是线下的零售商，都不愿看到自己的店铺沦为研究型购物者搜索产品信息的"展厅"，付出了信息服务成本，却只能为他人做"嫁衣裳"。然而，当前学者们对于这一群体的研究较少，对该群体的定义也仅仅从行为或现象层面出发。正是由于对其基本概念不够明晰，导致学者们对研究型购物者这一群体的认知难以深入，同时难以给出更加行之有效的管理启示。本章将采用探索性因子分析的方法对其定义进行深入探析，并开发相应的测量工具，以测量研究型购物者的特质并厘清哪些因素对研究型购物者的形成起到关键作用，以期帮助零售商准确识别研究型购物者并争取实现其购物的"渠道保留"，尽量减少购物者"渠道搭便车"现象。

第二节 相关文献回顾

一、多渠道购物与多渠道购物者

多渠道购物是指消费者在多种渠道获得同一或类似产品、服务的渠道选择行为。对于消费者而言,与传统的单一渠道相比,其能够从多种渠道进行综合选择,获取各个渠道的比较优势,实现其自身认为的收益最大化和成本最小化。由于各种渠道均存在优势和劣势,渠道之间也会基于这种优劣势实现互补或替代。仅以在线和离线两大类型渠道来讲,多渠道购物行为大致可以归纳为以下六种类型:离线渠道信息搜寻后离线渠道购买、离线渠道信息搜寻后在线渠道购买、在线渠道信息搜寻后在线渠道购买、在线渠道信息搜寻后离线渠道购买、离线渠道和在线渠道信息搜寻后离线渠道购买以及离线渠道和在线渠道信息搜寻后在线渠道购买(杨水清,2012)。无论是哪种多渠道行为,学者们都将该类购物者定义为多渠道购物者。范霍夫等(Verhoef et al.,2007)将在线信息搜寻后离线购买的渠道迁徙行为称为"research-shopping behavior",并指出这类渠道迁徙行为是消费者最喜欢的购物方式之一。查特基(Chatterjee,2010)认为,当前多渠道购物者可分为两种:一种是分别在信息搜索阶段和购买阶段中使用多种渠道的购物者;另一种是使用一种渠道收集信息并在另一种渠道购买的购物者,即研究型购物者,这是一类全新的购物群体。

二、研究型购物与研究型购物者

对于渠道的分类,学者大多基于属性和功能来分类。从渠道属性层面来说,主要分为线上渠道与线下渠道。从渠道功能层面来说,分为信息搜集阶段使用的渠道与产品购买阶段使用的渠道。研究型购物者的渠道迁徙行为实际是一种两阶段跨渠道购买行为,而两阶段跨渠道购买的研究型购物行为有两种类型:"跨渠道搭便车"行为和"跨渠道保留"行为。其中,"跨渠道保留"行为是指购物者的信息搜寻行为和购买行为分别发生在同一多渠道零售商所控制的不同类型渠道中,而"跨渠道搭便车"行为则是指信息搜寻和购买行为分别发生在多个零售商的不同类型渠道中(Van Baal & Dach,2005)。如在苏宁实体店进行商品信息搜寻后在京东网上商城购买的购买行为属于"跨渠道搭便车"行为,而在苏宁实体店进行信息搜寻后在苏宁易购网上商城购买的行为则属于"跨渠道保留"行为。

学者们关于"研究型购物者"的定义，目前还缺乏统一、权威的说法，相关的文献也比较少。最早关于研究型购物者的定义来自范霍夫（Verhoef），他认为研究型购物者即在一个渠道搜集产品信息然后在另外一个渠道完成购买的购物者。斯科特·内斯林（Scott A. Neslin）和文卡特什·尚卡尔（Venkatesh Shankar）将研究型购物者分为竞争型和忠诚型两类，其中，竞争型研究型购物者是在某一企业的网站搜索信息，在另一企业店铺进行购买，忠诚型研究型购物者是搜索和购买行为均发生在同一企业的不同渠道；郭燕（2014）将研究型购物者定义为：在线和离线多种渠道并存的情况下，消费者搜索信息和购买同一产品的不同阶段运用不同渠道的消费者。然而，这也仅仅是在行为和现象层面对研究型购物者进行了划分，并没有从心理机制、本质上给消费者下一个准确的定义。同时，由于研究型购物行为分为"渠道保留"行为以及"跨渠道搭便车"行为，研究型购物者中也存在"渠道保留者"以及"跨渠道搭便车者"。对于零售商来说，如何减少"跨渠道搭便车"现象甚至实现其"渠道保留"则显得非常重要。

三、研究型购物者概念与维度

（一）研究型购物者的概念

通过对文献的梳理和分析，本书将研究型购物者理解为这样一类理性购物者，他们基于购买动机，会对购买过程中的风险和价值感知进行衡量，在一定的购买情境影响下分别在信息搜索阶段和购买阶段跨越不同的渠道的购物者。

（二）研究型购物者的维度

尽管研究型购物者的两阶段跨渠道购买的渠道迁徙行为普遍存在于日常购物生活中，但学术界目前对它的相关研究还较少，研究型购物者的构成维度更是如此，这正是本章需要解决的问题。本章首先对多渠道购物者进行深度访谈，通过对访谈资料的分析初步得到研究型购物者的本质特征；然后对访谈结果进行综合归类，形成研究型购物者的特质问卷并用于调研，采用探索性因子分析方法对调研数据进行分析，从中归纳出研究型购物者特质的基本维度。

1. 访谈设计

深度访谈主要是指半结构式的访谈（Hakim, 1987; Arksey & Knight, 1999; Wengraf, 2001），其有两个重要特征：一是访谈问题需要部分准备（半结构），在访谈进程中随着访谈的深入和资料的不断补充，在不改变访谈主旨的情况下根据访谈所得去更新后续问题;二是深入事实内部,访谈人员需要在访谈过程中敏锐地捕捉被访问者所阐述的相关细节并加以深入分析(Wengraf,2001)。

本书严格遵循了相关研究方法的原则。

首先通过组织专家(高校相关专业教授1名、副教授4名、营销专业博士生6名、硕士生4名)进行多次讨论,将访谈的主题采用"关键事件法"进行设置并对访谈问题设计进行了多次探讨,最终定下了主要的访谈方式和访谈问题以及抽取规则。访谈过程历时2个月,共有35名受访者(男性15名,女性20名)接受了本章的访谈,涵盖了大学生、研究生、博士生、企业工作者、医生、教师等群体,从而在一定程度上保证了访谈结果的代表性和普适性。

2. 访谈内容分析

在对访谈资料进行分析时,本书主要采用内容分析法对访谈材料做出分析,本章主要使用的质性研究分析工具为NVIVO 11软件。首先,对35份访谈资料的内容进行分析单元的设置。在本章中,主要根据受访者的回答,以句号为分析单位,再对每一句进行关键词提取,依据关键词进行后续的内容分析。以此,形成了最初的三级编码来源,通过梳理访谈资料后,共得到67个关键词。关键词来源(部分)如表2-1所示。

表2-1　　　　　　访谈资料关键词(部分)示例

序号	关键词	访谈资料示例
1	电子产品	最近买的就是指纹锁吧,算不算电子产品(来自资料4)
2	产品单价较高	主要是价格有点微高(来自资料15)
3	获得购物经验	如网上购物和退货注意事项之类,以后再买电子产品大概就不会考虑网上买了(来自资料1)
4	产品参数(从实体店获得)	如买衣服、鞋会到实体店去试,能够挑好品牌、尺码、款式(来自资料11)
5	产品参数(从网店获得)	线上搜索想更多地了解产品信息,包括它的疗效,毕竟是保健品,所以在网上进行了大量的搜索(来自资料17)
6	安全性保障	但是鉴于保障和售后方便,还是倾向于实体店(来自材料1)
7	售后方便	实体店的售后问题方便解决(来自资料1)
8	从旗舰店、官网购买	一般选择旗舰店,不会从别的店铺选择(来自资料16)
9	获得更多收益	可以在自己资金有限的情况下去购买同等质量的优惠商品(来自资料31)
10	买到满意的商品	并不麻烦,因为能买到对的东西(来自资料19)
11	得不偿失	整体看来得不偿失(来自资料11)

续表

序号	关键词	访谈资料示例
12	获得购物乐趣	觉得自己是省钱小能手,用更少的价格买到一样的东西(来自资料15)
13	现场体验	觉得衬衫重要的就是合身,所以在网上看了价格、评论等信息之后还是去店里购买(来自资料12)
14	经常行为	线下看网上买比较多(来自资料7)
15	假冒伪劣	网上购买有时候担心会有假冒伪劣产品(来自资料1)

其次,制定分析内容的类目。类目制定的标准和原则是使得该系统中的各类目能做到稳定性、独立性和全面性,即编码后的内容能够被归入且仅能被归入某一个类别中,并且这种归类足够稳定,具备较高的一致性。通过对35份访谈资料中抽取的关键词进行概念化和范畴化之后,获得了如表2-2所示的开放编码主范畴。

表2-2　　　　　　　　　　开放编码主范畴

编号	主范畴	关键词(次数)
1	产品类型	办公用品(1)、电子产品(19)、服饰(20)、生活家居(7)、护肤品(4)、汽车(1)、书籍(1)、运动产品(1)
2	产品特征	单价较高(7)、价格便宜(4)、实用性高(3)、品牌产品(1)、首次购买(1)、赠礼(5)、代买(4)、物美价廉(2)、重要(5)
3	个性特征	节约(7)、谨慎(4)、喜欢购物(1)
4	购物情景	购物时长(3)、频率(27)、不急用(4)
5	购物整体收益	产品知识经验(1)、购物乐趣(2)、满意产品(2)、安全感(1)
6	购物整体成本	时间成本(3)、精力成本(2)、经济成本较高(5)
7	实体店优点	安全性高(7)、选择多(1)、促销活动(3)、全面了解(1)、现场体验(10)、售后方便(7)、无须等待(1)、价格便宜(1)
8	实体店缺点	促销员干扰(1)、价格较贵(11)、距离较远(1)、选择有限(6)
9	网店缺点	无法体验(3)、假冒伪劣(8)、耗时(2)、运输成本(4)、信息过载(1)、退换货麻烦(4)、安全性低(2)
10	网店优点	方便(1)、促销多(11)、价格低(28)、快速选择(2)、利用零散时间(2)、全面搜集信息(5)、他人评论(6)、选择多(3)
11	信息来源	朋友推荐(9)、实体店(12)、网上(14)
12	线下转线上	线下转线上(14)
13	线上转线下	线上转线下(21)

续表

编号	主范畴	关键词（次数）
14	研究型购物评价	正面（21）、负面（9）、依情况而定（5）
15	其他	科技发展（5）、网购经验（6）

然后制作编码表并进行数据编码。本章邀请了三位编码人员按照统一的方式进行编码。编码过程中，编码员首先各自进行编码，出现某一条目无法归入任何类别的情况时，三名编码员针对该条目作出讨论，当至少有两名编码者认为该条目无法进行归类时删除该条目。然后对于每一个关键词条目和分类类目的匹配程度作出判断，程度主要分为三种类型：完全匹配、基本匹配和不匹配。不匹配的条目会被剔除。

编码完成后，采用归类一致性检验和内容效度比来测量所得编码结果的信度与效度结果。归类一致性检验是判断者们对同一份研究资料进行整理和归类，归类后获得相同个数占总体的百分比。归类一致性的计算公式为：

$$CA = \frac{T_1 \cap T_2 \cap T_3}{T_1 \cup T_2 \cup T_3} \tag{2.1}$$

其中，T_i = 第 i 位判断者给出的判断个数；公式含义为所有判断者给出相同判断个数与所有判断者给出的总判断个数之比。一般认为，CA 在 0.8~0.9 之间结果可接受，CA > 0.9 表示信度良好，本章结果显示信度为 87%，信度良好。内容效度比公式为：

$$CVR = \frac{n_e - N/2}{N/2} \tag{2.2}$$

其中，n_e 表示在判断某一关键词条目和分类内容能够良好匹配的判断者人数；N 表示所有参与判断的人数。在计算三名判断者对 67 个关键词条目与 16 个分类类目匹配程度给出的 CVR 值的基础上，得出如下结果：65 个关键词条目的匹配 CVR 值为 1.00，两个关键词（科技发展、网购经验）CVR 值为 0.33，暂时新增"其他因素"条目，将其并入这一条目中。

之后，基于前述步骤中的开放编码对数据进行进一步主轴编码，并做出分析。主轴编码是指对开放编码所得资料进行聚类分析，并在不同的范畴之间建立关联。在建立关联时，通过分析各范畴在概念层次上是否存在潜在的联结关系，从而寻找一定的线索（陶厚永等，2010）。通过对受访者的采访记录的分析，发现其中存在一定的范畴归类以及因果关系。将这些信息进行归纳整理后，得出以下维度，如表2-3所示：

表 2-3　　　　　　　　基于主轴编码的五大类关系

编号	范畴	对应编码	范畴内涵
1	购买情境	产品类型、产品特征、个性特征、购物情景、信息来源	购买情境层面，可以归纳到现有的购买目的（为自己/他人购买，见产品特征）、购买时间（见购物情景）、购买时的心情状态（见个性特征）、卖场的物理环境（见购物特征）和社交环境（见信息来源）五个方面
2	价值感知	实体店优点、网店优点	在研究型购物行为"信息搜集—购买行为"两阶段中分别对线上线下购物渠道的优点及优点所能带来的收益产生价值感知
3	风险感知	实体店缺点、网店缺点	在研究型购物行为"信息搜集—购买行为"两阶段中分别对线上线下购物渠道的缺点及缺点所能带来的风险产生价值感知
4	购买行为	线上搜索、线下购买；线下搜索、线上购买	通过对具体的购买前信息的综合评价，在明确其存在的价值与风险后作出的研究型购物行为，划分为"线上—线下"渠道迁移方向及"线下—线上"渠道迁移方向
5	购物评价	购物整体收益、购物整体成本、研究型购物评价	研究型购物行为完成后，对于此次购买行为的具体收益及成本产生清晰认知并形成对"研究型购物行为"的具体评价

3. 研究型购物者维度编码述评

本章共对 35 名受访者进行了深入访谈，通过对访谈资料进行分析发现，大部分的受访者在发生研究型购买行为前，会对线上、线下的信息进行丰富详实的搜集和比对，考量得失以及风险收益，并对购买渠道进行评估，之后才会产生实际的购物行为，并且在购买后会对购买结果进行评估。我们发现研究型购物行为的发生，不仅仅需要主观态度，更需要在信息搜集能力上具备相应的技能。总体来看，偶发性的研究型购物行为较多，即基于产品类型、产品价格、时间充裕度等条件下更容易发生研究型购物行为，并且研究型购物行为大多发生于对购物本身兴趣较大或对风险、价值较敏感的群体。

第三节　量表形成与预测试

本章参照学者较为普遍认可的量表开发范式，先通过对访谈资料的分析和相关文献把握研究型购物者的基本概念内涵，然后通过访谈和讨论确立研究维度并形成初步量表，之后，对调研数据进行探索性因子分析达到量表提纯和结构化的目的，最后对量表进行检验。访谈和讨论过程结束后，形成了本书的初步量表。本量表分为两个分量表（以下简称分量表 A、B），分别对线下搜索商品信息、线上购买的研究型购物者和线上搜索商品信息、线下购买的研究型购物者的特征进行测量。本章运用李克特 7 级量表对所有的问项进行评估（"1"="完全不同意"，"7"="完全同意"）。

本章预测试的数据来源于具有研究型购物经历的消费者，通过在线的方式发放和回收问卷。课题组共发放问卷 350 份，回收问卷 336 份，其中，有效问卷 280 份（分量表 A 数据 190 份，分量表 B 数据 90 份），有效回收率 80%。对样本的数据进行项目分析，利用独立样本 t 检验，检测高低分组在各个条目的均值是否达到显著（$p<0.05$）水平；同时，计算问卷各个条目的决断值（CR），当某一条目的 CR 值未达到显著水平（$p<0.05$），予以删除。在此过程中，分量表 A 删掉问项 7 条，剩下 35 条，此时，KMO 值为 0.863，p 值为 0.000，α 系数为 0.886，达到要求；分量表 B 删掉问项 4 条，剩下 43 条，此时，KMO 值为 0.807，p 值为 0.000，α 系数为 0.951，亦达到要求。

为探索量表的建构效度，本章分别对两个分量表进行探索性因子分析（EFA）。探索性因子分析方法是因子分析方法的一种，它通过降维技术得出多元观测变量的本质结构，从而将错综复杂的多个变量综合为几个核心因子。同时，因为本章对初始量表的题项界定较为明晰，且经过专家效度检验和修改，具有比较可观的专家效度，故本阶段采用各个层面分别进行因素分析的方法。[①] 为使各个因子负荷量的变异最大化，以此来简化因子的复杂程度，本章使用主轴因子法提取因子，同时采用最大变异法进行因子旋转，再根据以下原则保留合适的测项：第一，测项在某一因子上的负荷大于 0.4；第二，测项之间只有很低的交叉负荷；第三，相同因子的内涵具有高度一致性。根据这一标准将不符合的测项逐题删除后，得到的因子分析结果如表 2-4、表 2-5 所示。

表 2-4　　　　　初始量表 A 探索性因子分析结果（N=190）

测量问项	因子 1	因子 2	因子 3	特征值	解释方差比例
QJ1	0.817				
QJ2	0.797				
QJ3	0.545			2.091	41.817
QJ4	0.531				
QJ5	0.458				

[①] 吴明隆. 问卷统计分析实务——SPSS 操作与应用 [M]. 重庆：重庆大学出版社，2015：282.

续表

测量问项	因子1	因子2	因子3	特征值	解释方差比例
JZ1		0.867			
JZ2		0.863			
JZ3		0.857			
JZ4		0.846			
JZ5		0.828		6.291	57.181
JZ6		0.781			
JZ7		0.685			
JZ8		0.661			
JZ9		0.646			
JZ10		0.617			
JZ11		0.587			
FX1			0.785		
FX2			0.768		
FX3			0.718	2.647	52.945
FX4			0.685		
FX5			0.675		

表2-5　　　初始量表B探索性因子分析结果（N=90）

测量问项	因子1	因子2	因子3	特征值	解释方差比例
QJ1	0.885				
QJ2	0.874				
QJ3	0.838				
QJ4	0.834				
QJ5	0.756			5.066	56.292
QJ6	0.701				
QJ7	0.677				
QJ8	0.570				
QJ9	0.524				
JZ1		0.867			
JZ2		0.842		5.243	58.260
JZ3		0.835			
JZ4		0.828			
JZ5		0.733			
JZ6		0.696			
JZ7		0.693		5.243	58.260
JZ8		0.678			
JZ9		0.661			

续表

测量问项	因子1	因子2	因子3	特征值	解释方差比例
FX1			0.872		
FX2			0.854		
FX3			0.806	3.327	55.456
FX4			0.765		
FX5			0.561		
FX6			0.536		

第四节 量表的检验

一、数据收集与样本情况

经过前述过程提纯、修正的问卷用于本阶段的调研。本章选择具有研究型购物行为的消费者作为调研对象，包括高校师生、企业职员、事业单位职工以及自由职业者等多个职业。问卷利用线上、线下两个渠道同时发布，共发放问卷600份（电子版500份，纸质版100份），回收588份，剔除漏答、连续回答同一选项的无效问卷，最终获得能够用于分析的数据471份（分量表A数据352份，分量表B数据119份），有效回收率为78.5%。

在性别层面，女性研究型购物者居多；在年龄层面，18~24岁居多，25~30岁次之；在学历层面，大学本科、硕士及以上的研究型购物者居多；在平均月收入层面，1 000~2 999元、3 000~5 999元的居多；在职业层面，企业职员和学生居多。

二、量表的信度分析

量表的信度即其结果的稳定性水平，将问卷的数据录入SPSS20.0软件，以评估量表的整体信度和各个变量的信度，经过检测，分量表A、B的Cronbach's-α分别为0.855和0.906，达到要求；就各个变量内部的信度来讲，除了分量表A中购买情境变量的Cronbach's-α值为0.673，仅仅达到合格的要求之外，其他变量的Cronbach's-α值均在0.7以上水平，具有良好的信度水平。

三、量表的效度分析

1. 内容效度

内容效度即测量目标与测量内容之间的适合性与相符性，是量表涵盖各个变量内涵领域的程度。本章测量维度和条目均由专家和研究生团队多轮讨论修正而来，所得结果也可以较好反映研究型购物者的特质，与众多学者的研究结论具有较好的兼容性。

2. 区分效度

本章从两个方面来检测量表的区分效度：首先，量表所有条目没有在多维度上形成较高负荷，即没有跨因子负荷现象；其次，从各个变量的 CR 值和 AVE 值来看，除了分量表 A 购买情境变量的 AVE 值（0.418）略小于标准值 0.5 之外，其他变量的 AVE 值均大于 0.5，所有的 CR 值均大于标准值 0.7，具有较好的表现。因此，本章的量表具有较好的区分效度。

四、验证性因子分析

本章运用 AMOS21.0 软件对数据进行验证性因子分析，分析方法采用最大似然估计，对于分量表 A，将 3 个变量和 21 个测量指标输入软件，构成研究型购物者特质维度模型，如图 2-1 所示。

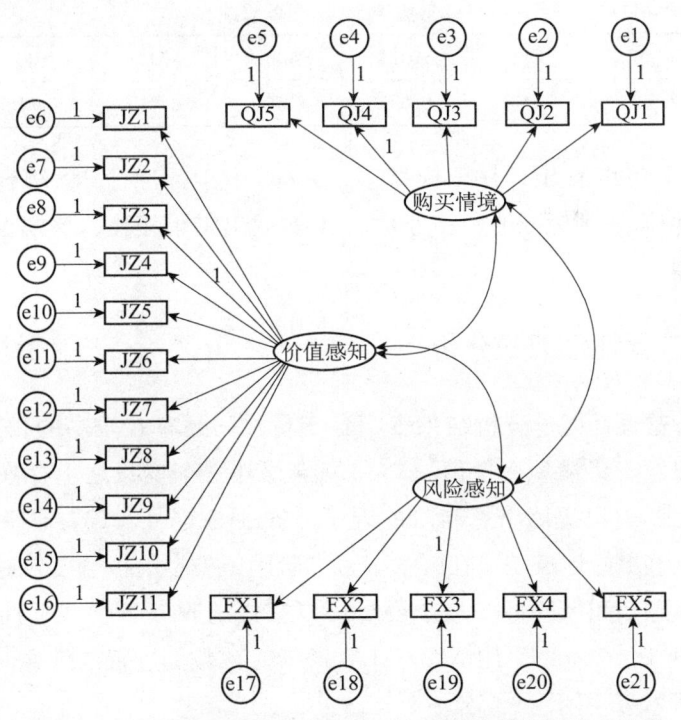

图 2-1　线下搜索、线上购买的研究型购物者特质维度模型

这三个变量分别是购买情境、价格感知与风险感知。用该模型对分量表 A 的

数据进行运算，并对输出的结果进行模型修正之后，得到该模型的拟合情况，如表2-6所示。

表2-6　　　　　　　　　　分量表A模型拟合情况

指标	绝对适配度指数				增值适配度指数		
	χ^2/df	GFI	AGFI	RMSEA	NFI	CFI	IFI
推荐值	<3	>0.9	>0.9	<0.08	>0.9	>0.9	>0.9
实际值	2.118	0.991	0.873	0.056	0.885	0.911	0.936

注：χ^2/df 为卡方与自由度之比；GFI 为拟合优度指数；AGFI 为调整的拟合优度指数；RMSEA 为近似误差的均方根；NFI 为规范拟合指数；CFI 为比较拟合指数；IFI 为增量适度指数。

可以看出，该模型的 χ^2/df 值为2.118，符合标准（小于3），RMSEA 值为0.056，符合标准（小于0.08），GFI、CFI、IFI 指数均达到0.9 以上，AGFI 和 NFI 指数亦接近0.9，表明该模型具有良好的适配度。按照同样的方法对分量表B的数据进行运算，并对输出的结果进行修正，得到模型拟合结果，如表2-7所示。

表2-7　　　　　　　　　　分量表B模型拟合情况

指标	χ^2/df	GFI	AGFI	RMSEA	NFI	CFI	IFI
实际值	2.305	0.747	0.683	0.105	0.720	0.816	0.820

从表2-7可以看出，在该模型中，χ^2/df 小于标准值3，符合要求，GFI、AGFI 等指数均未达到标准值，和分量表A的输出结果相比，该模型的适配度较差一些。

五、二阶验证性因子分析

上述一阶验证性因子分析结果表明各变量之间还存在较高的相关性，因此，本章进一步假设购买情境、价值感知和风险感知三个变量之上存在更高阶因子"线上购买因素"，以提炼出更高阶的因子。齐丽云等（2012）认为，二阶验证性因子分析能够更好地反映潜在因素。若二阶因子模型的拟合度较好，则证明购买情境、价值感知和风险感知三个变量可以很好地收敛于"线上购买因素"这一更高层面的概念。本章采用AMOS21.0继续对该数据进行二阶验证性因子分析的路径图如图2-2所示。

在对分量表A的数据进行运算之后，按照模型修正指数对该二阶因子模型进行修正，结果显示，在三个变量的标准化路径系数中，价值感知与线上购买因素的系数最高（0.97），说明研究型购物者之所以由线下转移到线上购买，主要基

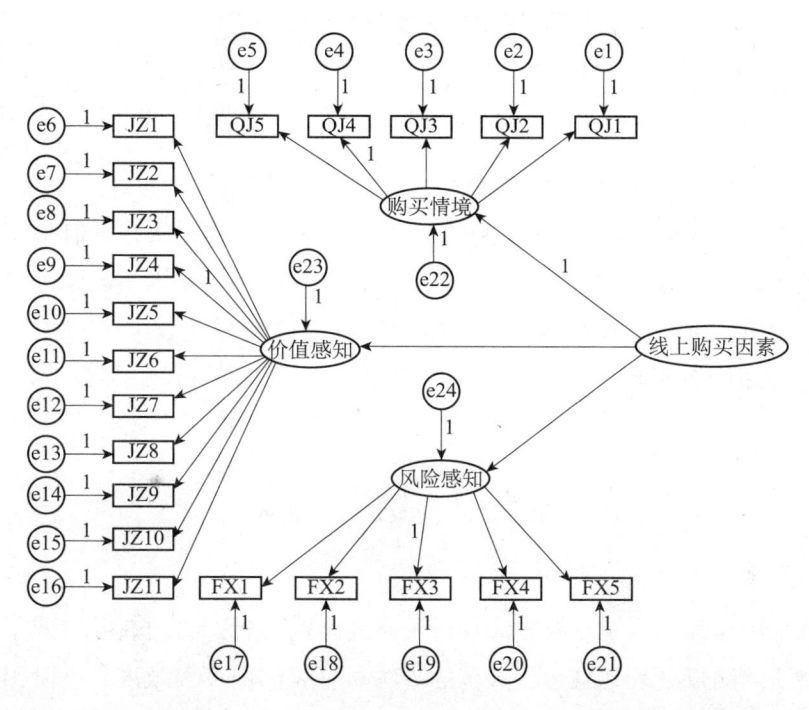

图 2-2　线下搜索、线上购买的研究型购物者二阶验证性因子分析路径图

于价值追求的考虑。同时，得到 χ^2/df 值为 1.994，RMSEA 值为 0.053，均符合标准，GFI、CFI、IFI 指数均达到 0.9 以上，AGFI 和 NFI 指数亦接近 0.9，表明该模型具有良好的适配度。同时，将二阶因子模型的适配结果与一阶模型进行对比可见，对于分量表 A，二阶模型的适配情况更佳（见表 2-8），这证明购买情境、价值感知和风险感知三个变量可以很好地收敛于"线上购买因素"这一更高层面的概念。

表 2-8　　　　　　　分量表 A 的一阶、二阶因子模型适配情况

指标	χ^2/df	GFI	AGFI	RMSEA	NFI	CFI	IFI
一阶模型	2.118	0.991	0.873	0.056	0.885	0.911	0.936
二阶模型	1.994	0.919	0.885	0.053	0.892	0.942	0.943

按照同样的方法对分量表 B 的数据进行运算，并对输出的结果进行修正，结果显示，在三个变量的标准化路径系数中，风险感知与线上购买因素的系数最高（0.78），这说明研究型购物者之所以从线上转移到线下购买，主要是基于对购买风险的规避。同时，将二阶因子模型的适配情况与一阶因子模型进行对比，得到表 2-9 所示的结果。

表 2-9　　　　　　　分量表 B 的二阶因子模型拟合情况

指标	χ^2/df	GFI	AGFI	RMSEA	NFI	CFI	IFI
一阶模型	2.305	0.747	0.683	0.105	0.720	0.816	0.820
二阶模型	2.192	0.759	0.696	0.101	0.735	0.832	0.836

从表 2-9 结果来看，模型适配情况依然未能达到理想状态，但是相关指数已经有较大好转，综合来看，对于分量表 B，二阶因子模型的适配情况更佳，这证明购买情境、价值感知和风险感知三个变量可以很好地收敛于"线下购买因素"这一更高层面的概念。

第五节　结　论

本章采用探索性因子分析方法探讨了研究型购物者的特质，并形成了研究型购物者特质的测量量表，且运用规范的方法对量表的信度、效度、一阶因子模型和二阶因子模型进行了检验。通过上述基础性工作确定了研究型购物者的特质维度以及测量指标，并得到以下结论：

一、研究型购物者的构成与特征

通过研究发现，研究型购物者具有较高学历、一定的收入基础、多为女性等特征。研究型购物者往往具有对商品信息的高度识别能力和敏感性。这说明其首先具有一定的知识储备，并相信自身的判断力，认为对不了解的商品需要进行调研才能找到最为适合自己的选择，同时必要的知识储备也决定了他们更容易接受新兴的购物渠道，并具备在不同渠道之间转换所需要的能力。研究型购物者的另外一个特征是具备一定收入基础，他们既不是大富之家，也不是贫困人群，更多的是城市中产，他们往往会更在意生活品质，选择商品时注重性价比，因此，会更倾向于通过研究比较后，再做出购买决策。而巨富之家与贫困人群中，往往要么对价格不敏感，要么停留在生存型消费中，所以不太会通过跨渠道研究来决定自己的消费选择。调研中还发现，对于研究型购物者而言，女性数量更多。结合传统观念中女性更加喜欢购物和电商统计反映出的事实，重度网购者往往也都是女性的结论来看，女性对商品往往更加敏感，更喜欢通过比较研究，来体现自己的购物乐趣。

二、研究型购物者的影响因素

研究发现，研究型购物者在购买决策的形成中受到购买情境、价值感知和风险感知三个层面的影响。研究型购物者更倾向于为自己购物，在时间充裕的时候、心情较好的时候购物。这是因为，研究型购物者更相信自己对购买的掌控，更愿意通过研究后选择商品带来的购买体验。由于研究型购物往往发生在消费者对自己所购商品不了解，或者是复杂性购买行为中，所以时间的宽裕是研究型购物的前提条件。价值感知往往针对的是线下调研、线上采购的消费模式；而风险感知则往往发生在线上调研、线下购物的消费模式。在两类研究型购物者之中，采用线下渠道搜索产品信息、进而转移到线上渠道完成购买的研究型购物者主要是基于追求价值的考虑，这是因为，线上商家具备无实体店面带来的成本优势和终端价格的竞争力，消费者通过线下调研，确定产品的品质、尺寸、外形等，在线上进行购买，能够获得更高的价值。而采用线上渠道搜索产品信息、转移到线下渠道完成购买的一类研究型购物者主要是出于对购物过程中风险的规避。线下购买，可以更加清晰直观地了解到商品的品质，而规避了网购无法"所见即所得"带来的风险。

三、研究型购物者的定义

本章对研究型购物者的定义如下：研究型购物者是有能力且愿意花费时间和精力对购物过程中的价值和风险感知进行评估，并理性地在信息搜索和购买两阶段跨越线上、线下不同渠道进行购物的购物群体。

第三章 研究型购物者的行为类型

第一节 引 言

近年来，随着电子商务和多媒体交互技术的快速发展，依托于互联网的线上零售渠道逐步完善。毫无疑问，多渠道零售会成为今后零售业态的发展趋势，是零售企业渠道变革的重要方向之一。多渠道零售环境下，越来越多的消费者成为多渠道购物者，自由穿梭在不同渠道进行购物。在多渠道购物者群体中，有一部分购物者使用一种渠道搜寻信息后却在另一种渠道中完成交易，这部分购物者被称为研究型购物者，是多渠道购物者的重要组成部分。

研究型购物行为实际上是一种两阶段跨渠道购买行为，而两阶段跨渠道购买行为又是一种渠道转换行为（也被称为渠道迁徙行为），目前仅有少数学者对它做出了较为明确的定义。本书旨在以内在驱动因素为切入点，对两阶段跨渠道购买的研究型购物行为类型进行探索。

第二节 研究型购物者行为的研究现状

对研究型购物者行为的研究到目前为止还比较少见，更多的是对渠道转换行为的研究。学术界对渠道转换行为的相关研究主要集中在对转换行为的影响因素上。相比国外对渠道转换的研究，国内相关文献相对较少且大多数都集中在最近几年。现有研究主要存在以下问题：第一，研究的主导思想仍然是"将购物者带入零售商环境"，却未能很好地以购物者的内在价值需求为导向来探讨渠道迁徙问题，即"将零售商带入购物者环境"；第二，以往对渠道转换行为的文献只是研究渠道之间的转换行为，却很少讨论渠道属性在消费者购买决策过程中对渠道选择的影响，即很少有文献研究分阶段跨渠道购买行为的渠道迁徙行为。阿西姆

(Asim, 2008) 研究指出, 消费者感知渠道选择行为所产生的成本和收益差异是影响消费者渠道转换的主要因素。哈依和苏 (Khai & Soo, 2003) 的研究结果也表明, 消费者会根据对渠道感知价值的大小选择购买渠道。由上述分析不难得出, 尽管消费者内在感知价值因素在消费者渠道转换行为中扮演了十分重要的作用, 但目前仅有少数文献关注它们对渠道转换行为的重要性, 很少将它们作为核心变量进行研究。因此, 本书从研究型购物者本身出发, 以内在驱动因素为研究视角, 研究两阶段跨渠道购买的研究型购物行为具有一定的理论价值和现实意义。

第三节 研究方法与过程

一、题项的收集与整理

研究型购物行为维度及其测量指标确定的具体步骤如下: 首先, 设计了一份半开放式的访谈问卷收集描述研究型购物行为的原始陈述题项并建立相应题库。其次, 采用内容分析法对原始陈述题项进行整理、归纳、提炼和修正以初步确定研究型购物行为维度及其测量指标, 同时采用归类一致性和内容效度比检验初始测量量表信度和效度。最后, 通过问卷调研法收集经验数据, 并在此基础上采用 AMOS 统计分析软件对初始测量量表进行验证性分析以最终确定研究型购物行为维度及其相应测量指标。

我们在几所大学对有过研究型购物经验的本科生进行了半结构化访谈。访谈提纲包括三个部分, 第一部分是受访者个人信息, 包括性别、年龄、专业以及网络购物经验。第二部分包括以下内容: "您是否有过在实体店搜寻商品信息后在网上购买或者在网上搜寻商品信息后在实体店购买的经历?" "一般在购买哪些商品时您才会采用上述购物行为?" "您觉得这些商品具有什么样的共同特征?"。第三部分包括 "研究型购物行为频率" "引发研究型购物行为的内在驱动因素" "渠道迁徙过程中所感知的转换成本"。详细情况见附录 A。原始题项选择、归纳、整理和修正的具体步骤如下: 首先, 根据筛选题 "您是否有过在实体店搜寻商品信息后在网上购买或者在网上搜寻商品信息后在实体店购买的经历?" 挑选出有研究型购物经验的样本; 其次, 按照渠道迁徙方向对离线渠道向在线渠道迁徙和在线渠道向离线渠道迁徙的有效样本进行分类, 并在此基础上找出描述不同迁徙方向内在驱动因素的原始题项；最后，对原始题项进行筛选，其中筛选准则有两项：该题项不可以存在两个或两个以上的含义以及该题项一定是反映研究型购物行为内在驱动因素的陈述。我们拆分了少量有歧义的题项，经拆分之后的题项也必须符合以上两条准则。（1）邀请三位判断者，向他们阐述每个类别所包含的意思，并从中选择一个题项作为阐述的事例。在此之后，请判断者根据自己的理解对全部题项进行归类。假如出现某个题项无法归属于任何一个类别的情况，就认为该题项不适合用来阐释研究型购物行为。不适合的标准是三名判断者中有两名或者三名判断者认为该题项不能归属于所有类别，如果出现上述情况，就将该题项剔除。（2）再选择另外三位判断者，仍然向他们阐述每个类别所包含的意思，并让其大致了解整理后每个类别所包含的题项。在此基础上，让判断者给出每个类别中的每个题项对该类别的解释程度。按照程度将解释划分为三种类型：完全解释、比较能解释和不能解释。题项保留标准是六位判断者中至少有三位判断者认同该题项可以完全解释其所属类别，同时六名判断者中没有一个判断者认为该题项不能解释其所属类别。如果出现上述情况，就保留该题项，否则剔除该题项。

共有79名有效受访者参与此次访谈，有效受访者共列举与研究型购物行为内在驱动因素有关的原始陈述题项共578个，我们按照上述准则对这578个原始题项进行筛选，经剔除、归类和提炼后最终得到由25个题项组成的题库。

使用归类一致性检验调整后题库的信度。归类一致性的含义是判断者们对同一份研究资料进行整理和归类，归类后获得相同个数占总体的百分比。归类一致性的计算公式为：

$$CA = \frac{T_1 \cap T_2 \cap T_3}{T_1 \cup T_2 \cup T_3} \qquad (3.1)$$

其中，T_1是甲判断者给出的判断个数；T_2是乙判断者给出的判断个数；T_3是丙判断者给出的判断个数；$T_1 \cap T_2 \cap T_3$的含义是所有判断者给出相同判断个数；$T_1 \cup T_2 \cup T_3$的含义是所有判断者给出的总判断个数。如果调整后题库的信度处于0.8~0.9之间，表示题库信度可以接受。如果高于0.9，则表示题库信度良好。我们邀请三位管理学博士研究生来判断题库的信度，结果显示信度为92%。

使用内容效度比来测量调整后题库的效度。内容效度比的计算公式为：

$$CVR = \frac{ne - N/2}{N/2} \qquad (3.2)$$

其中，ne表示在判断中某一个题项可以很好地阐述所测内容的判断者人数；N表示所有参与判断的人数。在计算三名判断者对25个题项给出的CVR值的基础上得出如下结果,25 个题项中共有 22 个题项的 CVR 值为 1.00,3 个题项的 CVR 值为 0.33。对整理后题项进行频率统计,并最终得出研究型购物行为的初始测量量表,如表 3-1 所示:

表 3-1　　　　　　　研究型购物行为初始量表与频率统计

研究型购物行为类型	研究型购物行为维度	题项	频率（%）
价值驱动型研究型购物行为	感知有用性（127 次）	网上购买花费更少的时间和精力（13 次）	10.2
		网上购买花费更少的金钱（72 次）	56.7
		网上购买退换货比较方便（4 次）	3.1
		购物网站可提供更多可供选择的商品（27 次）	21.3
		网上购买不需要讨价还价（11 次）	8.7
	感知易用性（37 次）	整个网上购买很容易完成（7 次）	18.9
		与网上商家沟通很容易（9 次）	24.3
		在购物网站上能快速地找到需要的商品（21 次）	56.8
	感知娱乐性（27 次）	网上购买为我的生活增添乐趣（8 次）	29.6
		网上购买过程是一个轻松愉快的过程（8 次）	29.6
		网上购买过程是一个充满享受的过程（8 次）	29.6
		网上购买容易得到周围人的认可（3 次）	11.1
风险-成本规避型研究型购物行为	感知风险（183 次）	网上购买容易出现图文与真实商品不一致（55 次）	30
		网上购买售后没有保障（15 次）	8.2
		网上更容易购买到不合格商品（74 次）	40.4
		网上购买存在泄露隐私问题（4 次）	2.2
		网上购买存在支付安全隐患（6 次）	3.3
		在网上购买到不满意商品退换货比较麻烦（16 次）	8.7
		网上购买可能会造成经济损失（13 次）	7.1
	感知成本（67 次）	需要花费大量的时间和精力来评估网上商品（19 次）	12
		网上购买需要花费时间等待商品到达（7 次）	4.4
		网上购买容易产生焦虑感（22 次）	14
	转换成本（92 次）	实体店购买需要花费更多的金钱（68 次）	42.8
		实体店购买需要花费更多的时间（12 次）	13
		实体店购买需要花费更多的精力（12 次）	13

此次共回收访谈问卷 91 份,其中有效问卷 79 份,有效率为 86.8%。在有效样本中,受访者年龄在 18~24 岁之间的人数为 72 人,占有效样本总数的 91.1%;网络购买经验在 1~3 年之间的人数为 74 人,占有效样本总数的 93.7%。在有效样本中,男生样本人数为 25 人,占有效样本总数的 31.6%;女生样本人数为 54 人,占有效样本总数的 68.4%。偶尔使用研究型购物行为的样本人数为 65 人,占有效样本总数的 82.3%;经常使用研究型购物行为的样本人数为 14 人,占有效样本总数的 17.7%。在偶尔使用研究型购物行为的有效样本中,男生人数为 23 人,占有效男生样本总数的 92%;女生人数为 42 人,占有效女生样本总数的 77.8%。在经常使用研究型购物行为的有效样本中,男生人数为

4 人，占有效男生样本总数的 16%；女生人数为 16 人，占有效女生样本总数的 29.6%。在离线渠道向在线渠道迁徙的有效样本中，偶发性迁徙为 51 次，经常性迁徙为 12 次；在在线渠道向离线渠道迁徙的有效样本中，偶发性迁徙为 46 次，经常性迁徙为 4 次。从上述分析不难得出，研究型购物行为在日常购物生活中普遍存在。对于偶发性研究型购物行为而言，男女性别之间并没有呈现显著差异。而对于经常性研究型购物行为而言，经常进行研究型购物的女生人数在有效女生样本总数中的占比（29.6%）是经常进行研究型购物的男生人数在有效男生样本总数中的占比（16%）的 1.85 倍。因此，经常性研究型购物行为在男女之间存在明显差异，女生在日常购物生活中明显更喜欢使用研究型购物行为。从不同渠道迁徙方向来看，就偶发性研究型购物行为而言，离线渠道向在线渠道迁徙次数（51 次）与在线渠道向离线渠道迁徙次数（46 次）并没有显著区别。但对于经常性研究型购物行为而言，离线渠道向在线渠道迁徙次数（12 次）远远高于在线渠道向离线渠道迁徙次数（4 次）。从产品来看，购买次数从多到少排名前四位的产品依次是服装（102 次）、手机（45 次）、化妆品（39 次）和电脑（35 次），而购买次数从少到多排名最后两位的产品分别是日用百货（3 次）和小饰品（5 次）。同时，受访者认为研究型购物行为所涉及商品最重要的共同特征是商品本身价格高、商品体验特征明显、网上与实体店的价格差异大和对商品不熟悉。

二、问卷设计及测试实施

调查问卷主要包括两个部分，第一部分是受访者的个人信息，包括性别、年龄、学历、收入和职业，第二部分是受访者对研究型购物行为测量指标的评价。测量 6 个维度的 25 个指标的顺序被打乱，采用李克特 7 级量表对初始量表进行测量，从 1 到 7 表示从非常不同意到非常同意。

此次调查共回收问卷 304 份，其中，有效问卷为 252 份，有效率为 82.9%。男生人数为 96 人，占有效样本总数的 38.1%。学历以本科为主，占有效样本总数的 71.4%。年龄以 30 岁以下的年轻群体为主体，这部分人群占有效样本总数的 76.6%。收入在 3 000 元以下的人群占有效样本总数的 57.9%，这是因为学生样占有效样本总数的 50.8%。购买频次从多到少排名前四位的产品依次是服装和鞋（143 次）、手机（116 次）、化妆品（105 次）和电脑（94 次），购买频次从少到多排名前四位的产品依次是音像制品（7 次）、电脑配件（9 次）、百货（14 次）和图书（21 次）。同时，家具、建材和装修类产品的购买次数分别为 47

次、43 次和 41 次。由上述分析不难看出，在价格高、体验特征明显以及不熟悉的产品中购物者容易使用研究型购物行为，而在价格低、标准化程度高以及熟知的产品中购物者则不容易使用研究型购物行为。在有效样本中，偶尔进行研究型购物的人数为 201 人，占有效样本总数的 79.8%。经常进行研究型购物的人数为 51 人，占有效样本总数的 20.2%。在经常使用研究型购物行为的有效样本中，男性购物者为 10 人，占有效男性样本总数的 10.4%，女性购物者为 41 人，占有效女性样本总数的 26.3%。对性别和频次样本数据进行 PEARSON 卡方检验，P = 0.002，男女群体之间的研究型购物行为频次具有显著差异，经常性研究型购物行为在女性群体中更普遍。

三、量表的检验与确定

（一）问卷的信度和效度

根据统计学家 Kaiser 提出的标准，当 KMO > 0.8 时，说明量表可以做因子分析。同时，当 KMO 值与 1 越靠近时，量表适合做因子分析的程度就越高。本书调查所获有效问卷的 KMO = 0.850，表明问卷可以进行因子分析。同时，Bartllet's 球形检验 P = 0.000，明显低于显著性水平 0.05，再次验证问卷适合进行因子分析。各维度的 Cronbach's a 值均处于 0.708 与 0.880 之间，表明问卷信度良好。

表 3-2 的第 5 列是将 25 个变量采用最大方差旋转法进行正交旋转以后获得的主成分矩阵。按照农纳利（Nunnally, 1994）的观点，旋转后的因素载荷小于 0.4 的测量指标和载荷在两个因子均高于 0.4 的测量指标要被剔除[1]。第一个因子变量所反映的 5 个测量指标都属于预设的"感知有用性"构面，其中，第 21 个测量指标（V21）的因子载荷小于 0.4，因此，将其剔除。第二个因子变量所反映的 3 个测量指标都属于"感知易用性"构面，第三个因子变量所反映的 4 个测量指标都属于初始量表的"感知娱乐性"构面，其中，第 23 个测量指标（V23）的因子载荷比 0.4 要小，因此，将其剔除。第四个因子变量所反映的 7 个测量指标都属于初始量表的"感知风险"构面，其中，第 17 个测量指标（V17）和第 24 个测量指标（V24）在两个因子上的载荷都大于 0.4，因此，将它们剔除。第五个因子变量所反映的 3 个测量指标都属于初始量表的"感知成本"构面以及第六个因子变量所反映的 3 个测量指标均属于预设的"转换成本"

---

[1] Nunnaly J C, Bernstein I H. Psychometric Theory [M]. New York: McGRAW-HILL, 1994.

构面。删减后,对剩余的 21 个测量指标进行项目分析,结果如表 3 - 3 所示。整份问卷的 KMO 值是 0.891,Bartllet's 球形检验的 P 值为 0.000,小于显著性水平 0.05,表明量表适合做因子分析。同时,样本数据按特征值大于 1 提取了 6 个因子,累计方差解释率为 74.698。最大方差旋转之后每个测量指标的因子载荷均高于 0.6,并且载荷值在两个因子上均高于 0.4 或者在一个因子上的载荷值小于 0.4 的测量指标没有出现。同时,各维度的 Cronbach's a 值都在 0.7 以上。各测量指标在 0.001 的显著水平下均相关,表明了问卷的建构效度很好。因此,整份问卷的信度和效度良好。

表 3 - 2　　研究型购物行为初始量表和信度检验、因子分析结果

维度	指标号	测量指标	CITC	旋转后的因子载荷	各维度的Cronbach's a
感知有用性	10	网上购买花费更少的时间和精力	0.826	0.801	0.795
	6	网上购买花费更少的金钱	0.856	0.847	
	15	购物网站可提供更多可供选择的商品	0.814	0.799	
	7	网上购买不需要讨价还价	0.808	0.800	
	21	网上购买退换货比较方便	0.329	0.261	
感知易用性	1	整个网上购买很容易完成	0.886	0.808	0.880
	5	与网上商家沟通很容易	0.918	0.831	
	18	在购物网站上能快速地找到需要的商品	0.890	0.823	
感知娱乐性	3	网上购买为我的生活增添乐趣	0.807	0.765	0.708
	12	网上购买过程是一个轻松愉快的过程	0.807	0.788	
	9	网上购买过程是一个充满享受的过程	0.838	0.799	
	23	网上购买容易得到周围人的认可	0.474	0.239	
感知风险	20	网上购买容易出现图文与真实商品不一致	0.780	0.763	0.873
	8	网上购买售后没有保障	0.816	0.803	
	4	网上更容易购买到不合格商品	0.796	0.790	
	11	在网上购买到不满意商品退换货比较麻烦	0.839	0.852	
	14	网上购买可能会造成经济损失	0.753	0.731	
	17	网上购买存在泄露隐私问题	0.665	0.601/0.509	
	24	网上购买存在支付安全隐患	0.618	0.526/0.491	
感知成本	19	需要花费大量的时间和精力评估网上商品	0.878	0.726	0.829
	22	网上购买需要花费时间等待商品到达	0.896	0.739	
	13	网上购买容易产生焦虑感	0.815	0.670	
转换成本	2	实体店购买需要花费更多的金钱	0.836	0.811	0.816
	16	实体店购买需要花费更多的时间	0.881	0.840	
	25	实体店购买需要花费更多的精力	0.848	0.796	

表 3 - 3　　　　研究型购物行为信度检验和因子分析结果

维度	指标号	测量指标	CITC	旋转后的因子载荷	各维度的Cronbach's a
感知有用性	10	网上购买花费更少的时间和精力	0.811	0.801	0.875
	6	网上购买花费更少的金钱	0.845	0.847	
	15	购物网站可提供更多可供选择的商品	0.807	0.799	
	7	网上购买不需要讨价还价	0.806	0.800	
感知易用性	1	整个网上购买很容易完成	0.814	0.808	0.880
	5	与网上商家沟通很容易	0.961	0.831	
	18	在购物网站上能快速地找到需要的商品	0.839	0.823	
感知娱乐性	3	网上购买为我的生活增添乐趣	0.786	0.765	0.831
	12	网上购买过程是一个轻松愉快的过程	0.800	0.788	
	9	网上购买过程是一个充满享受的过程	0.808	0.799	
感知风险	20	网上购买容易出现图文与真实商品不一致	0.783	0.763	0.891
	8	网上购买售后没有保障	0.833	0.803	
	4	网上更容易购买到不合格商品	0.828	0.790	
	11	在网上购买到不满意商品退换货比较麻烦	0.866	0.852	
	14	网上购买可能会造成经济损失	0.724	0.731	
感知成本	19	需要花费大量的时间和精力评估网上商品	0.809	0.726	0.829
	22	网上购买需要花费时间等待商品到达	0.828	0.739	
	13	网上购买容易产生焦虑感	0.680	0.670	
转换成本	2	实体店购买需要花费更多的金钱	0.802	0.811	0.816
	16	实体店购买需要花费更多的时间	0.834	0.840	
	25	实体店购买需要花费更多的精力	0.811	0.796	

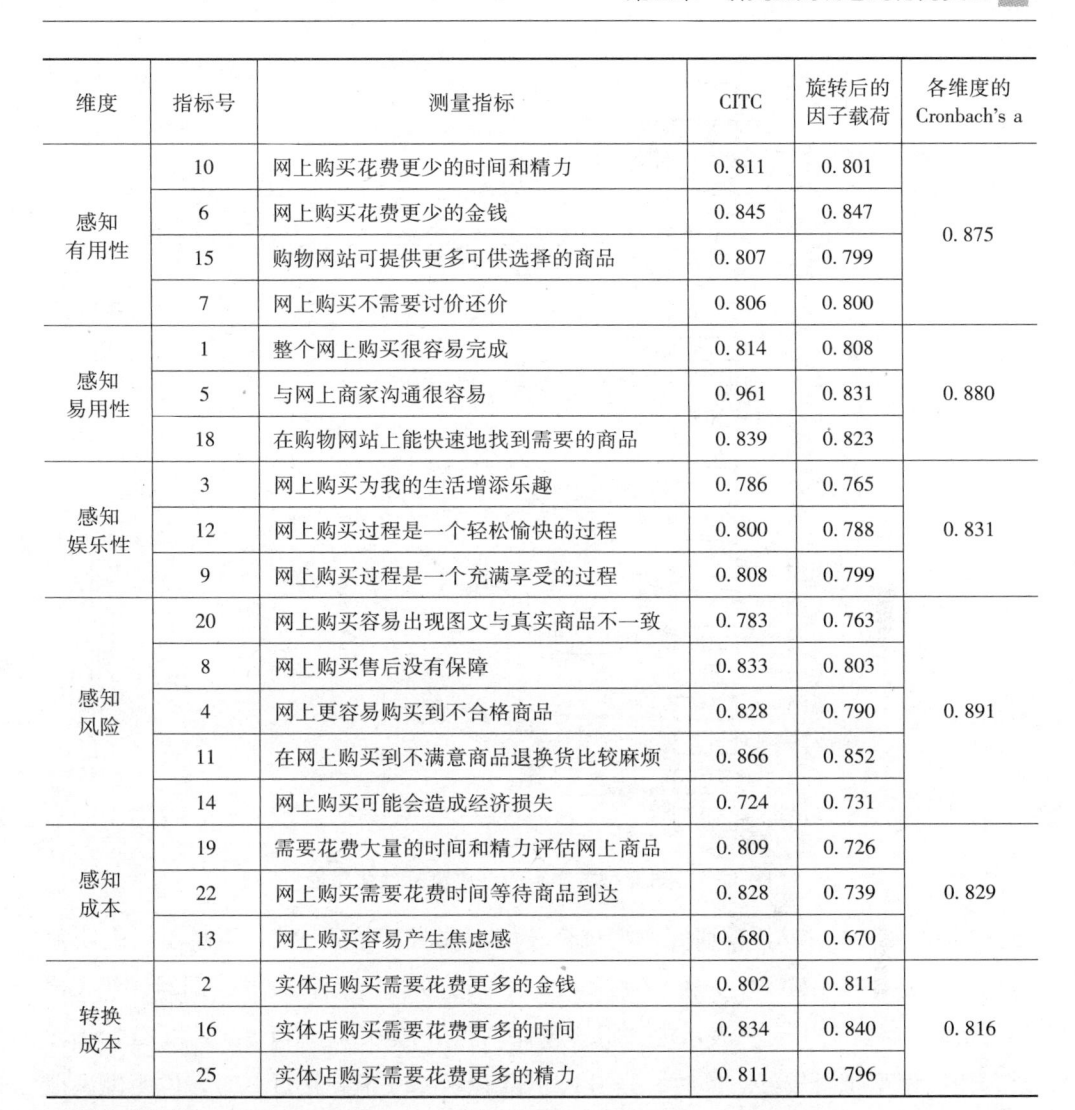

(二) 验证性因子分析

根据上述分析的结果，将最终得到的6个维度及其21个测量指标构建研究型购物行为维度模型。

为了验证维度模型与实际经验数据是否匹配，采用AMOS17.0软件进行CFA。检验结果表明模型能够收敛识别，各维度的标准化路径如图3-1所示。从图3-1可以看出，每个测量指标在其相应的因素构面上的标准载荷均处于0.65与0.89之间，表明了研究型购物行为维度量表具有良好的信度。

按照现行通用标准，本书使用χ^2/df、GFI、AGFI、IFI、NFI、CFI和RMSEA 7个拟合优度指标对研究型购物行为维度模型进行整体适配度检验。一般情况

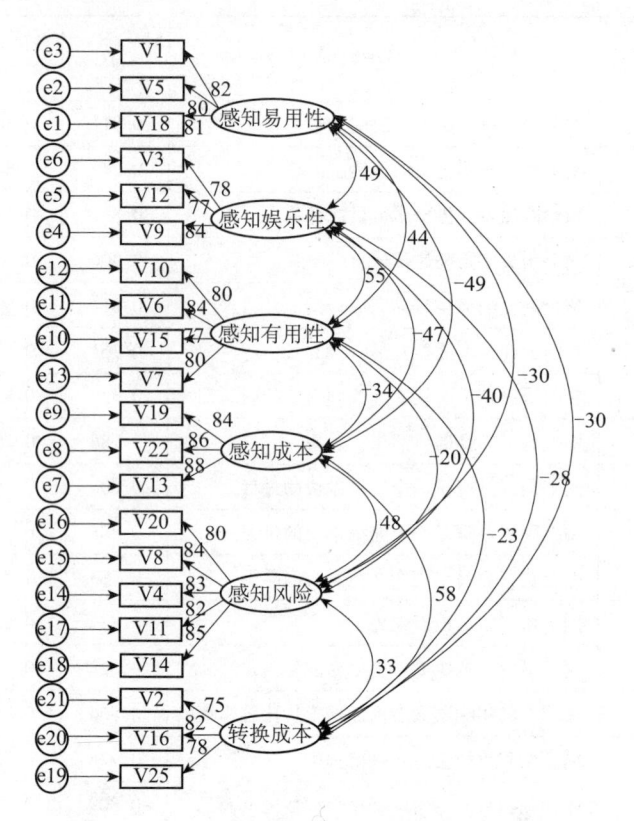

图 3-1 研究型购物行为各维度标准化路径

下，当 $\chi^2/df < 3$ 时，说明研究模型拟合较好。同时，如果 χ^2/df 值越小，表明模型拟合越好。当 GFI > 0.9 和 AGFI > 0.9 时，说明模型拟合较好。同时，当 GFI 和 AGFI 值越接近 1 时，表示模型拟合越好。当 IFI > 0.9、NFI > 0.9 和 CFI > 0.9 时，说明模型拟合较好。同时，当 IFI、NFI 以及 CFI 值越接近 1 时，说明模型拟合程度越好。当 RMSEA < 0.08 时，说明模型拟合较好。

模型的拟合情况如表 3-4 所示，各拟合指数的实际值除了 AGFI 值（0.872）略小于推荐值之外，其他实际值都在推荐值以内，可见理论模型与实际数据拟合程度良好。因此，就整体而言，从主要适配度统计量分析，修正后的研究型购物行为维度模型与实际数据可以适配。

表 3-4 模型拟合指数推荐值及实际值

拟合指数	χ^2/df	GFI	AGFI	CFI	NFI	IFI	RMSEA
推荐值	<2	>0.90	>0.90	>0.90	>0.90	>0.90	<0.08
实际值	1.695	0.904	0.872	0.958	0.905	0.957	0.053

注：χ^2/df 为卡方值与自由度的比率；GFI 为拟合优度指数；AGFI 为调整的拟合优度指数；CFI 为比较拟合指数；NFI 为规范拟合指数；IFI 为增量适度指数；RMSEA 为近似误差的均方根。

利用 AMOS17.0，采用极大似然法估计的参数值如表 3-5 所示。第二列是没有进行标准化的回归系数，第三列是估计系数的标准误且标准误均介于 0.043 与 0.117 之间，没有出现很大的值。第四列是各路径对应的 T 值，第五列表示路径的显著性概率 P 值，从表 3-5 中可以看出，P 值均小于 0.001，表明回归系数显著不等于 0。

表 3-5　模型的基本适配度检验和参数估计表

路径	非标准化估计值	标准误	T 值	P	标准化估计值
V15 ←—— 感知有用性	1.000				0.765
V6 ←—— 感知有用性	0.940	0.071	13.316	***	0.836
V10 ←—— 感知有用性	0.966	0.075	12.815	***	0.804
V7 ←—— 感知有用性	0.902	0.071	12.700	***	0.798
V18 ←—— 感知易用性	1.000				0.815
V5 ←—— 感知易用性	1.104	0.071	15.465	***	0.892
V1 ←—— 感知易用性	0.979	0.068	14.415	***	0.822
V9 ←—— 感知娱乐性	1.000				0.845
V12 ←—— 感知娱乐性	0.957	0.076	12.638	***	0.775
V3 ←—— 感知娱乐性	1.065	0.086	12.412	***	0.761
V4 ←—— 感知风险	1.000				0.835
V8 ←—— 感知风险	1.022	0.065	15.777	***	0.844
V20 ←—— 感知风险	0.967	0.066	14.615	***	0.799
V11 ←—— 感知风险	0.975	0.064	15.355	***	0.827
V14 ←—— 感知风险	0.783	0.071	10.969	***	0.645
V13 ←—— 感知成本	1.000				0.682
V22 ←—— 感知成本	1.331	0.117	11.357	***	0.857
V19 ←—— 感知成本	1.238	0.110	11.229	***	0.836
V25 ←—— 转换成本	1.000				0.765
V16 ←—— 转换成本	1.161	0.103	11.305	***	0.820
V2 ←—— 转换成本	0.934	0.087	10.752	***	0.746
评价标准		没有很大的值	达到显著水平	<0.001	介于 0.5 到 1 之间
模型适配判断		适配	适配	适配	适配
感知易用性 ←——→ 感知娱乐性	0.329	0.056	5.817	***	0.488
感知娱乐性 ←——→ 感知有用性	0.350	0.056	6.250	***	0.553
感知成本 ←——→ 感知有用性	-0.198	0.047	-4.225	***	-0.345
感知成本 ←——→ 感知风险	0.271	0.051	5.332	***	0.455
感知风险 ←——→ 转换成本	0.188	0.045	4.136	***	0.328
感知易用性 ←——→ 感知有用性	0.270	0.051	5.323	***	0.438
感知有用性 ←——→ 感知风险	-0.155	0.045	-3.439	***	-0.256
感知成本 ←——→ 转换成本	0.316	0.053	5.905	***	0.582
感知易用性 ←——→ 感知成本	-0.296	0.054	-5.512	***	-0.486
感知娱乐性 ←——→ 感知风险	-0.265	0.052	-5.054	***	-0.402
感知有用性 ←——→ 转换成本	-0.128	0.043	-2.996	**	-0.233
感知易用性 ←——→ 感知风险	-0.229	0.049	-4.636	***	-0.357
感知娱乐性 ←——→ 转换成本	-0.168	0.048	-3.509	***	-0.281
感知易用性 ←——→ 转换成本	-0.176	0.046	-3.810	***	-0.302
感知娱乐性 ←——→ 感知成本	-0.292	0.055	-5.318	***	-0.468

如表 3 – 5 第六列是潜变量对观测变量影响的标准化回归系数以及各变量彼此之间的相关系数。如感知有用性和 V15 之间的标准化回归系数为 0.756，说明"感知有用性"构面对观测变量 V15 的直接效果值是 0.756。第六列中各因素的负荷量取值介于 0.645 与 0.892 之间，表明模型具有良好的基本适配度，各潜变量可以有效地反映其测量的构念特征。"感知易用性"和"感知娱乐性"的协方差为 0.329，两者的相关系数为 0.488。"感知娱乐性"和"感知有用性"的协方差为 0.350，两者的相关系数为 0.553。"感知易用性"和"感知有用性"两者的协方差为 0.270，相关系数为 0.438。"感知易用性""感知有用性"和"感知娱乐性"三者彼此之间的相关系数都达到了 0.001 的显著水平，说明它们之间可能存在一个更高阶的共同因子。"感知成本"和"感知风险"的协方差为 0.271，两者的相关系数为 0.455。"感知风险"和"转换成本"的协方差为 0.188，两者的相关系数为 0.328。"感知成本"和"转换成本"的协方差为 0.316，两者的相关系数为 0.582。"感知风险""感知成本"以及"转换成本"三者彼此之间的相关系数都达到了 0.001 的显著水平，说明它们之间可能存在一个更高阶的共同因子。

根据组合信度 $CR = \frac{(\sum 标准化因素负荷量)^2}{(\sum 标准化因素负荷量)^2 + \sum (测量误差)}$，能够得到各潜变量的 CR 值。组合信度是用来检验潜变量的信度指标。六个潜变量的组合信度都大于 0.8，说明模型具有较为理想的内在质量。

根据平均变异量抽取值 $AVE = \frac{(\sum 标准化因素负荷量^2)}{(\sum 标准化因素负荷量^2) + \sum (测量误差)}$，可以计算出各潜变量的平均变异量抽取值，这是衡量潜变量对其观测变量变异程度解释能力的指标，数值越大表明观测变量对其共同因子潜在特征的解释能力就越强。六个潜变量的 AVE 值均大于 0.6，说明模型的收敛效度良好。六个潜变量的 CR 值均大于 0.8，说明模型的信度较好。各观测变量的因子负荷量均位于 0.645 与 0.892 之间，信度系数除了 V13 和 V14 略小于 0.5 以外，其他测量指标的信息系数值均位于 0.557 与 0.796 之间，表明模型基本适配度良好。

综上所述，"研究型购物行为" EFA 模型中的绝大部分拟合指数都能够满足检验标准，表明整体模型具有良好的适配度，模型外在质量比较好。同时，某个观测变量同时出现在两个潜变量的情形没有发生，各观测值都出现在各自预设的潜变量上，表明模型具有良好的区别效度。

由图 3 – 2 可知，一阶验证性因子分析模型中发现"感知易用性""感知有用性"和"感知娱乐性"三者彼此之间具有较高的相关关系。在此情形下，可以更进一步假设"感知易用性""感知有用性"和"感知娱乐性"这三个潜变量存在更高阶"价值驱动型"因子构面。采用 AMOS17.0 软件对价值驱动型研究型购物行为进行二阶验证性因子分析,具体结果如图 3-3 所示:

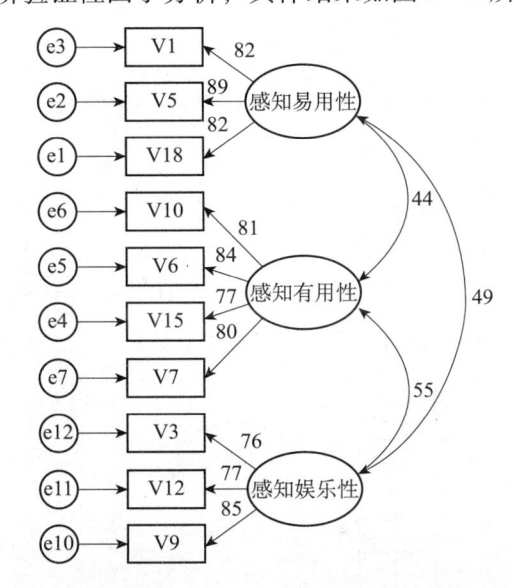

图 3-2　价值驱动型研究型购物行为维度标准化路径

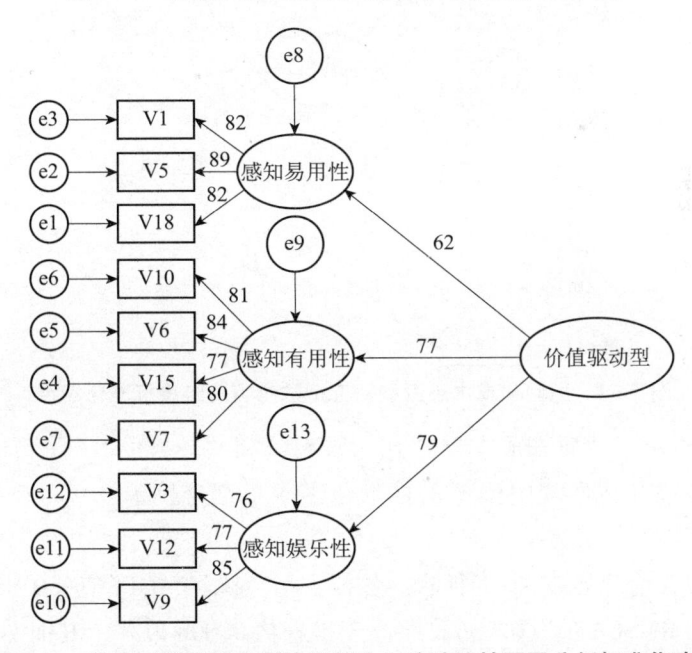

图 3-3　价值驱动型研究型购物行为二阶验证性因子分析标准化路径

模型的拟合情况如表 3-6 所示,各拟合指数的实际值都位于推荐值之内,可见理论模型与实证数据具有较高的拟合度。

表 3－6　　　　　　　　模型拟合指数推荐值及实际值

拟合指数	χ^2/df	GFI	AGFI	CFI	NFI	IFI	RMSEA
推荐值	<2	>0.90	>0.90	>0.90	>0.90	>0.90	<0.08
实际值	1.570	0.964	0.938	0.986	0.964	0.987	0.048

注：χ^2/df 为卡方值与自由度的比率；GFI 为拟合优度指数；AGFI 为调整的拟合优度指数；CFI 为比较拟合指数；NFI 为规范拟合指数；IFI 为增量适度指数；RMSEA 为近似误差的均方根。

由图 3－4 可知，一阶验证性因子分析模型中发现"感知成本""感知风险"和"转换成本"三者彼此之间具有较高的相关关系。在此情形下，可以更进一步假设"感知成本"、"感知风险"和"转换成本"这三个潜变量存在更高阶"风险和成本规避型"因子构面。采用 AMOS17.0 软件对风险和成本规避型研究型购物行为进行二阶验证性因子分析，具体情况如图 3－5 所示：

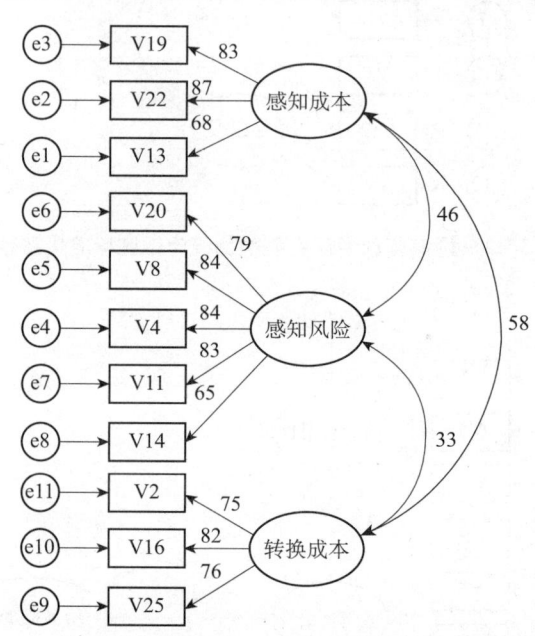

图 3－4　风险和成本规避型研究型购物行为维度标准化路径

图 3－5 显示了"感知成本"、"感知风险"和"转换成本"三个初阶因子在高阶因子"风险和成本规避型"的标准化因子负载分别为 0.90、0.51 和 0.65，均大于 0.5。

模型的拟合情况如表 3－7 所示，各拟合指数除了 AGFI 值（0.859）略小于推荐值 0.9 和 RMSEA 值（0.096）略高于推荐值 0.008 以外，其他实际值都处于推荐值之内，可见理论模型与实证数据具有较高的拟合度。因此，从主要适配度统计量来分析，风险和成本规避型研究型购物行为的标准化估计值模型与实际数据可以适配。

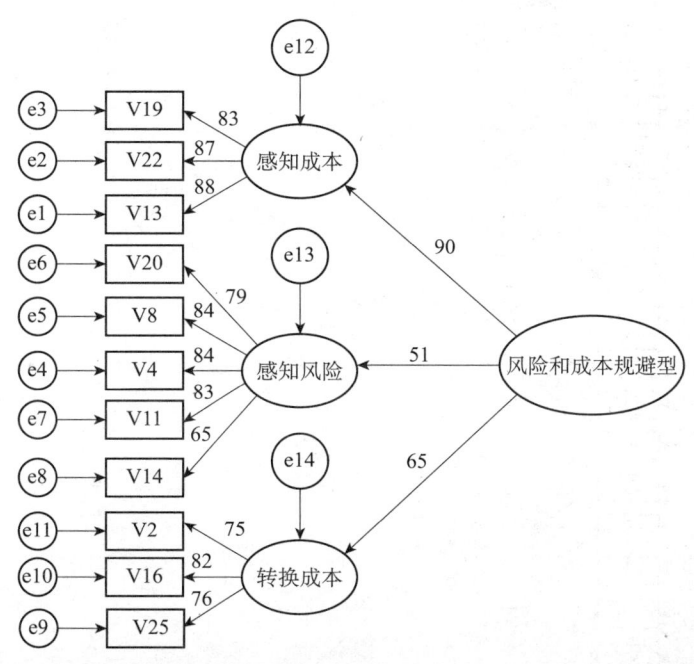

图3-5 风险和成本规避型研究型购物行为二阶验证性因子分析标准化路径

表3-7 模型拟合指数推荐值及实际值

拟合指数	GFI	AGFI	CFI	NFI	IFI	RMSEA
推荐值	>0.90	>0.90	>0.90	>0.90	>0.90	<0.08
实际值	0.912	0.859	0.935	0.910	0.936	0.096

注：GFI为拟合优度指数，AGFI为调整的拟合优度指数，CFI为比较拟合指数，NFI为规范拟合指数，IFI为增量适度指数，RMSEA为近似误差的均方根。

模型的拟合情况如表3-8所示，各拟合指数的实际值都在推荐值之内，可见理论模型与实证数据具有较高的拟合度。

表3-8 模型拟合指数推荐值及实际值

拟合指数	χ^2/df	GFI	AGFI	CFI	NFI	IFI	RMSEA
推荐值	<2	>0.90	>0.90	>0.90	>0.90	>0.90	<0.08
实际值	1.694	0.9000	0.873	0.956	0.901	0.957	0.053

注：χ^2/df为卡方值与自由度的比率，GFI为拟合优度指数，AGFI为调整的拟合优度指数，CFI为比较拟合指数，NFI为规范拟合指数，IFI为增量适度指数，RMSEA为近似误差的均方根。

图3-6显示，各测量指标在初阶因子的标准负载均大于0.6，初阶因子除了"感知风险"在高阶因子"风险和成本规避型"的标准负载略小于0.6以外，其余初阶因子在其相应高阶因子的标准负载均大于0.6，表明量表信度良好。价值驱动型研究购物行为与成本和风险规避型研究型购物行为之间的相关系数为-0.71，两者呈显著负相关。

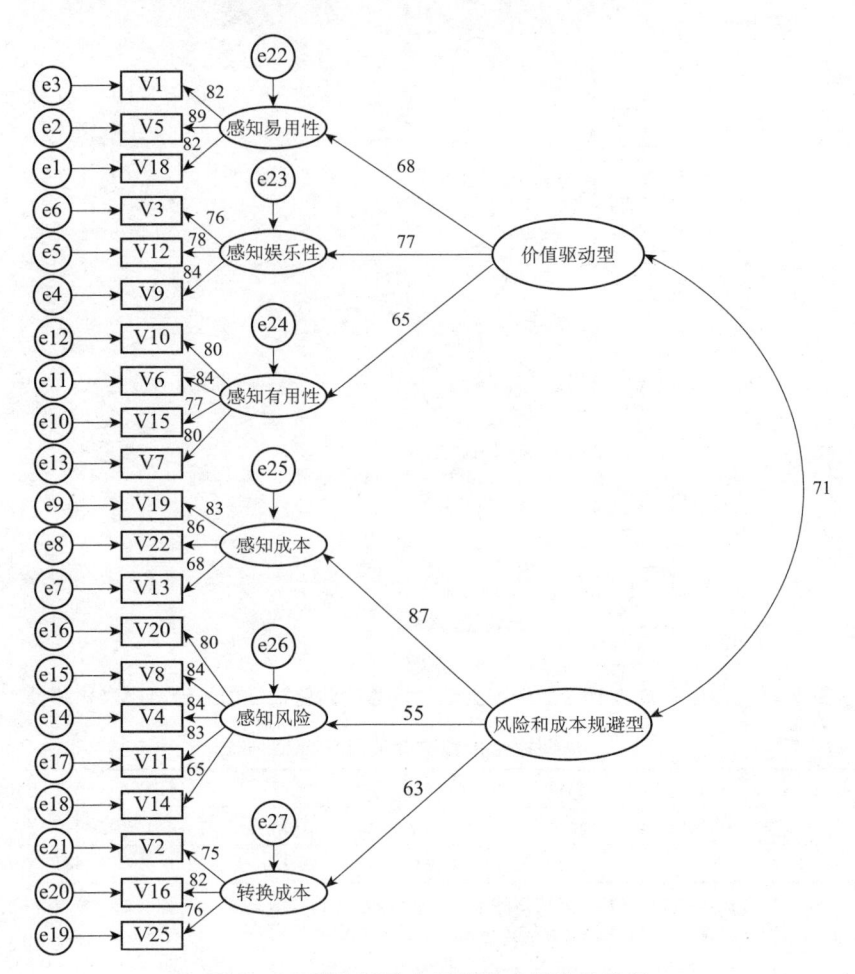

图 3-6 研究型购物行为维度标准化路径

第四节　结论与对策

一、研究结论

本文采用内容分析法对研究型购物者的行为类型进行研究，研究得出的具体结论有如下八点。

（1）研究型购物行为根据不同渠道迁徙方向的主导性动机差异可以划分为价值驱动型研究型购物行为以及成本和风险规避型研究型购物行为两个维度。研究型购物行为是一种趋利避害的理性购买行为，行为主要目的是想规避原有渠道不足的同时获得迁徙目标渠道的比较优势。尽管如此，其内在驱动因素的主导性动机却存在显著差异。研究型购物者离线渠道向在线渠道迁徙的主导性动机是趋利，而在线渠道向离线渠道迁徙的主导性动机则是避害。

（2）研究型购物行为两个维度并不是相互独立的，而是相互联系的。由图 3-6 可知，价值驱动型研究型购物行为与成本和风险规避型研究型购物行为两者之间的相关系数为 -0.71，呈显著负相关。研究型购物者使用成本和风险规避型研究型购物行为往往要损失一部分价值，相比网络购物，在实体渠道购物需要花更多的时间、精力和金钱。同样，研究型购物者采纳价值驱动型研究型购物行为往往需要承担一定的风险和成本。

（3）产品类别显著影响研究型购物行为。在价格高、体验特征明显和不熟悉的产品中容易发生研究型购物行为，而在价格低和标准化程度高和熟知的产品中则不容易发生研究型购物行为。贝蒂和史密斯（Beatty & Smith, 1987）的研究认为，商品的价格越昂贵，消费者的信息搜寻行为就越复杂，搜寻次数也会更多。乌班尼（Urbany, 1991）的研究也指出，对于日用品，消费者主要关注购买的便捷性，而并不十分在意产品价格，因而信息搜寻行为通常比较简单。艾弗里（Avery, 1996）的研究显示，相对耐用品而言，消费者对日用品的价格敏感程度明显较低，对日用品的购前信息搜寻次数也较少。

（4）在线渠道和离线渠道之间的价格差异是引发研究型购物行为的一个很重要因素。在线渠道的快速发展对企业和消费者都产生了极其深远的影响。就企业而言，伏尔甘（Vulkan, 1999）指出，信息技术使得产品价格变得更加透明，商家往往采用价格竞争的形式期望从激烈的市场竞争中脱颖而出。就消费者而言，消费者会在不同购买决策阶段使用不同渠道，他们往往会在一些零售商外进行全方位的产品或服务信息搜寻后选择其他价格更低的零售商购买该产品或服务（Cady, 1982；Fabri Cant, 1990；Carlton & Chevalier, 2001；Shin, 2007）。

（5）经常性研究型购物行为并不多见，而偶发性研究型购物行为则十分普遍。在日常购物生活中，购物者经常购买的产品一般都是一些熟悉、价格不高或者标准化程度较高的产品，这些产品要么购买风险较小，要么不同渠道间价格差异总量较小，购物者缺乏进行研究型购物者行为的动力。尽管在价格高、体验特征明显和不熟悉的产品中容易发生研究型购物行为，但是这些产品在日常购物生活中并不会经常购买。因此，经常性研究型购物行为并不多见，而偶发性研究型购物行为则十分普遍。

（6）性别显著影响研究型购物行为，女性群体比男性群体更容易使用经常性研究型购物行为。相比男性群体而言，女性群体更喜欢逛街和浏览购物网站。因此，她们更有机会使用研究型购物行为。同时，女性群体经常使用且频繁更换体验型产品，如化妆品和衣服等。在这些体验型产品中，研究型购物行为比较容易发生。如在服装行业，女性消费者的"搭便车"行为普遍存在。

（7）研究型购物者离线渠道向在线渠道迁徙的主要驱动因素是想获得在线渠道的比较优势：低价格、花费更少的时间和精力，而在线渠道向离线渠道迁徙则主要是出于规避风险和成本的考虑。不同渠道具有不同渠道属性，这些渠道属性都会驱使研究型购物者进行渠道迁徙。在线渠道比较优势（如产品价格低和信息搜寻成本低等）会推动研究型购物者从离线渠道向在线渠道迁徙。同样，在线渠道的购买风险和成本因素也会驱使研究型购物者向离线渠道迁徙。

（8）转换成本在不同的渠道迁徙方向中所起作用具有显著差异。转换成本显著负向影响研究型购物者从在线渠道向离线渠道迁徙，而整个离线渠道向在线渠道迁徙则只需轻点鼠标便可轻松完成，迁徙过程中所产生的转换成本很少（鲁耀斌和周涛，2005）。在线渠道向离线渠道迁徙则需要研究型购物者亲自去实体店体验产品或服务，这比网络购物需要花费更多的时间、精力和金钱。

二、管理对策

根据研究结论，针对研究型购物者渠道迁徙问题，本书的应对策略大致可以归纳为两个方面："防"和"疏"，其中，"防"是指防止研究型购物者迁徙到其他类型渠道的其他零售商那里购买所需产品和服务，"疏"则是指引导研究型购物者在零售商自建的多渠道中迁徙。具体建议如下：第一，零售商必须跟踪和深刻了解研究型购物者的渠道迁徙行为，从而改变企业营销产品、经营店铺及管理供应链的方法。第二，积极培育研究型购物者的网络信任。第三，针对不同类型的研究型购物行为采取相应策略。对于价值驱动型研究购物行为而言，应主要考虑提供功能性价值。对于风险和成本规避型研究型购物行为而言，应着重考虑减少购买风险和成本。第四，积极展开多渠道零售，使研究型购物者的渠道迁徙行为发生在企业自建的多渠道当中，从而实现跨渠道顾客保留。第五，充分挖掘渠道自身价值，为研究型购物者提供相对优势，进而实现渠道锁定和渠道保留。第六，加强与研究型购物者的关系管理，有效防范或减少研究型购物者"渠道搭便车"的渠道迁徙行为。

第四章 渠道转换行为中的"展厅"现象

第一节 引 言

伴随着互联网零售渠道的兴起,消费者渠道转换行为更为广泛地存在于现实生活中。"展厅"现象就是消费者渠道转换行为中的一种,即消费者在产品购买之前,先通过各种方式(如亲身体验、触摸和感受或者与销售服务人员交流)到实体店渠道搜集产品的相关信息,记下产品的可视化标识(如产品的品牌名称、颜色、尺寸、规格等),继而再转向在线渠道购买同款产品的一种购买方式。"展厅"现象相对于其他形式的渠道转换方式存在固有的优势。在产品信息的搜索阶段,由于在线渠道在搜集产品信息时存在某些局限,如不能亲身和真实地体验、感受和触摸产品等,使得消费者必须在购买前通过实体渠道搜集产品信息来减少产品与自身不匹配等风险;在产品购买阶段,由于在线渠道相对于实体渠道而言拥有更低的店面成本和经营成本,在线渠道的产品相对于实体渠道的产品具有明显的价格优势,使得消费者在产品购买阶段转向在线渠道来减少自身购买的财务风险。随着在线零售商经营信誉的提升,在线产品可靠性的提高,二维码、条形码、购物比较等功能的成熟,"展厅"现象也越来越普遍。

"展厅"现象对零售商提出了新的挑战,也带来了新的机遇。对于传统的实体零售商而言,"展厅"购买者是具有购买意愿的优质的潜在顾客,不能把这类潜在顾客变成现实的收益本身就是一种损失。另外,相对于从线上渠道收集产品信息,再转而通过实体渠道购买产品的消费者而言,这类渠道转换购买行为会给实体零售商造成机会成本。实体零售商毕竟资源有限,当销售人员服务于这类顾客时就不能够同时服务于那些更真心购买产品的顾客,造成那些真诚购买产品的顾客的流失。"展厅"购买者徒增实体零售商的成本,而无法帮助实体零售商实现其收益,实体零售商在顾客整个购买决策过程中,只能成为在线零售商的"嫁衣"。因此，理解"展厅"购买行为的内在机制，从而帮助实体零售商更好地管理这类顾客，变得迫切需要。从在线零售商的视角，理解消费者的"展厅"购买行为，有助于其更加深入地考虑如何更好地搭乘实体零售商的便车，更好地利用其他零售商实体渠道的资源为顾客创造额外的价值。对于多渠道零售商而言，在理解消费者"展厅"购买行为的基础上，考虑如何更好地整合自身的实体渠道和在线渠道，有助于为消费者创造额外的价值，同时增强自身的渠道竞争优势。因此，理解消费者的"展厅"购买行为，对传统的实体零售商、新兴的在线零售商以及多渠道零售商都具有一定的价值。

尽管消费者"展厅"购买现象在营销实践中已经普遍存在，消费者"展厅"购买行为也给零售商管理多渠道顾客提出了新的挑战，但令人遗憾的是已有的研究大多是考虑在特定情境下单一因素对消费者"展厅"购买行为的影响，鲜有研究从整体和联系的视角，来探讨影响消费者"展厅"购买方式意愿的因素以及这些影响因素之间内在的联系。

因此，本书将研讨究竟哪些因素会影响消费者的"展厅"购买意愿，并试图综合理解这些影响因素在影响消费者使用"展厅"购买方式的意愿之间的内在联系。在此基础之上，笔者提出相关建议或措施，意在帮助零售商更好地理解和管理消费者的"展厅"购买行为。

第二节 文献综述

笔者从消费者渠道转换行为、消费者"展厅"购买行为以及 PPM 模型理论三个方面对国内外文献进行评述，提出可行的研究方向。

一、消费者渠道迁徙行为

目前国内外学者在理论研究中对消费者渠道转换行为的概念界定和分类并未完全达成一致意见。笔者通过对国内外相关研究文献的回顾，将具有代表性的消费者渠道转换定义以及对消费者渠道转换的相关称谓进行了梳理（见第一章表1-1）。笔者认为，对消费者渠道转换行为的界定应该考虑三个因素：(1) 转换行为的阶段，具体包括产品信息搜集阶段和产品购买阶段；(2) 转换行为所选择的渠道，包括互联网渠道、实体渠道、目录渠道和移动渠道；(3) 转换行为所选择的零售商，主要考虑消费者在不同的购买决策阶段所选择的不同渠道是否归属于同一零售商。如果消费者在不同的购买阶段选择的是同一零售商的渠道，其实质为渠道内的转换行为；如果消费者在不同的购买阶段选择的是不同零售商的渠道，其实质为跨渠道的转换行为。通过对国内外学者对消费者渠道转换行为及相关概念的界定，笔者在借鉴涂红伟和周星（2011）两位学者对消费者渠道转换行为的定义的基础上，结合在界定消费者渠道转换行为时所考虑的三点因素，把消费者渠道转换行为定义为：消费者在产品信息搜集阶段及产品购买阶段，反复在互联网渠道、实体渠道、目录渠道和移动渠道向互联网渠道、实体渠道、目录渠道和移动渠道之间选择和更换渠道的过程。这一过程不仅包括消费者在在线购买渠道和离线购买渠道之间的转换，而且包括消费者在信息搜索渠道与购买渠道之间的转换。特别需要指出的是，这一渠道转换行为不必考虑是否属于同一零售商的渠道。

按照渠道的属性，渠道可以划分为在线渠道和离线渠道（Levy & Weitz, 2006；Neslin et al., 2006）；按照渠道的功能，渠道可以划分为信息搜索渠道和购买渠道（Coughla et al., 2001）。消费者的渠道转换行为因此可划分为四种渠道转换路径：路径1是指消费者在线搜集产品信息后，在购买阶段转向线下实体渠道购买产品；路径2是指消费者从线下实体渠道转向在线渠道；路径3是指消费者从线下实体渠道搜集完产品信息后，在购买阶段转向在线渠道购买产品；路径4是指消费者从线下渠道转换到在线渠道。

国内外学者在多渠道环境下对影响消费者渠道转换行为的因素进行了大量的研究，也取得了较多的成果。古普塔（Gupta, 2004）等人在探讨消费者从实体渠道转换到在线互联网渠道行为的影响因素时，研究发现感知价格的差异、感知风险差异、感知评估努力的差异、感知搜索努力的差异、感知送货时间的差异是消费者渠道转换的五个驱动因素。范巴尔和达赫（Van Baal & Dach, 2005）在研究多渠道环境下消费者渠道内的渠道保留行为和渠道外的搭便车行为时发现：产品搜索特性越强、产品技术变化速度越快，消费者越倾向于渠道搭便车；产品购买频率越高，消费者的渠道搭便车倾向会越低。根斯勒（Gensler, 2007）在研究消费者从离线购买渠道向在线购买渠道迁徙时，发现消费者的渠道忠诚度、渠道吸引力、产品类别综合影响消费者的渠道迁徙行为。基于理性行为理论，范霍夫等（Verhoef et al., 2007）研究了消费者先使用电子渠道信息搜索再转向实体渠道购买产品的行为，研究发现：渠道特征、渠道锁定和跨渠道协同都会影响消费者的购买行为决策。赵等（Chiu et al., 2010）基于PPM模型，研究了多渠道背景下消费者使用一家零售商的在线互联网渠道搜集产品信息，再转向另一家零售商实体渠道购买产品的跨渠道搭便车行为,研究发现:消费者的多渠道自我效能、感知商家竞争对手的实体商店的吸引力正向影响消费者的跨渠道搭便车行为;企业内的渠道锁定负向影响消费者的跨渠道搭便车行为。从对文献的分析和梳理中可以看到,消费者的渠道迁徙行为会受到消费者个体因素、产品因素、渠道因素以及零售商因素等多种因素的影响。

二、消费者"展厅"购买行为

范霍夫等(Verhoef et al., 2007)研究了消费者在整个购买过程中使用一种渠道搜集产品信息,转向使用另外一种渠道购买产品的行为,并把它称为研究型购买(Research-shopping)现象,"展厅"购买方式就是研究型购买的一种——线下渠道搜集产品信息、线上渠道购买产品。Shin(2007)等人探讨了这样一种现象:消费者首先通过Tweeter实体店向销售人员咨询有关产品的信息,再转向Tweeter在线商店以一种更低的价格购买产品,完成交易,他把这种行为称为渠道"搭便车";周星(2011)等人把消费者通过实体渠道搜集产品信息,在线渠道购买产品的行为归纳为消费者渠道转换路径的一种。

阿米特·梅赫拉(Amit Mehra, 2012)等人把消费者通过零售商的实体渠道来搜集和评估产品信息,再转向竞争对手在线渠道购买产品的行为称为"展厅"(showrooming)现象;博斯曼(Bosman, 2011)和齐默曼(Zimmerman, 2012)指出消费者"展厅"(showrooming)购买方式的趋势在持续增加。

基于前人的研究成果,我们将"展厅"购买行为定义为消费者在产品购买之前,先通过各种方式(如亲身体验、触摸和感受或者与销售服务人员交流)到实体店渠道搜集产品的相关信息,记下产品可视化标识(如产品的品牌名称、颜色、尺寸、规格等),继而再转向在线渠道购买同款产品的一种购买方式。消费者"展厅"购买作为消费者渠道转换的路径之一,目前鲜有学者进行深入的探讨,大多数主要从影响消费者使用"展厅"购买方式的影响因素进行探讨。如Doubleclick机构(2004)在研究消费者的购买行为时发现16%的消费会先通过实体渠道搜集产品信息,再转向在线渠道购买产品;卡鲁克(S. Umit Kucuk, 2010)等人以墙纸产业为例,实证研究发现在线零售商产品的价格优势比产品类别的丰富性对消费者"展厅"购买方式的影响更大;邱志圣(Jyh-Shen Chiou, 2012)等人探讨了不同特征的消费人群(学生或成人)在不同的购买情境下(买车或者买书)对"展厅"这种购买方式的态度;西恩(Thin, 2007)与阿米特·梅赫拉等(Amit Mehra, 2012)使用博弈论模型,探讨了消费者在购买决策的不同阶段进行渠道搭便车的内在价格机理。

三、Push-Pull-Mooring（PPM）理论

Push-Pull-Mooring（PPM）模型框架最初出现在研究人口迁徙的有关文献中，用来解释人口为什么在特定的一段时期内从一个地点迁徙到另外一个地点（Bansal, Taylor & James, 2005; Boyle, Halfacree, Robinson, 1998）。目前PPM模型已经运用到其他管理学科上。班赛尔等（Bansal et al., 2005）在市场营销领域类比了人口迁徙和消费者渠道转换行为之间的相似性，他们从先前关于服务提供者转换的研究中识别出一些构念，并把这些构念匹配到拉动因素、推动因素和锚定因素中；与此同时，卢伊（Lui, 2005）把这个模型框架运用到IT服务提供者的个人职业转换意图上；曾岩（Zengyan, 2009）等人使用PPM模型探究了个体转换社交网站的意愿；赵等（Chiu et al., 2011）使用PPM模型探究了消费者的跨渠道搭便车行为。简而言之，PPM提供了一个概念模型框架，用这个模型框架来帮助理解拉动因素、推动因素和锚定因素的重要性。

PPM模型是用来探讨"展厅"购买行为的一个理想的模型框架。购买行为可以把操作化定义为个体通过实体渠道搜集产品信息后，放弃从实体渠道购买产品而转换到通过在线渠道购买产品意愿的程度。在社会学和人口学中，人口迁徙指个体在特定一段时期内从一个地点转到另一个地点（Jackson, 1986）。"展厅"购买则是指消费者从一种渠道转换到另一种渠道，虽然渠道转换可能不涉及有形的移动，但是却意味着放弃先前积累的实体渠道购买经验以及从心理上接受一种新的购买渠道。消费者会仔细评估当前通过实体渠道购买或者在线渠道购买的优劣，通过渠道转换来表达他们的偏好，进而更好地满足他们的需求。因此，类比迁徙和消费者的"展厅"购买行为具有合理且直接的理论相关性。

随着互联网零售技术的日臻成熟，营销实践中越来越多的企业从单渠道营销向多渠道营销转型，为了能够搭不同渠道的便车，从而为自己的购买活动创造额外的价值，越来越多的消费者开始尝试在一次完整的购买过程中使用多种渠道来完成购买交易。其中，随着二维码技术的成熟，消费者对产品价格的敏感及对产品质量风险的重视，"展厅"购买方式更是受到消费者的青睐。消费者的渠道转换行为成为学界与业界的关注热点。虽然消费者渠道转换行为得到了学者们的广泛关注，但是已有文献存在以下研究不足：第一，不同渠道迁徙路径方向中的消费者渠道转换行为可能是由不同的原因造成的（周星，涂红

伟，2011），而已有的研究仅仅笼统从宏观上描述影响消费者渠道转换的因素，这对营销实践中零售商管理消费者渠道迁徙行为的指导价值十分有限，因此，完全有必要分开探讨不同迁徙路径中的影响因素。第二，已有文献对"展厅"购买方式的相关研究中所识别的影响因素是单一和孤立的，更是鲜有文献探讨这些因素对消费者使用实体渠道搜集产品信息，再转向在线渠道购买产品这种购买方式意愿的交互影响。

第三节 研究假设与理论框架

推动因素指那些驱使个体离开初始地点的影响因素（Stimson & Minnery, 1998），这些因素必须是影响个体做出迁徙决定的且与初始地点有关的因素（Bogue, 1977；Lee, 1966）。在有关研究消费者渠道迁徙的文献中，感知不匹配风险和感知搜索愉悦被广泛认为是消费者通过实体渠道搜集完产品信息后，放弃从实体渠道购买，转换到在线渠道购买的推动因素。拉动因素指吸引个体到达目的地的积极影响因素，而这些因素必须是影响个体做出迁徙决定且与目的地有关的因素（Lewis, 1982）。在有关研究消费者渠道迁徙的文献中，比较符合这个操作化定义的因素有感知价格差异和感知在线购买的吸引力。纵使在推动因素和拉动因素都很强的情况下，个体的迁徙意愿仍然有可能并不强烈，其原因就在于还存在所谓的障碍因素。障碍因素是驱使或者抑制个体迁徙决定发生的影响因素，这些影响因素与个体自身或者社会文化因素有关。在消费者渠道转换背景下，消费者多渠道自我效能，感知渠道锁定既有可能会影响消费者使用"展厅"购买方式进行渠道转换的意愿，也有可能会调节推动因素、拉动因素与消费者"展厅"购买意愿之间的关系。因此，笔者基于PPM模型，提出感知不匹配风险和感知搜索愉悦是驱使消费者使用"展厅"购买方式进行渠道转换的主要推力因素；感知在线购买的吸引力和感知价格差异是吸引消费者使用"展厅"购买方式进行渠道转换的主要拉力因素；消费者多渠道自我效能和感知渠道锁定是影响消费者使用"展厅"购买方式进行渠道转换的主要障碍因素，并且多渠道自我效能和感知渠道锁定在推力因素和拉力因素对"展厅"购买意愿的影响中起到调节作用。基于此，本研究提出以下理论研究模型，如图4-1所示：

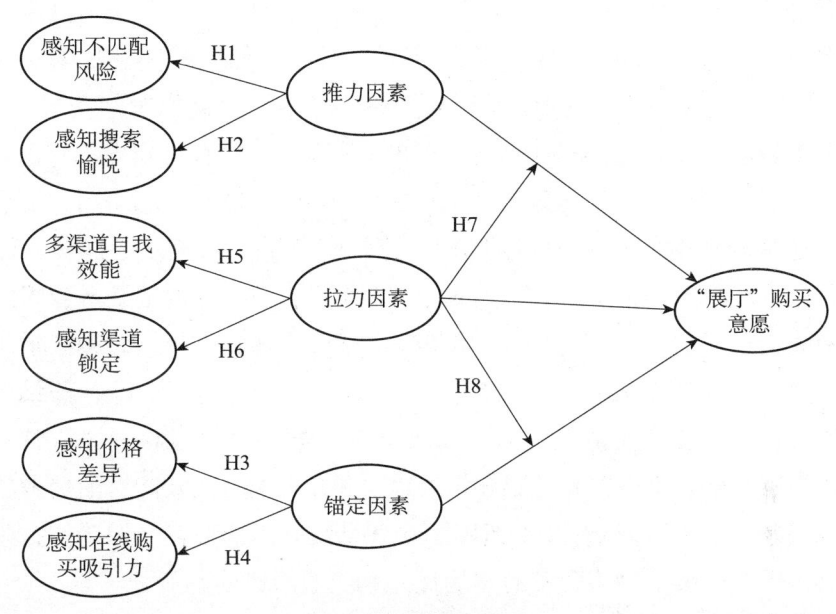

图 4-1 理论模型

第四节 研究方法与过程

笔者采用问卷调查方式对模型假设进行检验。感知渠道间价格差异的量表主要来源于达博尔卡和沃尔斯（Dabholkar & Walls，1999）的研究；感知搜索愉悦的量表来自亚辛（Asim Ansar，2008）的研究；多渠道自我效能的量表根据王（Wang，2002）和麦基（McKee，2006）的原始量表发展而成；感知渠道锁定的量表源于佩剑（Peijian）和彼得·韦尔霍夫（Peter C. Verhoef，2007）的研究；感知在线购买吸引力的量表根据班赛尔等（Bansal et al.，2005）的研究发展而来；"展厅"购买意愿的量表根据文卡塔斯（Venkatesh，2005）的研究发展而成。本次问卷调查的对象主要是武汉地区高校的在校大学生，调查采用纸质版和网络版两种途径进行问卷发放。本次调查共计发放问卷 332 份，合格问卷 208 份，合格率为 62%。

笔者采用 SPSS16.0 进行信度分析。各个变量量表的克隆巴赫系数介于 0.823 与 0.896 之间，均高于 0.70，这表明量表的内部一致性较好，具有较高的信度。各变量的标准化因子载荷均大于 0.67，组合信度值均大于 0.83，各因子的平均抽取方差均高于 0.63，说明量表具有较好的效度。综合以上判断，量表的信度和效度均符合要求。

路径分析表明，感知不匹配风险对消费者的"展厅"购买意愿有正向的影响（$\beta=0.32$，$p<0.001$），假设1得到支持；感知搜索愉悦对消费者"展厅"购买意愿的影响不显著（$\beta=0.05$，$p>0.05$），假设2没有得到支持；感知价格差异对消费者"展厅"购买意愿有正向的影响（$\beta=0.16$，$p<0.01$），假设3得到支持；感知在线购买吸引力对消费者"展厅"购买意愿的影响不显著（$\beta=-0.05$，$p>0.05$），假设4没有得到支持；多渠道自我效能对消费者"展厅"购买意愿有正向的影响（$\beta=0.25$，$p<0.01$），假设5得到支持；感知渠道锁定对消费者"展厅"购买意愿有负向的影响（$\beta=-0.34$，$p<0.001$），假设6得到支持。综上所述，理论模型中的H1、H3、H5、H6四个假设得到了支持，即感知不匹配风险、感知价格差异、感知渠道锁定和多渠道自我效能对消费者的"展厅"购买意愿具有显著影响；H2、H4两个假设没有得到证实，即感知搜索愉悦和感知在线购买吸引力对消费者的"展厅"购买意愿影响不显著。

调节效应分析结果显示，感知渠道锁定对于感知不匹配风险与"展厅"购买意愿之间的关系具有显著的调节作用（$p<0.01$）；对于感知价格差异与"展厅"购买意愿之间的关系具有显著的调节作用（$p<0.05$）；对于感知搜索愉悦与"展厅"购买意愿之间的关系、感知在线购买吸引力与"展厅"购买意愿之间的关系调节作用不显著（$p>0.05$）。多渠道自我效能对感知不匹配风险与"展厅"购买意愿之间的关系具有显著的调节作用（$p<0.01$）；对于感知搜索愉悦与"展厅"购买意愿之间的关系、感知在线购买吸引力与"展厅"购买意愿之间的关系以及感知价格差异与"展厅"购买意愿之间的关系调节作用不显著（$p>0.05$）。

第五节　结论与讨论

通过实证分析，得出以下结论：

（1）感知不匹配风险、感知价格差异和多渠道自我效能显著影响消费者的"展厅"购买意愿；感知渠道锁定会抑制消费者的"展厅"购买意愿。

（2）多渠道自我效能会调节感知不匹配风险与消费者"展厅"购买意愿之间关系的强度。在消费者多渠道自我效能高的情况下，感知不匹配风险与消费者"展厅"购买意愿之间的关系更强。

（3）感知渠道锁定会调节感知不匹配风险、感知价格差异与消费者"展厅"

购买意愿之间关系的强度。在感知渠道锁定较低的情况下，感知不匹配风险、感知价格差异与消费者"展厅"购买意愿之间的关系更强。

不同的零售商对消费者使用"展厅"购买方式的态度是不同的，零售商应该在具体的营销实践中根据需要，通过理解消费者使用"展厅"购买方式的内在影响因素，有目的结合具体的营销策略来诱导或者抑制消费者使用"展厅"购买方式。具体而言：

（1）对于多渠道零售商而言，可以通过整合自身实体零售渠道和在线零售渠道，充分发挥渠道间的协同作用。在产品的信息搜索阶段和产品购买阶段，引导消费者选择不同的渠道，从而为消费者创造额外的价值，同时也为多渠道零售商创造自身的竞争优势。

（2）对于新兴的单一在线零售商而言，为了能够更好地搭实体零售商的便车，引导消费者使用"展厅"购买方式，可以通过向消费者传递在线购买的价格优势，增强在线渠道的吸引力，从而提高消费者在购买阶段转换到在线渠道的意愿；同时也可以通过努力培育消费者使用多渠道购买的自我效能，提升消费者的"展厅"购买意愿。

（3）对于传统的实体零售商，为了抑制消费者的"展厅"购买行为，摆脱自身成为在线零售商的嫁衣的角色，亦可采用积极有效的营销策略加以应对。如产品采用专有渠道的销售方式，增加消费者感知的渠道锁定，抑制消费者"展厅"购买行为的发生。

基于 PPM 模型理论，本章对消费者渠道迁徙中的"展厅"购买方式进行了全面和系统的研究。然而，由于笔者自身能力和资源等条件的限制，本研究尚还存在一些不足之处。首先，调查样本过于单一。本次调研选取的样本，均为在线大学生。虽然这些群体是使用"展厅"购买方式的主要群体，但同时还存在其他一些群体同样使用"展厅"购买方式。使用学生样本的劣势之一是会影响到研究结论的外部效度，本书所得到的结论是否能够作用于其他人群，值得学者进一步进行验证。其次，研究方法存在一定的局限性。本文采用的数据是横截面数据，所有的数据都是在同一时点收集的，缺少消费者在不同购买阶段的纵向数据，对于"展厅"购买行为的动态发展有待进一步探索。最后，本书只探讨了感知搜索愉悦、感知不匹配风险、感知在线购买吸引力、感知价格差异、多渠道自我效能和感知渠道锁定六个因素对消费者"展厅"购买意愿的影响，而渠道因素、消费者因素、产品因素、零售商因素、情景因素中的其他因素亦有可能对消费者的"展厅"购买意愿产生影响，笔者在文中没有进行验证。

第五章 渠道转换行为中的"反展厅"现象

第一节 问题的提出

随着电子商务和网络购物的发展，网络购物已经成为消费者常用的购物方式之一。有些零售商的多渠道中，离线渠道地位被进一步弱化，成为商品展厅（show-rooming）。目前这种现象又出现逆转，回归到在线渠道信息搜寻后离线渠道购买的路径，即"反展厅"（web-rooming）渠道转换现象。在美国，69%的用户购物习惯属于"反展厅"渠道转换现象，而只有46%的用户购物习惯属于"展厅"渠道转换现象[①]。凯捷管理顾问公司对16个发展中和成熟市场的16 000名在线购物者进行了市场调查，发现如果在购买产品之前利用在线渠道研究产品，65%的受访者就可能在实体店花费更多（Kalyananmk & Tsay A, 2013）。尽管"反展厅"渠道转换现象普遍存在于电子产品、珠宝、体育用品和家装建材等行业，但目前国内外对它的学术研究还相当缺乏，只是以新闻的形式进行了报道。

"反展厅"行为是指消费者在在线渠道搜集产品信息后转向离线渠道购买而没有给提供了信息服务的在线零售商带来实际利润的渠道转换行为。本研究的调研对象是研究型购物者。研究型购物者的"反展厅"渠道转换行为实际上是一种"趋利避害"的购买行为，是出于想获得离线渠道比较优势的同时达到规避在线购买风险的目的。笔者从内在驱动因素入手，实证探究了研究型购物者"反展厅"渠道转换行为机制，从而有利于帮助企业深入透彻地了解研究型购物者的渠道"搭便车"行为模式，最终有利于企业针对研究型购物者的渠道转换行为制定有效的渠道留存管理方案。

---

① 毛新勇. 卖场如何利用"反展厅"现象反击电商 [N]. 中华建筑报，2014 - 02 - 28.

多渠道环境下，研究型购物者的"反展厅"渠道转换行为实际是一种"渠道搭便车"行为。消费者的渠道迁徙大致可以划分为四种类型：离线渠道向在线渠道迁徙、在线渠道向离线渠道迁徙、离线信息搜寻后在线渠道购买和在线信息搜寻后离线渠道购买（涂红伟和周星，2011）[①]。多渠道阶段和跨渠道阶段，学者们重点研究在线渠道信息搜寻后离线渠道购买的渠道转换行为。范霍夫（Verhoef，2007）等人将在线信息搜寻后离线购买的渠道转换行为称为"research-shopping"，并指出这类渠道转换行为是消费者最喜欢的购物方式之一。

在移动互联网背景下，在线渠道又有了传统在线渠道与移动在线渠道之分。学术界目前对渠道转换行为的主流研究是离线渠道向在线渠道转换、离线渠道向传统互联网渠道转换、离线渠道向移动互联网渠道转换和传统互联网渠道向移动互联网渠道转换，而对在线渠道向离线渠道转换的相关研究较少。基于上述分析，笔者采用查特吉（Chatterjee，2010）对研究型购物者的定义，同时参照范霍夫（Verhoef，2007）等人的研究，将购物环境划分为离线环境和在线环境，将购买决策过程划分为在线渠道信息搜寻和离线渠道购买两个阶段，通过线感知风险和成本因素对研究型购物者的"反展厅"渠道转换行为机制进行实证研究。

第二节 研究模型与假设

研究型购物者在获得在线渠道的相对优势时，也要承担相应的购买风险。虚拟的在线购物环境以及在线支付等网络渠道特性不仅增加了商品质量的不确定性，还增加了在线购物出现其他不良结果的可能性。在虚拟的在线环境下，研究型购物者无法真实体验商品，所感知的商品和真实的商品很容易出现偏差，因此，在线购物结果具有较大的不确定性。陆敏玲等（2012）的研究显示，感知风险显著影响移动购物意愿。王崇等（2007）的研究也表明，感知风险在感知价值与购买意愿之间的关系中起着完全中介作用。研究型购物者在线渠道向离线渠道转换行为是一种跨渠道购买行为，在线购买风险会驱动研究型购物者由在线渠道向离线渠道转换。CNNIC发布的《2014年中国网络购物市场研究报告》显示，影响消费者网络购物决策最主要的两个因素分别是网络口碑和网络购物平台或者

[①] 涂红伟，周星．消费者渠道迁徙行为研究评介与展望［J］．外国经济与管理，2011，33（6）：42－49．

在线商家的信誉[①]。一般情况下，口碑和信誉都是消费者借以规避网络购物风险最主要的途径。在感知价值理论基础上，王崇和刘健（2012）对购物者网络购物行为进行了实证研究，研究结果表明感知风险通过感知价值的中介作用显著影响网络购物意愿。在线环境下，图文与真实商品不一致、退换货比较麻烦、售后服务没有保障、可能造成经济损失和商品质量差等因素都会负向影响在线渠道使用意愿，从而促使研究型购物者采纳离线购买行为。基于上述分析，可以提出假设1。

H1：在线感知风险显著正向影响离线购买意愿。

在线渠道商品质量参差不齐以及商品价格也有所差异，购物者寻求物美价廉商品的过程被称之为"信息搜寻"。杰普斯（Jepsen，2007）指出，购物者搜索成本是指信息搜寻过程中花费的并能感知的时间、精力和费用上的成本。在线环境下，产品质量参差不齐，而研究型购物者常常难辨其真伪。网络口碑是消费者进行网络购物决策最主要的依据，但由于网络"水军"的大量存在，网络评论也真假难辨。林家宝等（2009）实证研究显示，信息质量会通过移动证券信任的中介作用显著正向影响移动证券使用意愿。研究型购物者为了辨别商品和评论信息的真伪需要付出大量的信息搜寻成本，也常常会因担心买到"次品"而产生不安，承受一定程度上的心理压力。同时，网络渠道无法像在实体店购买那样付款即可提货，需要花费一定时间等待所购产品的到达。如果等待时间超出研究型购物者愿意承受的范围之内，研究型购物者可能会转向实体店购买所需产品或服务。因此，研究型购物者在线感知成本越高，离线购买意向也会越强烈。基于上述分析，可以提出假设2。

H2：在线感知成本显著正向影响离线购买意愿。

转换成本产生于消费者在两个不同供应商之间的转换过程中，波特（Porter，1992）认为转换成本是消费者转换供应商时所发生的一次性交易成本。考夫曼等人（Kauffman，2009）研究发现，在价值最大化的驱使下，消费者会在离线渠道与在线渠道之间不断转换，并实证证明了在转换成本较低的情况下，消费者变换购买渠道越频繁。魏斯和安德森（Weiss & Anderson，1992）研究指出，转换成本会显著影响消费者对商品和服务提供者的更换；即使买方对卖方不满意，由于存在较高转换成本，买方仍然不会转换到其他供应商。斯坦（Stan，2013）等人研究显示，转换成本越高，消费者越忠诚，转换意愿越低。佐博曼（Zauberman，2003）的研究显示，多渠道零售环境下，转换成本显著影响消费者信息搜寻渠道

---

① CNNIC. 2014年中国网络购物市场研究报告. www.cnnic.cn/hlwfzyj/hlwxzbg/.

和购买渠道之间的迁徙行为，高转换成本有助于抑制"渠道搭便车"行为。赵（Chiu，2011）的研究也显示转换成本负向影响在线信息搜寻后离线渠道购买的"渠道搭便车"行为。转换成本对消费者渠道选择行为具有显著影响，只有当消费者认为从渠道转换行为中所获取的收益大于所付出的成本时，渠道转换行为才会发生（里尔登和麦科克尔，2002）。通过上述分析不难得出，即使研究型购物者产生了离线购买意愿，即有在线渠道向离线渠道转换的意愿，但是否最终进行在线渠道向离线渠道转换，其还会慎重考虑转换成本（时间、精力和金钱等）。基于上述分析，可以提出假设3和假设4。

H3：转换成本显著负向影响离线渠道购买意愿。

H4：转换成本显著负向影响离线渠道购买行为。

通常情况下，人的实际行动都由意向所引起，离线渠道购买行为是离线渠道购买意向的行动表达。研究型购物者离线渠道购买意向越强烈，就越有可能采纳离线渠道购买行为。因此，研究型购物者离线渠道购买意向显著正向影响离线渠道购买行为。基于上述分析，可以提出假设5。

H5：离线购买意愿显著正向影响离线购买行为。

在网络购物相关研究中，网络使用经验是指用户掌握互联网知识和网络经验的情况。在本书中，在线购买经验是指研究型购物者了解互联网、购物网站以及掌握在线购物技能的情况。随着在线购物经验的增长，购物者掌握在线购物信息系统的能力也会增强。在线购物经验尤其是成功经验的增加，会促使购物者对在线购买产生适应感，从而显著减少不确定性风险。宫崎和费尔南德斯（Miyazaki & Fernandez，2011）的研究结果显示，在线购物经验显著影响在线感知风险；在线购物经验越充足，消费者对风险感知就越弱。卡斯塔尼达（Castaneda，2007）实证证明了互联网经验显著调节了信息系统的易用性、有用性与对信息系统的态度之间的关系，结果表明购物者互联网经验越丰富，信息系统就越容易被使用，付出的学习成本就越低，因此，对信息系统的态度也越积极。研究型购物者在线购买经验越丰富，就越知晓如何规避在线感知风险和减少在线感知成本，从而离线购买意图和行为就越弱。基于上述分析，可以提出假设6和假设7。

H6：在线购买经验显著负向调节在线感知风险和离线购买意愿的关系。在线购买经验越少，在线感知风险与离线购买意愿之间的关系就越强。反之，在线感知风险与离线购买意愿之间的关系就越弱。

H7：在线购买经验显著负向调节在线感知成本和离线购买意愿的关系。在线购买经验越少，在线感知成本与离线购买意愿之间的关系就越强。反之，在线感知成本与离线购买意愿之间的关系就越弱。

第三节 模型变量与数据收集

一、模型变量

采用问卷调查法检验模型假设并依据文献一般原则和步骤对问卷进行设计[①]。在风险和成本规避型研究型购物行为测量量表基础上,首先,通过文献研究提取测量指标并形成初始测量量表。其次,在专家的指导下修正量表。最后,对修正后的量表进行检测并根据结果再次修正部分题项,最终形成的各指标内容及来源,如表 5-1 所示。

表 5-1　　　　　　　　测量指标及来源

因子	指标	指标内容	来源
在线感知风险（PRI）	PRI1	网上购买容易出现图文与真实商品不一致	本书整理
	PRI2	网上购买售后没有保障	
	PRI3	在网上买到不满意商品退换货比较麻烦	
	PRI4	网上更容易买到不合格商品	
	PRI5	网上购买可能造成经济损失	
在线感知成本（PC）	PC1	需要花费大量的时间和精力来评估网上商品	本书整理
	PC2	网上购买需要花费时间等待商品到来	
	PC3	网上购买容易产生焦虑感	
转换成本（SC）	SC1	实体店购买需要花费更多的钱	本书整理
	SC2	实体店购买需要花费更多的时间	
	SC3	实体店购买需要花费更多的精力	
离线购买意愿（OPI）	OPI1	愿意在实体店购买商品	格尔维泽（Gollwitzer, 1999）
	OPI2	愿意经常在实体店购买商品	
	OPI3	愿意邀请其他人一起去实体店购买东西	
离线购买行为（OPB）	OPB1	决定在实体店购买商品	帕夫洛和杰芬（Pavlou & Gefen, 2004）
	OPB2	不但自己在实体店购买商品,还邀请别人一起购买	
在线购买经验（OPE）	OPE1	经常访问互联网	霍洛威（Holloway, 2005）
	OPE2	经常浏览购物网站	
	OPE3	可以毫无障碍地进行在线购物	

① Gilbert A, Churchill J. A Paradigm for Developing Better Measures of Marketing Constructs [J]. Journal of Marketing Research, 1979, 16 (1): 64-73.

二、数据收集

本章的主要目的是探究研究型购物者从离线渠道向在线渠道转换的行为机制，选择研究型购物者作为调查对象。被调查者要求曾经有过网上搜寻商品信息后在实体店购买的经历，有如此要求是因为他们要根据以往"反展厅"购物经历回答测量题项。问卷开头部分设有筛选题"您是否有过在网上搜寻商品信息后在实体店购买的经历？"，我们保留回答为"偶尔"和"经常"的问卷，剔除回答为"没有"的问卷，采用这种办法可以保证被用于研究的样本符合本书对调查对象的要求。问卷采用电子问卷的形式，发布在专业调查网站上。问卷主体部分包括两个部分：人口统计特征和研究模型各变量的测量指标。人口统计特征包括性别、年龄、学历、收入和职业。第二部分包括在线感知成本、在线感知风险、转换成本、在线购买经验、离线购买意愿和离线购买行为各自的测量指标。

此次调查共回收问卷364份，其中，有效问卷为285份，有效率为78.3%。在有效样本中，偶尔进行研究型购物的人数为264人，占有效样本总数的92.6%。经常进行研究型购物的人数为21人，占有效样本总数的7.4%。

第四节 假设检验与数据分析

本书分两个步骤对数据进行分析。第一步，对测量模型进行EFA（探索性因子分析）和CFA（验证性因子分析），考察量表信度和效度。第二步，分析结构模型，检验模型假设。

一、信度和效度

在进行探索性因子分析（EFA）之前，要计算KMO值及巴特立特球体检验。检验结果显示，KMO值为0.775，巴特立特球体检验值在0.001的水平上显著，表明数据适合进行EFA。样本数据按特征值大于1的标准抽取了6个因子，解释了73.01%的方差。具体如表5-2所示。

表 5-2　　　　　　　　　　因子负载矩阵

因子	PRI	SC	OPI	PC	OPE	OPB
PRI1	0.840	0.038	0.085	0.161	-0.023	0.009
PRI2	0.910	-0.049	0.050	0.058	-0.091	0.095
PRI3	0.772	0.003	0.105	0.194	0.024	0.086
PRI4	0.936	-0.019	0.038	0.045	-0.046	0.052
PRI5	0.868	-0.004	0.029	0.063	-0.050	0.005
PC1	0.012	0.064	0.017	0.844	-0.012	0.078
PC2	0.178	-0.030	0.036	0.825	-0.089	-0.026
PC3	0.258	-0.106	0.173	0.743	0.045	0.004
SC1	0.039	0.911	-0.028	-0.021	0.081	-0.004
SC2	-0.003	0.917	-0.045	0.029	0.059	-0.062
SC3	-0.054	0.709	-0.058	-0.062	0.175	-0.213
OPI1	0.079	-0.021	0.847	0.090	-0.020	-0.026
OPI2	0.142	-0.056	0.858	0.060	-0.017	0.021
OPI3	0.018	-0.049	0.781	0.049	-0.071	0.237
OPB1	0.200	-0.164	0.014	0.164	-0.026	0.836
OPB2	-0.002	-0.089	0.184	-0.093	-0.014	0.851
OPE1	-0.091	0.029	-0.019	-0.021	0.777	0.096
OPE2	-0.087	0.144	0.048	-0.050	0.732	-0.208
OPE3	0.041	0.117	-0.120	0.011	0.766	0.028
解释方差	20.766	11.945	11.451	10.921	9.463	8.466
累计方差	20.766	32.712	44.163	55.084	64.547	73.013

表 5-3 显示了量表中除了 SC1 的标准负载（0.585）接近 0.6，其余测量指标的标准负载均大于 0.6。表 5-3 显示了各因子的 Cronbach's α 和 CR 值均高于 0.7，表明量表的信度良好。各因子的 AVE 值均高于 0.5，表明量表具有较好的收敛效度。

表 5-3　　　　　因子标准负载、AVE、CR 及 α 值

因子	指标	标准负载	AVE	CR	α
PRI	PRI1	0.795	0.718	0.926	0.924
	PRI2	0.920			
	PRI3	0.718			
	PRI4	0.950			
	PRI5	0.832			
PC	PC1	0.681	0.522	0.765	0.764
	PC2	0.758			
	PC3	0.725			
OPI	OPI1	0.749	0.572	0.800	0.795
	OPI2	0.824			
	OPI3	0.691			
SC	SC1	0.585	0.647	0.842	0.829
	SC2	0.934			
	SC3	0.853			
OPB	OPB1	0.698	—	—	0.704
	OPB2	0.782			

模型的拟合指数见表5-4，表5-4显示除了AGFI值（0.880）略小于0.9以外，其他重要的拟合指标值都位于推荐值的范围之内，可见理论模型与实证数据具有较高的拟合度。

表5-4　　　　　　　　　模型拟合指数推荐值及实际值

拟合指数	χ^2/df	GFI	AGFI	CFI	NFI	IFI	RMSEA
推荐值	<3	>0.90	>0.90	>0.90	>0.90	>0.90	<0.08
实际值	2.290	0.916	0.880	0.946	0.909	0.947	0.067

注：χ^2/df为卡方值与自由度的比率；GFI为拟合优度指数；AGFI为调整的拟合优度指数；CFI为比较拟合指数；NFI为规范拟合指数；IFI为增量适度指数；RMSEA为近似误差的均方根。

二、假设检验

经检验，在7个研究假设中，假设3和假设7没有通过T检验，其他假设均通过T检验。在线购买经验在在线感知风险与离线购买意愿之间关系的调节作用、在线感知成本与离线购买意愿之间的相关关系、转换成本与离线购买行为之间的相关关系以及离线购买意愿与离线购买行为之间的相关关系都在0.01的水平上显著，在线感知风险与离线购买意愿之间的相关关系在0.05的水平上显著。在线感知风险和在线感知成本对离线购买意愿均呈显著正相关（β=0.14，p=0.049；β=0.19，p=0.019），假设1和假设2通过检验。转换成本负向影响离线购买意愿，但影响并不显著（β=-0.10，p=0.127），假设3没有通过检验。转换成本对离线购买行为具有显著的负向影响（β=-0.23，p=0.004），假设4通过检验。离线购买意愿显著正向影响离线购买行为（β=0.25，p=0.003），假设5通过检验。在线购买经验显著负向调节在线感知风险与离线购买意愿关系之间的关系（β=-0.17，p=0.003），假设6通过检验。在线购买经验对在线感知成本与离线购买意愿之间的关系起负向调节效应，但调节效应并不显著（β=-0.03，p=0.635），假设7没有通过检验。

三、调节效应检验

本书对在线购买经验在在线感知风险和在线感知成本分别与离线购买意愿之间关系的调节效应进行检验。

结果如表5-5所示，在线购买经验与在线感知风险交互项的引入使得研究模型的R^2增加（由模型2的0.005增至模型3的0.039），表明了交互项的引入更有利于阐释研究型购物者的离线购买行为。从模型3可以看出，在线购买经验与在线感知风险之间的交互作用显著,即在线购买经验对在线感知风险与离线购买行为之间关系的调节效应显著($\beta = -0.170$,$p = 0.003$)。同时,从表5-5还可以看出,在线购买经验与在线感知成本交互项的引入,并没有使得模型4的R^2增加。因此,在线购买经验对在线感知成本与离线购买意愿之间关系的调节效应并不显著($\beta = -0.028$,$p = 0.635$)。

表5-5　　　　　　　　在线购买经验的调节效应检验

变量	模型1	模型2	模型3	模型4
PRI	0.137*	0.130*	0.137*	0.141*
PC	0.137*	0.134*	0.170**	0.164*
OPE		-0.074	-0.088	-0.084
PRI * PC			0.098	0.095
PRI * OPE			-0.170**	-0.169*
PC * OPE				-0.028
R^2	0.049	0.070	0.091	0.091
ΔR^2	—	0.005	0.039*	0.001
F	7.246***	1.613	6.027**	0.226

注:*、**、***分别表示$p < 0.05$、$p < 0.01$、$p < 0.001$。

四、中介检验

离线购买意愿在转换成本和离线购买行为之间的中介结果显示:总效应、直接效应的置信区间分别为($CI = [-0.413, -0.075]$,$[-0.408, -0.070]$)、($CI = [-0.395, -0.062]$,$[-0.586, -0.043]$),均不包含零,表明了总效应和直接效应存在。同时,间接效应的置信区间为($CI = [-0.087, 0.005]$,$[-0.077, 0.013]$),区间包含零,表明间接效应不存在,说明了离线购买意愿并没有在转换成本与离线购买行为之间的关系中起中介作用。

第五节　实证结论与讨论

针对研究型购物者在线渠道信息搜寻后离线渠道购买的"反展厅"渠道转换行为,本书将购买环境划分为离线环境和在线环境,将购买决策过程划分为在线信息搜寻和离线购买两个阶段,以渠道转换行为内在驱动因素为研究视角,构建了研究型购物者由在线渠道向离线渠道转换行为理论模型，探讨了在线感知风险和成本因素与离线购买行为之间的作用机制。模型中大部分研究假设通过了实证检验，表明了研究模型对研究型购物者"反展厅"渠道转换行为具有良好的解释度。具体结论如下。

（1）研究型购物者仍有较为明显的离线购买意愿，"反展厅"渠道转换现象仍普遍存在。问卷开头部分设有筛选题，在364份全部样本中，曾经有过"在线信息搜寻后离线购买"经历的研究型购物者人数为285人，占样本总量的78.3%。在移动互联网时代，购物者可以随时随地在网上搜寻信息，然后选择在实体店购买。多渠道零售环境下，离线渠道仍具有比较优势，"反展厅"渠道转换现象仍普遍存在于日常购物生活中。

（2）在线感知风险和在线感知成本通过离线购买意愿的中介作用进而显著影响离线购买行为，转换成本则直接影响离线购买行为。网络购物是在虚拟的购物环境中进行的，购物者无法真实体验在线商品。同时，各级政府对在线购物的监管也较为乏力，在线零售商往往顶着低价销售的压力而做出一些不符合道德的商业行为。因此，研究型购物者的在线感知风险会迫使他们于在线渠道进行信息搜索后选择在离线渠道购买。同时，低信任商业环境和大量网络"水军"使得各类评论缺乏可信度，研究型购物者在线信息搜寻需要付出大量搜寻成本和承受较大心理压力。因此，研究型购物者在线感知成本会引发他们离线购买意愿。尽管在线感知风险与在线感知成本会驱使研究型购物者由在线渠道向离线渠道转换，但如果因离线购买而损失的金钱、时间和精力超出了研究型购物者愿意承担的范围，即存在较高的转换成本，研究型购物者仍然不会选择在离线渠道购买。

（3）在线购买经验显著负向调节了在线感知风险与离线购买意愿之间的关系。研究型购物者在线购买经验越充足，就越知晓如何规避风险。如就评论而言，缺乏在线购买经验的研究型购物者往往只看好评，而在线购买经验充足的研究型购物者往往更多地关注差评或者追评，甚至只关注"有图有真相"的评论。因此，研究型购物者在线购买经验越充足，在线感知风险与离线购买意愿之间的关系就越弱，反之则越强。

（4）在影响离线购买行为的因素中，研究型购物者对成本的感知比对风险的感知更强烈。研究型购物者在线信息搜寻后离线渠道购买的重要原因是出于规避在线购买风险的考虑，但成本因素却起到了关键作用。在线零售商之间的激烈竞争、在线商品价格比较透明以及在线渠道信息搭便车成本低等因素促使在线零售商竞相以低价吸引新顾客和以信誉挽留老顾客。同时，在移动互联背景下，出于渠道战略布局的需要，各大零售商偏爱在线购物平台并推出大量推广活动，在线购物平台的比较优势日益突出。由上述分析可知，在线购买风险比以前下降了，成本因素在在线渠道向离线渠道转换过程中的作用反而有所上升。因此，在"反展厅"渠道转换行为中，研究型购物者对成本的感知比对风险的感知更强烈。

第六章 从传统网络购物渠道向移动购物渠道转移

第一节 引　　言

　　无线网络的发展和移动终端的智能化，使移动购物渠道应运而生，这样网购消费者可以随时随地利用自己碎片化的时间进行移动购物。淘宝的最新调研结果显示：在实体店拍下实物商品进行询问比价，然后通过移动终端设备下单付款的用户比例已超过60%。用户在移动端不仅仅是闲逛，查询记录和比价，而是实实在在地进行商品购买。越来越多的消费者使用移动渠道购物，移动终端购物成为网购的一大趋势。那么，究竟是什么原因导致消费者从 PC 端网购转移到移动端购物？除了人们一般认为移动购物更为便利的特性以外，还有哪些因素是影响消费者做出从传统网购到移动购物转换的？这是网络零售商和多渠道零售商都很关注的焦点问题。网购消费者从使用 PC 端到向使用移动端转变可以视作一种渠道迁徙的行为。迁徙是空间距离转移的特有概念。PC 终端和移动终端是商家提供的两种不同的购物渠道，PC 端购物和移动终端购物是两种不同的购物方式，它们为消费者带来了不同的购物体验和需求的满足。从社会学的角度来看，人类的居住地是为人们提供日常生活各项需求的地方，不同的居住地满足的需求各有不同。渠道之间的迁徙行为可以同人们在居住地之间的迁徙行为进行类比。在消费者购买商品时，潜在的迁徙者会对不同的渠道进行比较，选择最能满足需求的一个渠道。

　　PPM 模型是被用来研究人口迁徙的理论，有研究者曾将这个理论运用于研究渠道迁徙的相关问题。本章运用 PPM 理论作为分析框架，研究影响消费者从传统网络渠道迁徙到移动渠道的影响因素。通过对 PPM 理论和其在营销领域应用的文献进行梳理，建立本书的理论模型和假设，描述本章所用的数据分析方法，对数据结果进行分析，最后对结果进行讨论，提出管理借鉴和进一步研究的问题。

第二节　网购渠道迁徙的相关文献回顾

一、渠道迁徙

在多渠道消费环境下，消费者在选择渠道时，时常会从一种渠道转移到另一种渠道，这一反复变换零售商渠道的行为被称为消费者渠道迁徙行为（consumer channel migration behavior）。从广义上讲，迁徙（migration）是指主体对当前状态的永久性或暂时性改变过程（Lee, 1966），同时也是主体在两个地点之间持续一段时间的运动过程（Boyle et al., 1998），起初被社会学家们用来研究人口迁移现象。后来，Steinfield等人首次将"迁徙"概念引入消费者行为学研究，但是现在很少有文献对消费者渠道迁徙行为给出较为明确的定义。Thomas & Sullivan将消费者渠道迁徙定义为消费者反复地在零售商的不同渠道（如杂货店、产品目录、互联网等）间做出选择的动态选择过程，而且他们明确指出这一过程发生在消费者的整个购买决策阶段。此后，Kauffman等人进一步指出，消费者渠道迁徙行为是指消费者从一种渠道转移到另外一种渠道的行为，而不是在渠道间来回转移。

渠道迁徙涉及两种不同的渠道，以往的研究多聚焦于线上线下渠道的迁徙。移动渠道出现后，不少学者从消费者接受移动渠道的意愿来进行研究，较少从渠道迁徙的角度来研究网购用户迁徙到移动渠道的影响因素。本章将传统网络渠道和移动渠道定义为迁徙过程的两端，是渠道迁徙的又一应用。

二、PPM 理论

PPM（详见第四章第二节）范式指出，迁出地有一些消极因素会推动迁徙者离开，而迁入地有一些积极因素能够吸引迁徙者抵达。还有一些锚定因素（个人或者社会因素）使迁徙者留在迁出地或者到达迁入地。虽然已有学者借用社会学中的 PPM 理论来解释消费者渠道迁徙行为的作用过程，然而他们忽略了个体因素在渠道迁徙中的作用，而且现有研究在推力因素、拉力因素、锚定因素等变量的选取方面还有待商榷。

赖荣裕等（Jung-Yu Lai, Sutapa Debbarma & Khire Rushikesh Ulhas）提出原渠道的不便利性是消费者迁徙到移动购物的推动因素。人们使用 PC 电脑购物时，必须要坐在电脑前，而使用移动终端购物可以随意靠在椅子上或者躺在床上完成购物，使人们的行动更加自由舒适。使用 PC 电脑必须在有电脑和互联网接入的情况下购物，一般要在固定的地点（家里、办公室或网吧）完成购物，而移动购物可以使消费者在无线网络覆盖的任何区域完成购物活动。使用 PC 电脑购物，一般是在固定场所上网期间进行的，而移动设备是人们随身携带的，想购物的时候可以随时打开购物软件直接登录，比传统网络购物的时间范围更大。哈弗·班萨尔等学者（Harvir S. Bansal, Shirley F. Taylor Yannik St. James）认为转换成本是消费者迁徙行为的一个锚定因素。移动渠道的建立需要一定的成本，包括设备成本（支持移动商务功能的移动设备成本）、交易成本（获取有用信息支付的成本）和接入成本（登录移动互联网网络产生的接入费用）。移动渠道的使用还要求消费者花费时间和精力学习新的设备使用方法。

2013 年，CNIT-Research 发现影响用户移动网购最主要的因素是"担心支付账户不安全"，选择该选项的超过半数，高达 62.6%，而排在第二位因素的是"可能泄露个人隐私和交易信息"，选择的用户达 45.5%。这说明移动用户最担心的问题仍然是购物的安全性，如使用手机上网用户主要面临访问风险网站、下载恶意软件、接入危险网络等多种风险。并且由于移动终端的一人一机的特点，零售商很容易明确消费者的身份，并且对消费者日常搜索数据进行跟踪，可能会危及消费者的个人信息安全。

三、技术接受模型

阿若达-曼扎诺等学者（Joaqui'n Alda's-Manzano, Carla Ruiz-Mafe' & Silvia Sanz-Blas, 2008）表明感知有用性和感知易用性对移动购物的接受意愿起到了重要的作用。戴维斯（Davis, 1989）指出技术接受模型是运用理性行为理论研究用户对信息系统接受时所提出的一个模型。感知有用性反映了一个人认为使用某一个系统对其工作业绩提高的程度，感知易用性反映了一个人认为自己使用某个系统难易的程度。感知有用性和感知易用性可以很好地描述消费者对渠道的整体评估。基于移动渠道的特征，消费者认为移动渠道对其购物过程是有用的，能够提高购物的效率和效果，所以就会更加愿意迁徙到移动渠道购物。吕秀彬等（Hsi-Peng Lu & Philip Yu-Jen Su, 2009）也认为感知有用性和感知易用性对移动购物意愿有显著的影响。

第三节　传统网购迁徙到移动网购渠道的理论架构和假设提出

作为一种渠道迁徙行为，网购消费者从 PC 端迁徙到移动端购物，可以根据 PPM 理论从推动因素、拉动因素、锚定因素三个方面来分析迁徙的原因。

一、推动因素

在人口迁徙中，迁出地的一些消极因素会影响迁徙者的迁徙行为，由于这些消极因素导致迁徙者的需求不能得到满足，因此，会促使迁徙者离开迁出地，去寻找其他的居住地。而现代人长期坐在电脑前工作、学习，因此，在休息或者购物时，人们希望改变这种久坐的生活方式。人们工作忙碌，生活节奏较快，因此，产生了利用零碎时间，随时随地进行购物的需求，这样就提高了时间的利用率。当 PC 终端无法满足消费者的这些需求时，消费者就会寻求其他的渠道进行购物。

另外，成本控制也是消费者在线购物需要考虑的一个重要因素（Bigné et al., 2010；Reibstein, 2002）。消费者往往想要获得质高价廉的商品。当我们研究消费者渠道转换行为的时候，交易成本便会成为一个值得关注的要素。研究表明，价格越高，消费者转移服务提供者的意愿也就越强烈（Bansal, 2005）。同样的商品，PC 端出售的商品价格会更高，而移动终端的商品价格似乎更低。这是因为，在很多地方，移动终端还是一个新兴的市场渠道，还需要培育消费习惯，或者是促使消费者下载并安装购物 App。鉴于此，我们提出了如下两个假设。

考虑到消费者所需要的便利性 PC 终端没有满足，而移动终端具备这些优点，消费者的渠道迁徙意愿会更强。由此，我们得出假设 1。另外，介于消费者消费习惯的培育与移动终端专用 App 的普及，商家需要基于移动终端做出让利，以促使消费者进行消费，由此，我们提出假设 2。

H1：传统网络购物越不便利，消费者迁徙到移动渠道购物的意愿越强。

H2：传统在线购物价格越高，消费者迁徙到移动购物渠道的意愿越强。

二、拉动因素

根据 PPM 理论，迁徙者在选择迁入地时，会考查这一地区的积极因素，看是否能够满足自己原本在迁出地得不到满足的需求，如果迁入地的一些积极因素很吸引迁徙者，他们就会选择到迁入地来。例如，迁入地有很好的工作机会、医疗条件等。同样的，在渠道迁徙过程中，消费者首先发现了现有渠道的一些消极因素，使他们产生不满，然后会积极寻找其他更好的渠道。而在决定使用新渠道时，也充分考虑了新渠道的整体能力，看是否能够更好地满足消费者的需求。首先，新渠道必须具备基本的购物渠道功能，使消费者能够顺利完成购物。移动渠道已经具备了这一能力。其次，新渠道需要比原来的渠道提供给消费者更加高效的购物体验，移动渠道的可移动性大大提高了消费者购物的便捷性。最后，新渠道需要比原来的渠道提供给消费者更多的价值，移动渠道的一对一特点能够对消费者提供个性化的服务。

在移动渠道这些优势的基础上，我们运用技术接受模型提出了两个主要决定消费者迁徙意愿的因素：感知有用性（perceived usefulness，PU）和感知易用性（perceived ease of use，PEOU），而移动终端是在互联网技术的发展下产生的，消费者对它的使用是否熟悉，它能否让消费者的使用过程更加容易，是消费者使用这种渠道的重要影响因素。

H3：消费者对移动购物的感知有用性越高，渠道迁徙意愿越强。

H4：消费者对移动购物的感知易用性越高，渠道迁徙意愿越强。

三、锚定因素

由于消费者渠道迁徙过程的复杂性，除了基于原来的 PC 渠道和现在的移动渠道各自的特点所带来的相关因素会影响消费者的迁徙意愿，还有一些关于个人、社会等其他方面的因素会对迁徙意愿产生影响。首先，我们需要考虑转换成本。转换成本是指消费者更换服务提供商所付出的代价或接受的惩罚（Jones, Reynolds, Mothersbaugh & Beatty, 2007），这不仅仅包括财务损失，还包括程序和关系上所带来的成本（Burnham, Frels & Mahajan, 2003）。在转换过程中，成本会通过消费者所付出的金钱、时间、精力和精神成本来加以体现（Burnham et al., 2003；Ye & Potter, 2011）。当消费者感知到高转换成本可能会出现，这会促使消费者停止渠道迁徙的步伐，将自身"锁定"在固有的渠道身上（Bansal et al., 2005）。消费者在迁徙中花费的转换成本越大，越不愿意进行渠道迁徙。

同时，尽管技术的有用性和易用性可以作为收益，但新技术也会蕴藏风险。在电子商务领域，安全风险会作为一个重要因素而阻碍新技术的采用。安全性作为消费者使用移动购物时所考虑的重要因素，对消费者迁徙也有重要作用（McCole, Ramsey & Williams, 2010）。这种对安全的关注在移动设备中得到加强，这是因为现代人对移动设备的使用非常频繁，甚至是我们沟通的主要工具。移动购物，不可避免地会促使使用者暴露自己的个人信息与财务信息，对这些敏感信息泄露的担忧会促使消费者非常谨慎。使用者同时也会担心自己移动工具的丢失导致个人隐私的泄露（Archana Kumar, 2013）。由此我们提出，安全性作为一个变量，会影响到消费者的迁徙意愿。

H5：消费者认为转换成本越低，迁徙到移动渠道的意愿越强。

H6：移动渠道带来的安全问题越小，迁徙到移动渠道的意愿越强。

第四节 研究分析

本章采用文献回顾的方法，首先找出渠道迁徙的影响因素，结合移动渠道的使用意愿研究，总结出本章的前因变量；再在以往的成熟量表的基础上设计问卷，并进行问卷修改，以符合本章的具体研究内容；然后发放问卷，整理数据，运用 SPSS 数据分析软件，对结果进行量化分析，并对各个变量加以解释。

本章的研究对象为在校大学生、研究生以及本科学历以上的毕业生。他们是接触移动购物的主要人群，而且数据比较容易收集。发放问卷 261 份，回收 243 份，问卷回收率为 93%。

在数据分析中，首先对数据进行探索性因子分析，检验问卷的信度和效度。针对潜变量计算其信度系数时，结果显示 Cronbach's α 值均高于 0.70，表明有较好的信度。SPSS 可以进行信度检验，一般要求 $\alpha > 0.7$，本研究 α 为 0.816，可靠性较高。每个测项的 item-total correlation（项对总项相关系数）> 0.4。同时还要看每个测项"α if item deleted"的值，它表示的是当删除该测项时，量表的 α 系数的值。如果 α if item deleted > 原来的 α，则应该删除该测项。通过 SPSS16.0 处理的结果所示，总体的 KMO 值为 0.814，适合做因子分析。

CR（组合信度）大于 0.6，说明数据有较好的内敛效度；AVE 的平方根都大于各潜在变量相关系数的绝对值，显示数据有较高的区别效度。

验证性因子分析结果表明（见图 6-1），各观测变量在相应潜变量上的标准化载荷系数均在 0.5 以上，统计上显著；验证性因子分析之后，运用结构方程模型进行模型检验和假设检验。运行 LISREL 软件得出结构模型拟合指标 chi-square = 402.43，df = 174，RMSEA = 0.074，NFI = 0.92，NNFI = 0.94，PNFI = 0.76，CFI = 0.95，IFI = 0.95，RFI = 0.91，RMR = 0.049，GFI = 0.86，AGFI = 0.82，PGFI = 0.65，符合拟合要求。因此，本章模型得到支持。

因子的信度和效度检验结果表明（见图 6 - 1）：不便利性到迁徙意愿的 T 值为 3.01，作用显著，支持假设 1；感知更高的价格的 T 值是 2.05，同样作用显著，并支持了假设 2；感知有用性到迁徙意愿的 T 值为 3.77，路径显著，支持假设 3；感知易用性到迁徙意愿的 T 值为 2.18，作用显著，支持假设 4；转换成本到迁徙意愿的 T 值为 -0.81，绝对值小于 1.96，所以不显著，假设 5 没有得到验证；最后，低安全性到迁徙意愿的 T 值是 2.29，关系显著，因此，假设 6 得到支持。感知有用性到迁徙意愿的标准化路径系数最大，所以首先是感知有用性对迁徙意愿的影响作用最大，其次是不便利性和感知易用性，最后是安全性的作用最小。

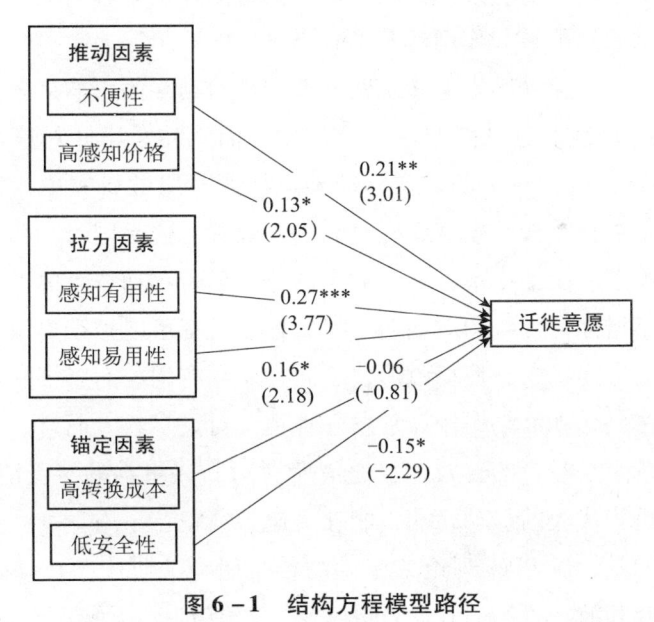

图 6 - 1 结构方程模型路径

第五节 PC 端向移动终端迁徙的影响因素分析

本章运用人口迁徙领域中的 PPM 理论，分析消费者渠道迁徙的影响因素。其中，推动因素、拉力因素、锚定因素都起到了重要的作用。推动因素包括了消费者对移动渠道的感知有用性和感知易用性；拉动因素包括传统网络渠道的价格和不便利性；锚定因素包括转换成本和安全性。

推动因素中的原渠道不便利性对结果产生了重要的作用。因为在移动渠道中，消费者能体验到使用 PC 电脑不能体验到的购物感受，如移动终端可以让消费者更加方便、快捷、随时随地地进行购物活动，消费者可以利用碎片化的时间来完成交易，更好地对快节奏生活做出反应。而这一切，在电脑上往往不能得到满足。我们的研究结果显示，原渠道不便利性影响迁徙意愿的这一路径 T 值为 3.01，作用显著。因此，传统网络购物的不便利性对消费者迁徙到移动渠道购物的意愿有正向的影响。同时，消费者对价值的感知是另外一个重要因素影响了购买决策，特别是对价格敏感型细分市场，这个要素显得尤为突出。因为许多电商不遗余力地进行竞争来吸引消费者使用自己的移动应用，竞争方式通常进行很多打折促销来吸引消费者的使用。很多网购 App 和网点培育消费者购买习惯，推广自身商品的重要手段就是通过强大的促销和低廉的价格来吸引消费者使用移动工具来购物，价格感知能够起作用就不难看出来了。

本章结果显示，拉动因素尤其是感知有用性对结果的影响最大。路径 T 值为 3.77 表明感知有用性对迁徙意愿有显著作用，而感知易用性对迁徙意愿的影响路径 T 值为 2.18，也是显著的。在移动渠道使用意愿的研究中，感知有用性和感知易用性是根据技术接受模型而提出的重要因素。这是因为，移动终端，特别是智能手机是消费者生活中不可缺少的一部分。随着移动技术的不断进步，智能手机功能的不断增强，传统的电脑功能很大程度上都可以被手机取代。且手机更加小巧便捷，更方便携带，使得对消费者而言非常有用。而感知易用性则通过两种方式实现，一是移动终端操作非常友好直观，对大多数人而言，稍加学习即可方便掌握。另一个是教育的普及，普通消费者对新兴事物的接受能力不断增强。所以以智能手机为代表的移动终端，能够迅速为消费者采用。

需要注意的是，以 PPM 理论为基础的传统研究文献中，拉动因素只有选择性吸引力，而叶和波特（Ye, C & Potter, R, 2007）提出了在个人信息技术的转换中拉动因素是相对优势、感知易用性、感知安全性，而且指出在以往的文献中，拉动因素如果只是选择性吸引力，则太宽泛，为了更加切合研究背景，文中使用了 Unified Theory of Acceptance and Use of Technology（UTAUT）感知易用性。而对于本章中渠道迁徙的环境，也是一种技术应用的表现，因此，本章具体化了拉动因素，使用了技术接受模型中的两个变量感知有用性和感知易用性。这两个拉动变量可以更好地描述移动渠道的优点给消费者带来的好处，更具体地测量拉动因素在本章的情境下对迁徙意愿的影响。

PPM 理论文献中普遍认为转换成本是一个重要的影响因素。但是本章的分析结果显示，转换成本到迁徙意愿的 T 值为 -0.81，这一路径不显著。这可能是因为在传统网络购物迁徙到移动渠道购物时，虽然需要移动设备，但是现在智能手机已经普及，人们不会为了购物而去专门购买移动设备，相反智能移动设备的普及，使得更多的商家将移动工具视为一种新的购物渠道。所以，这一部分并不是迁徙过程所要付出的成本。而且在目前的移动购物市场上，提供移动购物服务的商家多是以前传统电商，消费者在其平台上消费，并不会丢掉以前的积分，对网站也没有不信任。因此，在这种情境下，转换成本的作用并没有凸显出来。

安全性是一种新技术应用时需要考虑的重要因素，在以往的研究中也有相关的因素被考虑到模型中，例如，在阿卡纳和穆克吉（Archana Kumar & Avinandan Mukherjee，2013）的文章中认为，感知安全性对通过移动设备购买的意愿有正向的影响。而赖君玉、德巴玛和聘任鲁什科赫（Jung-Yu Lai，Sutapa Debbarma & Khire Rushikesh Ulhas，2012）认为低安全性和隐私是移动购物所需要考虑的影响因素。本章得出，安全性依然是重要的影响因素（T = -2.29）。由于移动购物渠道相关的技术还在起步阶段，消费者必然会对渠道的安全性、新技术的可靠性有所怀疑。它使得消费者对转换到新渠道变得犹豫，这种感觉越强烈，消费者的转换意愿越低。

第六节　管理借鉴、不足与展望

本章对推动因素、拉动因素和锚定因素的具体分析，能够为企业提供一个思路来引导消费者。对于传统互联网企业而言，要想锁定用户，就要改善不便利性，让消费者更少地感受到限制，也可以利用移动互联网，结合自己的优势，创造无缝购物体验。同时，必要的促销推送也很有必要，感知价格的优惠会促使消费者在移动通信工具中采取购买行动。

对于拥有移动端的企业而言，企业对于自己的移动界面使用情况要有整体的了解，对可能会危害消费者安全的信息和流程要及时更正，并与消费者沟通，发现并解决好安全性问题，才能吸引更多的消费者。

感知有用性对消费者迁徙到移动购物的影响最大。一方面，移动商家要想赢得消费者，就要提高技术能力，使移动网络可以随时接入、页面加载速度快、实时更新用户数据,充分发挥移动端的优势,建设好移动交互界面,完善用户体验,来帮助消费者能够利用移动技术随时随地进行购物。另一方面,要重视线下运营能力的建设,用实体运营能力支撑移动端的服务,缩短消费者与商家的心理距离,提升消费者对商家的信任,从而完成移动购物。同时,要摸清用户的购物习惯,迎合其喜爱的购物方式,完善移动应用中的功能,帮助消费者完成购物过程,提升购物体验。

感知易用性是对一种技术或系统使用的容易程度的测量。感知易用性可能受到消费者的学识、能力、适应性等方方面面的影响,并直接影响了消费者迁徙意愿。因此,移动商家必须要简化移动界面的设计,将移动端设计得简单易用,将操作流程便捷化,并且提供用户友好型的购物流程,加强人性化设计和服务,有效匹配移动场景,只有这样,才能使更多的人接受移动购物。

本书还有进一步提升的空间,首先,我们发现顾客在移动终端尤其是手机上进行的交易活动有不少是手机应用、游戏、电话充值等虚拟产品的购买,而不仅仅是实物购买。不同的产品类型可能会对消费者购买行为产生不同的影响。本章并没有将消费者购买的产品类型进行分类,只对移动购物进行了整体研究。如果考虑移动端具体的消费情境和产品类型,会对研究结果更有帮助。

同时,我们没有考虑消费者个人特质可能会对渠道迁徙意愿造成一定的影响。例如,创新性强的消费者更愿意试用新的、流行的渠道,因此,会更容易从PC端购物迁徙到移动终端购物(Joaqu'n Alda's-Manzano, Carla Ruiz-Mafe' & Silvia Sanz – Blas, 2008)。

还有,在渠道迁徙这个过程中,我们主要研究的现象是消费者较少使用原来的 PC 电脑,而更多地使用移动渠道购物。但是,移动渠道现在还并不能替代 PC 终端,因此,一些消费者还停留在 PC 端购物,或者两个渠道同时使用,或者使用过移动渠道之后又转回到原来的渠道,这都是有可能发生的情况。本章并没有考虑消费者是否需要回到原来的渠道,或者移动渠道和 PC 渠道共同使用。这是以后需要继续思考的方向。

在未来的研究中,应该考虑不同的产品类型和消费情境对消费者选择渠道的影响。例如,在消费者身边没有电脑时,他可能会通过手机进行话费充值,这也属于购买行为,但是需要特定的购买情境。其次,我们可以从消费者特质方面对渠道迁徙进行研究,尤其是这种涉及新出现的渠道时,不同的消费者接受新事物的态度和习惯会影响到他愿意接受新渠道的程度。从这一方面对 PPM 理论中的锚定变量进行拓展,能够提高 PPM 模型对渠道迁徙意愿的解释程度。再次,未来可以对非网购用户进行研究，探究其对移动购物的态度，可以使企业更加全面地了解到整个消费群体对移动渠道的态度。最后，消费者对这两种渠道的评估，可能会导致渠道迁徙行为，也可能会出现消费者重新迁回原渠道或者两渠道共同使用、原渠道锁定的现象。以后的研究需要全面考虑这几部分细分群体，才能对整体市场有一个把握。

第七章　感知价值对离线向在线迁徙的影响

第一节　引　言

多渠道环境下，在线渠道的快速发展对消费者和企业都产生了重大的影响。一方面，越来越多的消费者从离线渠道向在线渠道迁徙并最终成为多渠道消费者，来回穿梭于实体店铺和在线渠道购买商品和服务。电子渠道较低的价格吸引消费者从离线向在线渠道迁徙（Choi, 2009）。另一方面，越来越多的企业拓宽了原有的销售渠道，充分利用在线渠道销售商品和服务。出现了其他渠道向网络渠道转移的趋势（Ansari, 2008）。在线渠道的迅猛发展，一方面给了从事电子商务的企业快速发展的机会，另一方面也加剧了在线市场的竞争。在激烈竞争环境下，吸引新顾客已成为电子商务企业成功的关键要素之一。就目前在线购物市场情况来看，一二级市场虽然仍是在线购物的重心，但市场竞争十分激烈，也趋于饱和，在线购物市场新的增长动力今后将很大程度上依托于县级市场和农村市场的开拓。在这些并不发达的市场中，有大量缺乏在线购物经验的消费者。因此，如何吸引消费群体从离线向在线渠道迁徙是拥有网络渠道企业亟待解决的问题。

第二节　文献回顾

多渠道环境下，渠道转换已成为普遍现象。目前仅有少数学者给出了较为明确的定义。托马斯和沙利文（Thomas & Sullivan, 2005）将渠道转换定义为消费者反复地在同一零售商的不同渠道间做出选择的动态选择过程，而且他们明确指出这一过程发生在消费者的整个购买决策阶段。在此基础上，考夫曼等人（Kauffman，2009）则认为，渠道转换是渠道间的单向迁徙行为，而不是来回转换。本书采用考夫曼的研究，认为消费者渠道迁徙行为是一种单向的渠道转移行为。另外，出于解决实际问题的考虑，笔者只研究离线向在线渠道迁徙行为。

学术界目前对渠道转换行为的相关研究主要集中在转换行为的影响因素上，影响消费者的渠道转换行为的因素是复杂和动态的。国内对此研究的相关文献相对较少且大都集中在最近几年。尽管国内学者们对渠道转换行为做了不少的研究，但研究的主导思维主要是"将购物者带入零售商环境"，却未能很好地以购物者的价值需求为导向来探讨渠道迁徙问题，即"将零售商带入购物者环境"。在多渠道零售商环境中，顾客感知价值是更为复杂的问题，是营销观念转变的关键。阿西姆（Asim，2008）等研究指出，渠道带来的成本和收益的差异（即感知价值），是影响消费者渠道转换的主要因素。哈依（Khai，2003）的研究结果也表明，消费者会根据对渠道感知价值的大小来选择购买渠道。由上述分析不难得出，尽管感知价值在消费者渠道转换行为中扮演着一个非常重要的作用，但目前仅有少数文献关注了它且很少将它作为核心变量进行研究。

基于上述分析，本书以 TAM 为理论基础，针对缺乏在线购物经验的消费者，构建了感知价值对离线向在线迁徙行为的影响机制并进行实证研究。同时，本书将市场环境划分为离线环境和在线环境，将购物过程划分为信息搜寻过程和购买过程；采用约瑟曼（Zeithaml，1988）对感知价值的定义，从利得和利失来衡量消费者对价值感知的大小。利得包括感知有用性和感知娱乐性，利失包括感知易用性和感知风险。其中，感知有用性、感知易用性和感知娱乐性作为研究模型的自变量，感知风险则作为转换成本的一个测量指标。离线环境下的消费者对在线渠道的价值预期会促使其进行在线信息搜寻，转换成本则在消费者离线向在线渠道迁徙过程中起到了阻碍作用。

第三节 研究模型与假设

"感知易用"是指用户主观认为信息系统或科技商品越容易学习，对它们的接受态度就越积极。信（Shih，2004）指出信息系统的学习成本越低，越容易使用，表明网站购买的易用属性表现就越突出。感知易用性反映了消费者认为信息系统操作的难易程度，显著地影响消费者对信息系统的认同、满意度、忠诚度及使用意愿（Aldas et al.，[①] 2009）。消费者感知系统越容易使用，进行商品和服务有关的信息搜寻过程也会越顺畅，搜寻满意度也会越高。此外，感知易用性显著正向影响感知有用性（Wu et al.，2005），感知易用性对感知有用性和消费者信息技术采纳意愿都有正向影响（Davis，1989）。因此，根据以上分析，电子商务网站越易于使用，消费者越容易收集商品和服务的相关信息，对信息系统的感知有用性也会越强，信息搜寻满意度会越高，在线购买意愿也越强。由此，可以提出以下假设。

H1：感知易用性对感知有用性具有显著的正向影响。

H2：感知易用性对信息搜寻满意具有显著的正向影响。

H3：感知易用性对在线购买意愿具有显著的正向影响。

"感知有用"是指消费者主观上越认可信息系统和技术商品，就越容易接受它们。相比传统渠道，在在线购买环境中，有用性的重要表现之一是商品和服务信息搜寻和购买的便捷性（Lu et al.，2009）。由以上分析可见，随时随地快速搜寻并找到所需购买的商品信息是消费者感知在线渠道有用性的重要体现，感知有用性显著影响信息搜寻满意。克莱恩（2007）等研究指出感知有用性对消费者采纳移动服务意愿具有显著的正相关。吉姆（2007）等对移动银行的使用进行了实证研究，研究结果表明感知有用性显著正向影响消费者的移动银行使用动机。从上述分析不难得出，感知有用性显著影响在线购买意愿。由此，可以提出以下假设。

H4：感知有用性对信息搜寻满意具有显著的正向影响。

H5：感知有用性对在线购买意愿具有显著的正向影响。

戴维斯（Davis，1992）等认为感知娱乐性是指在信息系统使用过程中精神上所获取的满足程度。钟（Chung，2004）在研究用户使用互联网搜索服务时，采用感知娱乐性测量沉浸体验。奇尔德斯（Childers，2001）研究指出，在线购物的感知乐趣比信息技术的影响更显著。基尼（Keeney，1999）对比用户网络购买行为前后体验和期望的不同，发现娱乐性情感体验是影响网络购买态度的一个重要维度。消费者对信息系统的感知娱乐性越强，他们在信息搜寻过程中的娱乐感也会越强，满意度也会越高。刘振华（2010）在对中国大陆地区的手机支付的接受情况的研究中发现，感知娱乐性是消费者使用意愿的重要因素。奇尔德斯（Childers，2001）等对TAM模型进行了扩展，在模型的自变量中增加了在线购

[①] Aldas-Manzanoj, Ruiz-Mafe C, Sanz-Blass. Exploring Individual Personality Factors as Driers of M-shopping Acceptance [J]. Industrial Management & Data Systems, 2009, 109 (5/6): 739–757.

买趣味并实证证明了趣味性是影响消费者使用态度的积极因素。

据上述分析,可以得出以下假设。

H6:感知娱乐性对信息搜寻满意具有显著的正向影响。

H7:感知娱乐性对在线购买意愿具有显著的正向影响。

在线购买环境中,消费者对商品属性判断的重要依据是商品信息。事实上,在传统的购买环境中,消费者在缺失某些商品信息时也会依据商品的已知属性进行推论(Sheth,1999)。消费者在在线信息搜寻过程中的体验会显著影响他们对未来在线购物成效的预期。帕特沃德罕和拉马普拉萨德(Patwardhan & Ramaprasad,2005)研究了消费者的电子渠道信息搜索对购买行为的影响,通过实证分析,研究发现消费者信息搜索的信念和行为对购买信念与购买行为存在直接与间接影响。Beatty(1987)等人研究指出消费者信息搜寻成效显著影响其购买决策,对他们最终做出是否购买的决定起基础性的作用。柳京烈和劳伦(Yoo–Kyoung & Lauren,2008)研究发现,消费者网上信息搜寻行为显著影响其购买行为。根据以上分析可以发现,消费者信息搜寻满意度越高,他们在线购买意愿就越强,也越有可能做出购买决策。因此,可以提出以下假设。

H8:信息搜寻满意对在线购买意愿具有显著的正向影响。

H9:信息搜寻满意对在线购买行为具有显著的正向影响。

大部分学者的实证研究结果也显示,消费者购买意向显著影响消费者购买行为(韩小芸,2003)。帕夫洛和伏吉森[①](Pavlou & Fygenson,2006)基于计划行为理论从信息搜索和商品购买两个阶段研究了消费者的电子商务渠道采纳行为,研究发现消费者购买意向显著影响其购买行为。消费者的在线购买行为是其在线购买意向的行动表达,消费者购买行为意向越强烈,消费者就越有可能采纳在线购买行为。由此,可以提出以下假设。

H10:在线购买意愿对在线购买行为具有显著的正向影响。

转换成本产生于消费者在两个不同供应商之间的转换,波特(Porter,1980)认为转换成本是消费者转换供应商时所产生的一次性交易成本。伯纳姆(Burnham,2003)将转换成本划分为程序转换成本、经济转换成本和情感转换成本三个维度。本书采用克伦佩勒(Klemperer)对转换成本的维度划分,包括信息搜寻与评估成本、学习成本和不确定性带来的风险(Klemperer,1987)。赵(Chiu,2010)研究指出,转换成本在消费者从离线向在线渠道迁徙行为中扮演

---

① Pavlou P A, Fygenson M. Understanding and predicting electronic commerce adoption:An extension of the theory of planned behavior [J]. Mis Quarterly,2006,30(1):115–143.

了非常重要的作用。考夫曼（Kauffman，2008）等研究也发现，在价值最大化的驱使下，消费者会在离线与在线渠道之间不断迁徙，并实证证明了在转换成本较低的情况下，消费者变换购买渠道越频繁。魏斯和安德森（Weiss & Anderson，1992）研究指出，转换成本会显著影响消费者对他们商品和服务提供者的更换。通过上述分析，不难得出，即使消费者对在线信息搜寻满意并产生了在线购买意愿，即有离线向在线迁徙的意愿，但是否最终实施在线购买行为，即离线向在线渠道转换行为，消费者尤其是初次涉及电子商务的消费者还是会慎重考虑转换成本（如学习成本和不确定性带来的风险等）。由此，可以提出以下假设。

H11：转换成本调节信息搜寻满意与在线购买行为之间的关系。

H12：转换成本调节在线购买意愿与在线购买行为之间的关系。

第四节　模型变量与数据收集

一、模型变量

问卷调查方法检验模型假设并依据文献一般原则和步骤对本书问卷进行设计。采用李克特7级量表对问卷的主体部分的问题项进行衡量，受调查者选择1（非常不同意）到7（非常同意）对各问题进行打分。最终各指标内容及来源见表7-1。

表 7-1　测量指标及来源

因子	指标	指标内容	来源
感知有用性 （PU）	PU1	在线购买渠道花费更少的购买时间	戴维斯 （Davis，1989）
	PU2	在线购买渠道可以提高购买效率	
	PU3	可以更加随时随地地进行在线购买	
感知易用性 （PEOU）	PEOU1	学习使用在线购买渠道是容易的	戴维斯 （Davis，1989）
	PEOU2	熟练使用在线购买渠道是容易的	
	PEOU3	总的来说，在线购买渠道是容易使用的	
感知娱乐性 PE	PE1	在线购买渠道的使用为我的生活增加乐趣	邓（Deng，2010）
	PE2	在线购买渠道的使用给我带来一种轻松愉快的感觉	
	PE3	使用在线购买渠道的过程是一个充满享受的过程	
信息搜寻满意 ISS	ISS1	在线搜寻可以节约商品和服务信息搜寻时间	斯里尼瓦桑 （Srinivasan，1991）
	ISS2	在线搜寻可以帮助我买到更便宜的商品	
	ISS3	在线搜寻可以帮助我买到质量更好的商品	

续表

因子	指标	指标内容	来源
在线购买意愿 OSI	OSI1	我愿意使用在线购买渠道购买商品和服务	格芬 (Gefen, 2003)
	OSI2	我愿意一直使用在线购买渠道购买商品和服务	
	OSI3	我愿意向其他人推荐使用在线购买渠道	
转换成本 SC	SC1	要花费时间和精力进行在线商品或服务的信息搜寻与评估	克伦佩勒 (Klemperer, 1987)
	SC2	必须花费相当多的时间和精力来学习在线购买	
	SC3	购买在线商品和服务可能给我带来风险	
在线购买行为 OPB	OPB1	我决定在在线渠道购买商品和服务	巴普洛夫 (Pavlou, 2004)
	OPB2	我会向电子商务企业提供我的个人信息	
	OPB3	我不但自己在线购买商品和服务，还会推荐给其他人	

二、数据收集

本文选择大学生群体为本书的调查对象，调查问卷的开头部分设有筛选题，考察有在线购物经验的调查对象是否能回想起初次在线购物情形，没有在线购物经验的调查对象是否有在线购物意图。本次调研问卷的发放采用线上发布的形式。先将设计好的网上问卷链接地址发布在专业的问卷调查网站上，然后将地址发给本人在学校任教或学习的好友，并鼓励他们邀请自己的学生或好友参与此次调查，这样通过滚雪球的方式回收问卷318份，剔除无效问卷和缺失值太多的问卷58份。最终，两次调查共回收有效问卷260份。在此次被调查对象中，男生人数为142人，占总样本人数的54.6%；年龄在25岁以下的人数为232人，占总样本人数的89.2%；专科生、本科生和研究生人数分别为55人、146人和59人；有过在线购物经验的人数为218人，占总样本人数的83.8%。

第五节 假设检验与数据分析

参照以往文献，本书分两个步骤对数据进行分析（Anderson et al., 1988）。第一步，对测量模型进行EFA（探索性因子分析）和CFA（验证性因子分析），考察量表的信度和效度。第二步，分析结构模型，检验模型假设。

一、信度和效度

在进行探索性因子分析（EFA）之前，首先要计算KMO值及进行巴特立特球体检验。经检验本书数据 KMO 值为 0.851，巴特立特球体检验值在 0.001 的水平上显著，表明数据适合进行 EFA。表 7-2 样本数据按特征值大于 1 的标准抽取了 7 个因子，解释了 78.467% 的方差。

采用验证性因子分析（CFA）对变量的信度、效度进行检验。表 7-3 显示了量表中所有指标的标准负载均大于 0.7，各因子的 Cronbach's α 值和 CR 值均高于 0.8，表明量表的信度良好。各因子的平均抽取方差均高于 0.6，表明量表有较好的收敛效度。

表 7-2　　　　　　　　　　因子负载矩阵

因子	PU	PEOU	PE	ISS	OSI	OPB	SC
PU1	0.857	0.126	0.075	0.121	0.109	0.040	0.237
PU2	0.877	0.141	0.106	0.117	0.100	-0.047	0.185
PU3	0.869	0.078	0.122	0.083	0.081	-0.115	0.047
PEOU1	0.116	0.864	0.060	0.131	0.097	-0.192	0.114
PEOU2	0.182	0.856	0.139	0.121	0.105	-0.128	0.093
PEOU3	0.054	0.828	0.099	0.113	-0.004	-0.103	0.163
PE1	0.153	0.122	0.139	0.807	0.122	-0.162	0.195
PE2	0.083	0.123	0.087	0.880	0.096	-0.057	0.080
PE3	0.086	0.116	0.032	0.815	0.080	-0.225	0.031
ISS1	0.091	0.100	0.861	0.053	0.093	-0.093	0.187
ISS2	0.095	0.070	0.861	0.116	0.105	-0.125	0.096
ISS3	0.112	0.121	0.805	0.076	0.170	-0.154	0.068
OSI1	0.154	0.128	0.126	0.208	0.177	-0.082	0.781
OSI2	0.252	0.149	0.114	0.013	0.252	-0.159	0.760
OSI3	0.128	0.154	0.162	0.100	0.282	-0.090	0.754
OPB1	-0.044	0.009	0.156	0.116	0.793	-0.002	0.319
OPB2	0.120	0.053	0.104	0.156	0.848	-0.153	0.136
OPB3	0.254	0.141	0.145	0.043	0.804	-0.059	0.222
SC1	-0.115	-0.132	-0.155	-0.096	-0.037	0.783	-0.035
SC2	0.034	-0.091	-0.114	-0.226	-0.106	0.812	-0.111
SC3	-0.036	-0.172	-0.092	-0.102	-0.058	0.835	-0.126
解释方差	12.256	11.523	11.340	11.214	11.016	10.689	10.429
累计方差	12.256	23.780	35.120	46.334	57.349	68.039	78.467

表 7-3　　　　　　　　因子标准负载、AVE、CR 及 α 值

因子	指标	标准负载	AVE	CR	α
PU	PU1	0.88	0.748	0.899	0.896
	PU2	0.92			
	PU3	0.79			
PEOU	PEOU1	0.88	0.705	0.877	0.875
	PEOU2	0.89			
	PEOU3	0.74			
PE	PE1	0.85	0.664	0.855	0.852
	PE2	0.84			
	PE3	0.75			
ISS	ISS1	0.86	0.675	0.861	0.860
	ISS2	0.84			
	ISS3	0.76			
OSI	OSI1	0.74	0.609	0.824	0.826
	OSI2	0.82			
	OSI3	0.78			
OPB	OPB1	0.76	0.647	0.846	0.849
	OPB2	0.81			
	OPB3	0.84			

模型的拟合指数如表 7-4 所示，重要的拟合指标都位于可接受建议值的范围内，可见理论模型与实证数据具有较高的拟合度。

表 7-4　　　　　　　　模型拟合指数推荐值及实际值

拟合指数	χ^2/df	GFI	AGFI	CFI	NFI	IFI	RMSEA
推荐值	<2	>0.90	>0.90	>0.90	>0.90	>0.90	<0.08
实际值	1.332	0.937	0.913	0.984	0.939	0.984	0.036

注：χ^2/df 为卡方值与自由度的比率；GFI 为拟合优度指数；AGFI 为调整的拟合优度指数；CFI 为比较拟合指数；NFI 为规范拟合指数；IFI 为增量适度指数；RMSEA 为近似误差的均方根。

二、假设检验

经检验，结果如图 7-1 所示，12 个假设中有 2 个没有通过 T 检验，信息搜寻满意对在线购买行为有正向影响，但影响并不显著。感知易用性与感知有用性、感知有用性与信息搜寻满意、信息搜寻满意与在线购买意愿以及在线购买意愿与在线购买行为的关系都在 0.001 的水平上显著，感知有用性与信息搜寻满意的关系在 0.01 的水平上显著，其他路径都在 0.05 水平上显著。感知易用性对感知有用性（0.37）、信息搜寻满意（0.19）和在线购买意愿（0.18）影响显著，

H1、H2 和 H3 得到支持。感知有用性对信息搜寻满意（0.19）和在线购买意愿（0.33）影响显著，H4 和 H5 得到支持。感知娱乐性对信息搜寻满意（0.18）和在线购买意愿（0.17）影响显著，H6 和 H7 得到支持。信息搜寻满意对在线购买意愿（0.23）影响显著，H8 得到支持。信息搜寻满意对在线购买行为（0.13）影响不显著，H9 没有得到支持。在线购买意愿对在线购买行为（0.62）影响显著，H10 得到支持。转换成本对在线购买意愿与在线购买行为之间关系的调节作用显著，H12 得到支持。感知有用性、信息搜寻满意、在线购买意愿和在线购买行为被解释的方差分别为 0.14、0.16、0.40、0.47。

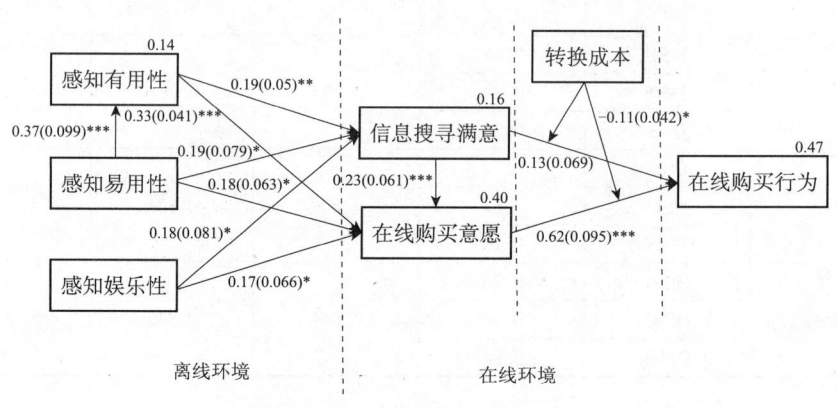

图 7-1 结构方程检验结果

三、中介检验

为了检验感知有用性在感知易用性与信息搜寻满意之间的中介情况和信息搜寻满意在感知有用性、感知易用性、感知娱乐性分别与在线购买意愿之间的中介情况，本书按照麦金农等（MacKinnon et al.）的建议，采用 BOOTSTRAP 方法来检验模型变量所涉及的中介效应，即它们的间接效应是否显著区别于 0（麦金农等，2004）。结果显示：总效应、间接效应和直接效应的置信区间分别为（CI = [0.093, 0.416]，[0.092, 0.415]）、（CI = [0.015, 0.159]，[0.008, 0.144]）、（CI = [0.003, 0.359]，[0.006, 0.363]），均不包含 0。因此，感知有用性部分中介了感知易用性对信息搜寻满意的效应。还显示了总效应、间接效应和直接效应的 Z 值分别为 3.02、2.05 和 2.07，均大于 1.96，也表明了感知有用性在感知易用性和信息搜寻满意的关系中起到了部分中介作用。

信息搜寻满意在感知有用性和在线购买意愿之间的中介结果显示：其总效应、间接效应和直接效应的置信区间分别为（CI = [0.214, 0.533]，[0.205,

0.522])、(CI = [0.006, 0.112]，[0.002, 0.103])、(CI = [0.180, 0.497]，[0.173, 0.471])，均不包含0。因此，信息搜寻满意在感知有用性和在线购买意愿的关系中起部分中介作用。同时，还显示了总效应、间接效应和直接效应的Z值分别为4.49、2和4.27，均大于1.96，也验证了上述检验结果。

信息搜寻满意在感知易用性和在线购买意愿之间的中介结果显示：总效应、间接效应和直接效应的置信区间分别为（CI = [0.200, 0.610]，[0.186, 0.598]）、(CI = [0.026, 0.176]，[0.018, 0.157])、(CI = [0.008, 0.378]，[0.001, 0.471])，均不包含0。因此，信息搜寻满意在感知有用性和在线购买意愿的关系中起部分中介作用。同时，还显示了总效应、间接效应和直接效应的Z值分别为3.89、4.38和1.99，均大于1.96，也证实了信息搜寻满意在感知易用性和在线购买意愿之间的关系中起部分中介作用。

信息搜寻满意在感知娱乐性和在线购买意愿之间的中介结果显示：总效应、间接效应和直接效应的置信区间均不包含0。同时，总效应、间接效应和直接效应的Z值也均大于1.96，说明了信息搜寻满意部分中介了感知娱乐性与在线购买意愿的关系。

在线购买意愿在信息搜寻满意和在线购买行为之间的中介结果显示：总效应、间接效应的置信区间分别为（CI = [0.138, 0.428]，[0.127, 0.417]）、(CI = [0.043, 0.279]，[0.034, 0.267])，均不包含0，表明了中介效应存在。同时，直接效应的置信区间为（CI = [-0.017, 0.294]，[-0.026, 0.761]），包含0，表明了在线购买意愿在信息搜寻满意和在线购买行为之间的关系中起完全中介作用，还显示了总效应和间接效应的Z值分别为0.277和2.46，均大于1.96，直接效应的Z值为1.71，小于1.96，再一次验证了在线购买意愿完全中介了信息搜寻满意和在线购买行为之间的关系。

四、转换成本的调节作用

为了考察转换成本的调节作用，本书将在线购买行为作为因变量，引入在线购买意愿与转换成本的交互项进行回归。结果如表7-5所示，交互项的引入使得研究模型的R^2增加（由模型1的0.325增加至模型3的0.341），表明了交互项的引入更有利地阐释消费者在线购买行为。从模型3可以看出，在线购买意愿与在线购买行为之间的交互作用显著，即转换成本的调节效应显著（β = -0.092，p = 0.032）。

表 7-5　　　　　　　　　转换成本的调节效应检验

变量	模型 1	模型 2	模型 3
Constant	2.053***	2.419***	-0.028
OSI	0.625***	0.628***	0.545***
SC		-0.082	-0.069
OSI*SC			-0.092*
R^2	0.325***	0.329***	0.341*

注：*、*** 分别表示 $P<0.05$、$P<0.001$。

第六节　研究结论与对策建议

一、研究结论

模型中大部分研究假设通过了实证检验，表明了研究模型对消费者离线渠道向在线渠道迁徙行为具有良好的解释度。具体结论如下。

（1）对于缺乏在线购买经验的消费者，影响其离线向在线渠道迁徙行为的因素有推—拉—阻三个方面。推力来源于离线情境下消费者对在线渠道的价值预期，即感知有用性、感知易用性和感知娱乐性。拉力来源于在线渠道属性即信息搜寻满意和在线购物意愿。这是因在线购物环境是一个虚拟的购物环境且消费者缺乏在线购物经历，他们只能通过在线信息搜寻来感知在线渠道属性。阻力主要来源于迁徙过程中发生的转换成本，包括学习成本、评估成本等。

（2）影响缺乏在线购物经验的消费者与熟知在线购物的消费者的渠道迁徙行为的因素存在很大区别。拥有大量在线购物经验的消费者的在线购买行为比较复杂，因为他们熟知在线购物流程，知晓如何辨别购买风险，因此，他们在线购买行为可能只是习惯使然，也可能是出于购买便利的考虑，当然还可能是为了追求更大的购买价值。相反，对缺乏在线购物经验的消费者来说，促使他们向在线渠道迁徙主要因素是离线环境下对在线渠道的价值预期。

（3）感知有用性、感知易用性和感知娱乐性通过信息搜寻满意和在线购买意愿的中介作用显著影响在线购买行为。消费者不仅注重移动购物的功能性利益，还会注重从中所获得的情感体验。消费者由离线向在线渠道迁徙，一方面，这是一种理性的价值主张，他们希望从新的购物渠道获得更大的价值。因此，感知有用性会显著影响他们的在线购买行为。另一方面，说明了他们愿意追求新的购物体验,对新事情充满好奇和兴趣,希望新的购物渠道能够给他们带来愉快的购物体验。因此,在线购买渠道的感知娱乐性也会显著影响他们的购物行为。最后,缺乏在线购物经验的消费者对信息系统操作的感知难易程度显著影响他们的在线购买意愿和行为。因此,在线信息系统的感知易用性对在线购买行为产生显著的影响,关系到他们是否能顺利地完成在线购物。

(4)信息搜寻满意在感知有用性、感知易用性和感知娱乐性方面分别与在线购买意愿的关系中起部分中介作用,信息搜寻满意在在线购买行为的影响因素中扮演一个十分重要的作用。在线购买是在一个虚拟的环境中进行的,消费者无法通过实际接触商品来感知商品属性,仅能根据在线信息搜寻过程中所获取的商品信息来判断商品和服务的价值。

(5)在线购买意愿在信息搜寻满意影响在线购买行为过程中起完全中介作用。消费者信息搜寻满意并不能对在线购买行为产生直接的显著影响,而是通过在线购买意愿的中介作用间接影响在线购买行为。这是因为相对实体店铺而言,在线购买具有较高的风险和不确定性。因此,尤其是在信任度较低的中国市场环境中,理性的消费者可能不会因为信息搜寻结果而直接决定是否实施在线购买。

(6)转换成本负向调节在线购买意愿与在线购买行为之间的关系。消费者即使有在线购物的意愿,但能否最终实施在线购买行为,还会充分考虑转换成本,如经济风险成本、学习成本及评估成本等。在线购买意愿只是消费者内心的主观愿望,真正能否产生实际购买行为,消费者尤其是初次接触电子商务的消费者还会充分考虑离线向在线迁徙所产生的转换成本。

二、对策与建议

根据本书的研究结果,解决问题的总体思路为增加对在线渠道的感知价值、提高信息搜寻满意度和减少转换成本。具体对策和建议如下。

(1)针对缺乏在线购物经验的消费者,电子商务企业应加强在线渠道优势的宣传,如利用两种渠道的价格对比来宣传在线渠道比实体具有更低廉的价格,在线下单不但可以免运费、安装费用,甚至还可以享受折扣等。通过这些方式来增加他们对在线渠道的感知价值,从而引发他们的在线购买意愿和行为。

(2)加强信息系统的感知易用性和感知娱乐性。一方面,电子商务企业可以加强对在线购物知识的宣传,提供进行在线购物所需资源的获取渠道,培养消费者的购物技能。另一方面,就信息系统本身而言,应简化购物操作流程、增强导航和检索功能、加强商品分类和界面的友好性和增强与消费者的互动性等策略来增加消费者的感知易用性和感知娱乐性。

（3）减少消费者由离线向在线渠道的迁徙成本。一方面，电子商务企业可以增加信息系统的易用性，减少消费者的学习成本。另一方面，加强对消费者购买安全、个人隐私的保护和提升售后服务，减少消费者在线购买的风险。

第八章 临场感对跨渠道搭便车意愿的影响

第一节 引 言

根据中国互联网信息中心的调查，截至 2015 年 6 月，我国网络购物用户规模达到 3.74 亿户，较 2014 年增加 1 249 万户，增长率为 3.5%；对比 2014 年上、下半年，这一增长率分别为 9.8% 和 9.0%，表明我国网络购物用户规模增速放缓。与此相对应的是，根据中华商业信息中心的调查，2015 年整体电商行业的业绩增速预计将降至 30%~40%。其中，降速明显的是微信电商，假货泛滥在一定程度上影响了消费者的信心。面对此种情景，越来越多的消费者选择了实体店购物。他们通过网店搜集信息，然后在实体店进行购买，网店在一定程度上变成了消费者搜集信息的一个重要途径。

面对如此严峻的形势，淘宝、天猫部分网店推出了 3D 试衣间，试图通过虚拟技术来增强消费者的临场感和真实性，减少消费者自身的感知风险，增强消费者的信任，减少消费者搭便车的行为。基于这一现实，本书利用"刺激—机理—反应"理论和理性行为理论，从临场感的角度入手，引入不信任作为中介变量，研究临场感对消费者跨渠道搭便车意愿的影响，并提出相应的管理决策建议。

第二节 文献回顾

一、临场感与社会临场感

临场感概念最早经由虚拟临场感演化而来。蒙茨（Montes，1992）将临场感界定为个体对环境的感知，用于描述个人作为主体感觉到的在虚拟环境中的真实程度，即产生"身临其境"之感。李（Lee，2004）根据人类感知世界的经历，将临场感分为物理临场感、社会临场感和自我临场感。在物理临场感方面，通过让顾客与产品"形象互动"达到顾客对产品的"临近"感知。在社会临场感方面，通过塑造社会情境、与他人的交流和分享来提升顾客的社会临场感，从而影响顾客的购买行为；在自我临场感方面，通过把自己想象成主角来理解游戏目的、体会游戏乐趣。

截至目前，大部分有关临场感的研究主要集中在远程教育、人机互动、通信等领域，只有少量研究涉及购物网站页面设计、虚拟购物中心设计、网络广告信息呈现和在线服务改进等主题。有学者以网购乐队音乐会门票为刺激材料，考察5种不同的界面体现的临场感是如何通过有用性、信任和享乐等感知来影响消费者的忠诚度，研究结果发现临场感直接影响忠诚度，并通过信任等中介变量间接影响忠诚度（Cyr，2007）。有学者在考察临场感如何通过信任等来感知消费者购物意图和行为后，发现临场感有助于提升消费者在虚拟购物中心的安全感知和购买态度（Shin et al.，2011）。福廷等（Fortin et al.，2005）通过考察广告信息生动性和互动性呈现的临场感对消费者态度和行为的研究，发现不同程度的互动性与其呈现的临场感呈正相关关系。

韦尔哈根等（Verhagen et al.，2014）通过对虚拟客服代理在手机套餐切换服务中的考察，发现临场感和个性化的服务对服务满意度有明显的影响。在临场感特征方面，桑德伯格等（Skadberg et al.，2004）则将临场感视为网页浏览"沉浸式体验"的一种特征。本书参照蒙茨（Montes）的研究结论，将临场感界定为消费者对媒介的一种感知，并将临场感分为空间临场感和社会临场感。

在社会临场感研究上，肖特等（Short et al.，1976）基于远程通信的情景将社会临场感界定为在利用媒体进行沟通过程中，一个人被视为"真实的人"的程度及与他人联系的感知程度。罗杰斯（Rogers）等基于网络小组学习的情景，将社会临场感界定为学习者在网上学习小组内的归属和认同知觉而导致的沉浸感。哈桑纳因等（Hassanein et al.，2007）在研究社会临场感是如何通过信任对购买意愿的影响过程中，将社会临场感界定为媒介给用户提供的温暖感觉以及社交能力。虽然有关社会临场感的研究跨越不同领域，但大致可分为四类：一是基于媒介特性角度。肖特等（Short et al.，1976）在社会临场感理论里认为社会临场感是媒介本身固有的一种属性。其认为传输信息的能力，如面部表情、手势、服装和非语言线索等信息有助于社会临场感。斯普劳尔等（Sproull et al.，1986）则集中关注与媒介的互动性、媒介传达有关的能力。二是基于共在感角度。戈夫曼（Goffman，1959）认为社会临场感是一种存在感，即个人通过感官超脱于媒介感受到其他人的存在。其试图去解释通过媒介产生的社会临场感并非简单的他人存在或不存在，而是会对主题产生亲近感、真实感等连续性非语言形式的心理感觉。富尔克等（Fulk et al.，1987）认为社会临场感是通过媒介用户心理感觉到他人同时在场的程度。休格特等（Huguet et al.，1999）认为社会临场感是他人存在与否。三是基于心理卷入角度。斯坦菲尔德（Steinfield，1986）认为社会临场感应该是与温暖有关的感觉，从这个角度来说，如果媒介能够传达人与人之间接触、交往和灵敏的感觉，则被认为是温暖的。比奥卡（Biocca，1997）则将社会临场感界定为另一智能的感知可达性。威尼等（Weinei et al.，2011）认为社会临场感是传播媒介给予人在社会情感上的感官知觉，与面对面交谈一样，是线上环境发展的重要因素。四是基于行为契合度角度。帕默（Palmer，1995）认为社会临场感是一种行为契合度，相互依赖的多渠道行为互动。其认为心理上的卷入肯定会伴随着社会互动，那么社会互动同样会导致行为互动。由于在网络环境下，社会临场感更多侧重于对人际沟通、社会交往层面的研究，本书参照哈桑纳因等（Hassanein et al.，2007）对社会临场感的解释，将其界定为媒介给用户提供的温暖感觉以及社交能力。

在社会临场感的测量上，肖特等（Short et al.，1976）在研究社会临场感的过程中，从感知的社会性层面入手，用四个双向题项的7级语义差别量表对社会临场感进行测量。格芬等（Gefen et al.，2003）在研究社会临场感如何通过信任来影响购买意愿时，用五个题项对社会临场感进行测量。西尔（Cyr，2007）、真宗（Shin，2011）等基本延续了格芬（Gefen）等对社会临场感的测量。此外，科伊尔等（Coyle et al.，2001）基于媒介的属性，将社会临场感分为生动性和互动性两个维度。伯贡等（Burgoon et al.，2011）基于媒体的熟悉，认为社会临场感的维度是亲密性和直接性。杜等（Tu et al.，2000）在研究网络虚拟社区小组学习时将社会临场感分为社会场景、在线沟通和交互性。比奥卡等（Biocca et al.，1997）基于媒介的现象学特征，将社会临场感分为共在性、卷入度和行为契合度。沈等（Shen et al.，2008）基于在线虚拟场景，将社会临场感分为感知临场感、情感临场感和认知临场感。威特默等（Witmer et al.，2005）基于客观标准和数据驱动，将社会临场感分为卷入度、调整或沉浸、感觉保真和界面品质四个因子。库马等（Kumar et al.，2002）基于人际沟通的关系层面，将社会临场感分为理解、直接或紧密、卷入度和积极性四个维度。本书参照比奥卡等（Biocca et al.，1997）对社会临场感的分类，将社会临场感分为共在性、卷入度和行为契合度三个维度。

二、不信任

巴伯（Barber，1983）将不信任界定为一方不会以最大化另一方的利益而展开活动。格罗维埃（Grovier，1994）将不信任界定为对受信方缺少信心，担心其会做出伤害自己的事情、不关心施信方的福利、采取有害的行为或充满恶意。勒维克等（Lewicki et al.，1998）将不信任界定为明确的负面预期或者担心的事。克雷默（Kramer，1999）将不信任界定为对另一方会以损害其利益方式行事的预期。国内学者林红焱和周星（2014）将不信任界定为一种态度，是消费者通过对网络零售商可信性的判断，认为个体利益会受到损失的一种负面预期。本书将不信任界定为个体利益会受到损失的一种负面预期，并将不信任分为认知不信任和情感不信任。

目前，对不信任的研究没有达成共识。麦克奈特等（Mcknight et al.，2001）把不信任分为恶意、无能力、不诚实和不可预测性，他们发现不信任与信任一样都要经过认知判断环节，然后形成不信任意向，最后才采取不信任行为。雪莉等（Sherrie et al.，2008）运用过程理论对产品推荐代理网站进行研究，结果发现信任与不信任的建立过程是不同的，信任是经过深思熟虑慢慢发展起来的，而不信任则是基于情绪建立起来的。国内学者贾雷等（2012）通过对不信任脉络的梳理，认为不信任主要包括个体不信任、人际不信任和制度不信任，不信任首先影响不信任意向，进而影响不信任行为，如不合作、不依赖和取消交易。笔者参照林红焱和周星（2014）开发的量表改编而成，由卖家只想尽最大可能赚到钱等九项构成。

三、跨渠道搭便车

搭便车最早由美国经济学家奥尔森提出，其在《集体行动的逻辑》一文中，将搭便车定义为个体对集体不做贡献或者少做贡献而分享他人对集体带来的利益（奥尔森，1995）。托马斯和沙利文（Thomas & Sullivan，2005）将消费者搭便车行为界定为消费者反复地在零售商不同渠道之间做出的动态决策过程。考夫曼和李（Kauffman & Lee，2009）将消费者搭便车行为界定为消费者从一个渠道转移到另一个渠道的行为。国内学者涂红伟和周星（2011）将渠道搭便车定义为消费者从在线（离线）渠道向离线（在线）渠道的转移过程，这一过程既包括消费者在在线购买渠道和离线购买渠道之间的转换，又包括消费者在信息搜索渠道与购买渠道之间的转换。笔者参照涂红伟等对渠道搭便车概念的界定，将跨渠道搭便车行为定义为消费者从一个零售商在线（离线）渠道向另一个零售商离线（在线）渠道转移的过程。

在跨渠道搭便车的测量上，查特基（Chatterjee，2010）通过线上线下渠道零售商获取消费者交易数据，来判断其是否搭便车。赵等（Chiu et al.，2011）则用两个题项来测量消费者在线搜索到离线购买渠道产品的渠道搭便车行为。普克朗戈瑞（Pookulangara，2010）在研究离线购买渠道向在线购买渠道进行搭便车时，选择用消费者渠道搭便车意向进行测量。巴力等（Baal et al.，2005）在研究跨渠道搭便车时，也选择用搭便车意愿进行测量，并用两项进行测量。本书参照巴力等开发的跨渠道搭便车意愿量表，由两个问项进行测量。

第三节　研究假设与理论框架

刺激—机理—反应模式认为消费者和雇员对外部刺激会产生认知（信念、分类、符合、意义）、情感（态度、情绪）、身体（痛苦、舒服、移动、实体相符）上的反应，进而迫使雇员和消费者对环境做出趋近和趋避的选择。菲奥尔和金（Fiore & Kim，2007）在总结前人研究的基础上，基于实体购物经验，提出综合化的刺激—机理—反应模型。其认为刺激是一种动力，这种动力能够影响认知、情感过程和感知价值。其将刺激分为环境线索（如音乐、光线照明、气味和气温）、设计线索（如颜色、空间尺度）和社会线索（如拥挤和数量、雇员的友好性）。其进一步认为反映的主体或机理在刺激和消费者反应之间起中介作用。情感状态和认知状态在购物环境线索和消费者行为之间起中介作用。临场感对应刺激—机理—反应模式中的刺激变量，不信任对应刺激—机理—反应模式中的机理变量，跨渠道搭便车对应刺激—机理—反应模式中的反应变量。基于以上分析，构建临场感与跨渠道搭便车意愿之间的研究模型，并检验不信任的中介效应。研究假设如下：

（一）临场感与不信任

宋等（Song et al.，2007）认为，消费者对服装网站的临场感越强，消费者对网站的信任水平越高。尼卡娅等（Nichaya et al.，2010）研究发现，无论是空间临场感还是社会临场感，都对信任产生正向影响。国内学者赵宏霞等（2015）基于互动的视角将临场感分为空间临场感和社会临场感，并研究空间临场感、社会临场感与信任的关系，最后发现，无论是空间临场感还是社会临场感，都与信任呈正相关关系。吕洪兵（2012）将社会临场感分为意识社会临场感、情感社会临场感和认知社会临场感，发现社会临场感、认知临场感与信任之间呈正相关关系，情感社会临场感与信任之间不相关。不信任作为信任的另一端，临场感越强，消费者不信任程度就越低。基于此，本书提出如下假设。

H1：临场感与不信任之间呈负相关关系。

H1a：空间临场感与认知不信任之间呈负相关关系。

H1b：空间临场感与情感不信任之间呈负相关关系。

H1c：社会临场感与认知不信任之间呈负相关关系。

H1d：社会临场感与情感不信任之间呈负相关关系。

（二）不信任与跨渠道搭便车意愿

如前所述，不信任是指一方不会以最大化另一方的利益而展开活动（Barber，1983）。不信任可以被界定为一种态度，是消费者通过对网络零售商可信性的判断，认为个体利益会受到损失的一种负面预期（林红焱、周星，2014）。跨渠道搭便车是一种消费者从在线（离线）渠道向离线（在线）渠道的转移过程，这一过程既包括消费者从一个零售商在线（离线）渠道向另一个零售商离线（在线）渠道转移的过程，又包括消费者在信息搜索渠道与购买渠道之间的转移（涂红伟等，2011）。认知行为理论认为，在认知、情绪和行为三者中，认知发挥着中介与协调的作用。高的认知水平意味着消费者愿意采取行动。不信任程度越低意味着跨渠道搭便车意愿越低。基于此，本书提出如下假设。

H2：不信任与跨渠道搭便车意愿之间呈正相关关系。

H2a：认知不信任与跨渠道搭便车意愿之间呈正相关关系。

H2b：情感不信任与跨渠道搭便车意愿之间呈正相关关系。

（三）临场感与跨渠道搭便车意愿

托马斯和沙利文（Thomas & Sullivan，2005）将消费者搭便车行为界定为消费者反复地在零售商不同渠道之间做出的动态决策过程。考夫曼和李（Kauffman & Lee，2009）将消费者搭便车行为界定为消费者从一个渠道转移到另一个渠道的行为。临场感作为一种感知，强调个人作为主体在虚拟环境中真实程度的感觉。社会促进理论认为，其他人的在场意识能导致个体警觉，从而引发个体心理的唤醒状态。"刺激—机理—反应"理论认为，环境会唤起个体心理的愉悦，进而影响个体的行为。临场感可增强消费者网络购物的真实性，唤起消费对网络购物的信任，降低消费者搭便车意愿。基于此，本书提出如下假设。

H3：临场感与跨渠道搭便车意愿之间呈负相关关系。

H3a：空间临场感与跨渠道搭便车意愿之间呈负相关关系。

H3b：社会临场感与跨渠道搭便车意愿之间呈负相关关系。

第四节　研究过程与方法

本书在正式发放问卷之前进行了问卷的预测试，通过对在校100名学生进行测试，研究发现问卷整体的效果较好。正式调查以2015年10月在武昌火车站拦截的方式进行，发放问卷500份，去掉存在缺失值等无效问卷，共收到有效问卷400份，有效率为80%。样本情况如下：男性192人（48%），女性208人（52%），年龄以25~34岁为主（45.75%），学历以本科为主（54.75%），涉及学生、个体户、销售员等各个职业不同年龄的人群。

为降低共同偏差对研究结果带来的影响，本书对调查数据实施了HARMAN单因素检验，即同时对所有变量项目进行未旋转的主成分因子分析，如果只能获得一个因子或第一个因子的方差贡献超过40%，则表明存在严重的共同方法变异问题；如果获得多个因子，并且第一个因子的方差贡献没有超过40%，则提示共同方法变异问题不严重。以该方法进行检验后表明，本书第一个因子的方差贡献率为36.316%，表明本书的共同变异程度不是很严重。

本书主要采用AMOS22.0进行多元回归分析，研究发现空间临场感与认知不信任之间不相关（标准化路径系数为0.13，t值为1.955<1.96），假设不支持。空间临场感与情感不信任之间呈正相关关系（标准化路径系数为0.23，t值为2.13>1.96），假设不支持。社会临场感与认知不信任之间呈负相关关系（标准化路径系数为-0.44，t值为-5.47<-1.96），假设支持。社会临场感与情感不信任之间呈负相关关系（标准化路径系数为-0.61，t值为-5.20<-1.96），假设支持。认知不信任与跨渠道搭便车意愿之间呈负相关关系（标准化路径系数为-0.80，t值为-5.24<-1.96），假设不支持。情感不信任与跨渠道搭便车意愿之间呈正相关关系（标准化路径系数为0.23，t值为3.13>1.96），假设支持。空间临场感与跨渠道搭便车意愿之间呈不相关关系（标准化路径系数为0.11，t值为0.86<1.96），假设不支持。社会临场感与跨渠道搭便车意愿之间呈负相关关系（标准化路径系数为-0.37，t值为2.72>1.96），假设成立。

在中介检验上，根据中介效应检验程序（Baron & Kenny，1986），采用层级回归对不信任的中介效应进行检验，第一步检验自变量X对Y的影响，检验其系数是否显著。第二步在第一步 X 对 Y 系数显著的基础上，检验自变量 X 对中介变量 M 的系数，检验其是否显著。第三步在第二步 X 对 M 系数显著的基础上，检验中介变量 M 对因变量 Y 的系数，检验其是否显著。第四步在前三步都显著的情况下，通过对自变量 X 和中介变量 M 做多元回归来检验自变量 X 的系数是否显著，如果系数显著则存在中介效应，如果系数不显著则存在完全中介效应。如果在第二步、第三步中至少有一个系数不显著，则需要做 SOBEL 检验，系数显著则中介效应显著；否则，中介效应不显著。研究发现关系不信任在社会临场感与跨渠道搭便车之间发挥着完全中介作用。由于在第三步中认知不信任与跨渠道搭便车意愿之间不相关，本书采用 SOBEL 检验，检验结果为 $Z = -1.69 > -1.96$，系数不显著，中介不成立。综上所述，关系不信任在社会临场感与跨渠道之间发挥着完全中介作用，认知不信任在社会临场感与跨渠道之间不发挥中介作用，关系不信任在空间临场感与跨渠道之间不发挥中介作用，认知不信任在空间临场感与跨渠道之间不发挥中介作用。

第五节 结论与讨论

一、研究结论

（一）社会临场感正向显著影响不信任

研究发现社会临场感与认知不信任、情感不信任之间呈负相关关系的假设成立，研究结果与国外学者研究一致。这表明社会临场感在一定程度上有助于降低消费者对网络零售商的不信任感，减少消费者搭便车行为。空间临场感与认知不信任之间呈不相关关系，与情感不信任之间呈正相关关系的假设不成立。解释水平理论认为，人们对事件的解释会随着对事件心理距离（时间距离、空间距离、社会距离、真实性）的知觉而发生系统改变，从而影响人们的反应。具体来说，当知觉事件的距离较远时，人们使用抽象、本质和总体的特征对事件进行表征（高水平解释）；当知觉距离较近时，人们倾向于以具体、表面和局部的特征对事件进行表征（低水平解释）。空间临场感强调的是使用者"身临其境"的感觉，是一种虚拟的空间感，与消费者本身的距离较远，加上消费者自身对企业的不信任倾向，反而增强了消费者对网络的不信任。

（二）不信任负向显著影响跨渠道搭便车意愿

研究发现认知不信任与跨渠道搭便车意愿之间呈负相关关系的假设不成立。

国内学者费显政和丁奕峰（2013）研究发现，企业员工对消费者的感知付出会引发消费者内疚，进而影响消费者补偿（直接进行购买或逃避）。消费者虽然对网络购物不信任，但由于卖家对消费者过于热情，如给买家优惠、价格打折等，使得买家产生内疚心理，导致最终购买。情感不信任与跨渠道搭便车意愿之间呈正相关关系的假设成立。这表明消费者对网络购物情感不信任越低，跨渠道搭便车意愿的可能性就越低，这与费孝通所提倡的乡村文化差序格局一致，即人与人之间的交流更多选择从带有血缘关系的亲人到熟人再到陌生人的格局是一致的。

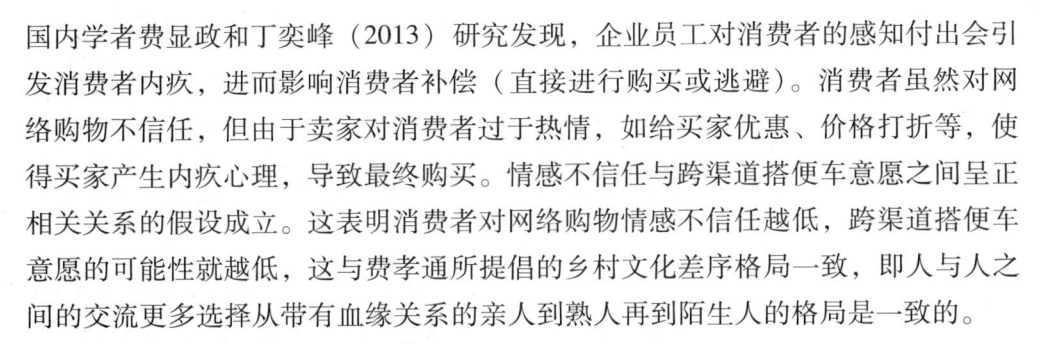

（三）社会临场感正向显著影响跨渠道搭便车意愿

研究发现社会临场感与跨渠道搭便车意愿之间呈负向相关关系的假设成立，与国外研究的结论一致。这表明社会临场感的增强，有助于降低消费者跨渠道搭便车的概率。空间临场感与跨渠道搭便车意愿之间不相关的假设不成立。认知心理学认为，认知过程是一个由信息的获得、编码、储存、提取和使用等一系列连续的认知阶段组成的按一定程序进行信息加工的系统。空间临场感虽然有助于增强使用者"身临其境"的感觉，但由于认知本身是一个长期的过程，使用者对其接受程度还需要一定的时间进行考量。同时，由于信息的不对称，使得消费者本能地展现出趋利避害，进行搭便车。因此，空间临场感强在一定程度上并不能降低跨渠道搭便车意愿的可能性。

（四）社会临场感通过关系不信任影响跨渠道搭便车意愿

研究发现关系不信任在社会临场感与跨渠道搭便车意愿之间发挥着完全中介作用，这与国内学者赵宏霞等（2015）和国外学者的研究一致。这表明社会临场感是通过关系不信任来影响跨渠道搭便车意愿。认知不信任在社会临场感与跨渠道搭便车意愿之间不发挥中介作用，认知不信任在空间临场感与跨渠道搭便车意愿之间不发挥中介作用，这是因为在现实生活中，人与人之间特别是熟人之间为了避免彼此之间产生的隔阂，采取规避的态度，即越信任越跨渠道搭便车，理论界称之为内疚。关系不信任在空间临场感与跨渠道搭便车意愿之间不发挥中介作用，这是因为在信息不对等的前提下，消费者往往会选择规避和搭便车。增强消费者的空间临场感，虽然在一定程度上增强了消费者对空间真实性的感知，但由于网络本身所带来的虚幻性和不确定性，使得消费者不信任感大大加强。

二、实践建议

（一）增强网站的个性化和生动性

研究表明临场感有助于降低消费者跨渠道搭便车意愿。因此，企业通过制作

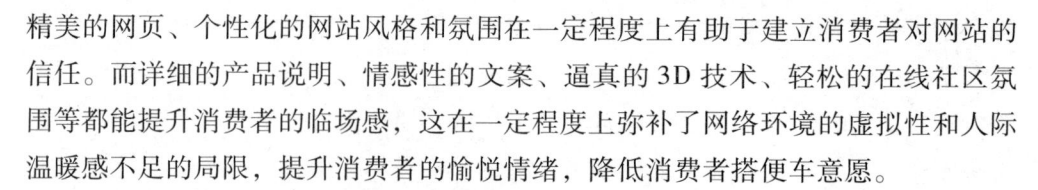

精美的网页、个性化的网站风格和氛围在一定程度上有助于建立消费者对网站的信任。而详细的产品说明、情感性的文案、逼真的 3D 技术、轻松的在线社区氛围等都能提升消费者的临场感，这在一定程度上弥补了网络环境的虚拟性和人际温暖感不足的局限，提升消费者的愉悦情绪，降低消费者搭便车意愿。

（二）积极建立情感纽带，增加彼此之间的信任

根据最新发布的《2017 年爱德曼全球信任度调查中国报告》，在过去的一年，全球 28 个被调查的国家及地区中有 21 个遭遇信任度下滑。中国的企业、政府、媒体、非政府组织的信任度也出现了相应的下降。研究表明减少消费者与零售商之间的不信任有利于降低消费者跨渠道搭便车意愿。网络由于其虚拟性，使得其与传统实体店相比具有更大的不确定性和信息不对称性。消费者与零售商之间难以形成完全的信任。零售商通过向消费者及时提供产品信息、对消费者的疑问有效进行反馈等互动的环境，有利于将该零售商有效地从竞争对手中隔离开，增加其在消费者头脑中的印象，增强消费者的信任，并将其作为首选。研究还发现，零售商通过向消费者及时提供产品信息、对消费者的疑问进行有效反馈等互动的环境，还有利于消费者对实体店的信任，推动消费者在实体店做出购买，减少消费者跨渠道搭便车。

（三）加强网站与消费者之间的人机互动

通过及时反馈、鼓励消费者参与、为消费者人机沟通特别是消费者彼此之间的沟通提供平台等方式，以此来提升消费者的社会临场感和主人翁意识，增强彼此之间的信任，进而降低其搭便车意愿。同时，在线商家可积极地通过客服人员与消费者进行在线的互动沟通，并积极地投入到虚拟社区的建设中，鼓励消费者参与虚拟社区的交流，通过开展各种社区活动让消费者更好地融入零售商的社区中，以此来更好地提升消费者忠诚度。

三、研究不足

由于各种主客观原因的限制，本书尚存在一些局限，在后续研究中需要进一步完善，如本书在样本的选取上主要是以武汉地区的消费者为主，存在地区性。如本书主要从网络不信任的角度入手，没有考虑网络购物经验、线下购物经验等调节因素的影响等。

第九章 B2C 互动概念辨析及其对渠道转换行为的影响

销售互动始终是营销学关注的焦点之一。电子商务成为社会生活的重要组成部分后，消费方式、消费观念不断更新，零售商和消费者双方共同演化，学者们将销售互动的研究空间延展（Jacobson，2006），增加了 B2C 互动、C2C 互动等。通过文献梳理，与 B2C 互动相关的表述有 Sales Interaction，Sales Encounter，Buyer-Seller Interaction，Internet-Interaction 等。上述概念虽表述不同，但是其核心内容却大致相同，所指的均为销售方与消费者之间建立在相关产品信息以及消费者决策之上的交流、沟通过程（Williams，Spiro & Fine，1990）。由于研究背景及研究内容所限，学者们并没有特别将上述英文概念做明确划分，指明其内涵与外延，尤其是在电子商务研究中，将其大致都归为"网络互动"或者"在线互动"。本章在前人研究成果基础之上，将与网络互动、在线互动和 B2C 互动有关的概念归纳整理，借以探究 B2C 互动的具体内容，在此基础上探讨 B2C 互动对渠道转换行为的作用机制。

第一节 B2C 互动的理论基础

迈克尔·所罗门（Michael R Solomon）等认为现代消费者行为研究的基本前提之一是"消费者购买某一特定产品除获得其使用价值外还能带来什么样的附加利益"。这一假设并不否定产品价值与使用价值的重要性，而是强调消费者在其他状况相同的情况下，选择与其潜在需求一致的消费对象。当前，大多数零售商已经认识到成功的关键在于与消费者建立维持终身的"关系"，在于与消费者互动，在于说服消费者与零售商建立长期的、稳固的有效联系[1]。

---

[1] Coneumer Behavior Buying, Having, and Being, 6e, Michael R. Solomon, Lu Taihong, Publishing House of Electronics Induetry, 2006.

一、消费者体验理论

中国传统文化中"天人合一"与"圜道观"强调运用"体验"思维的方式。不论是《淮南子》还是朱熹、李渔，都对"体验"进行了阐释。《辞海》中将"体验"解释为"领悟、体察、设身处地"或者是"实行、实践以及以身体之"。前者主要指内心的感悟，后者是指亲力而为。总之，"体验"的内涵是指通过亲身参与实践改变态度或者认知。

国外学者同样强调"体验"对个人发展与经济进步的重要性。阿尔温·托夫勒（1970）最早将"体验"这一术语引入经济研究，并将其分为虚拟环境体验和真实环境体验。托夫勒认为经济发展将延续"制造经济—服务经济—体验经济"的路径，指出体验可能是服务之后的经济基础。众多学者在托夫勒之后涉足该研究领域。其中，约瑟夫·派恩二世（Joseph Pine II）和詹姆斯·吉尔摩（James H. Gilmore）提出的体验经济理论最为突出。他们认为，体验是企业处于特定目的提供的，确保消费者以独特的、个性化的方式参与其中的事件，体验是特殊的经济提供物。同时，两位学者根据价格定位以及竞争地位，确定了经济价值实现的四个递进过程，即生产产品—制造商品—提交服务—展示体验。并指出，向消费者展示有吸引力的、让人信服的体验产品和体验环境是企业获取持续竞争力的有效途径。

我国学者较少从经济学角度阐释消费者体验，部分学者从管理学视角对消费者体验的内涵进行了阐述。朱世平（2003）指出消费者体验是消费者为满足自身需要而发生在消费者与企业之间的一种互动行为。汪涛、崔国华（2003）认为，体验产生于企业所提供的消费情景中，由于参与设计、协助推动和浸入感受整个消费过程中所产生的美妙而深刻的感觉。郭红丽（2006）将体验解释为消费者与企业在交互过程中企业对消费者心理所产生的冲击和影响。温韬（2007）提出顾客体验是指在企业提供的消费情景下，顾客在企业的产品、服务、其他事物等发生互动关系的过程中所产生的感知和情感的反映；还有部分学者从心理学角度出发，认为消费者体验来源于主观感知。陈英毅、范秀成（2003）指出，体验就是消费者个人的心理、情绪或精神达到某一特定水平时，意识中所产生的美好感觉和感受；张亦梅（2004）认为消费者体验具有个体差异性，产生于对事件的直接观察或者参与。王龙、钱旭潮（2007）指出，体验强调个人价值的现实感知，是消费者通过个体方式获取的，并在不断满足的过程中逐步深化的精神需求。

国内外学者的研究表明，消费者与企业之间的互动创造了体验环境，消费者与企业之间的直接或者间接接触是消费者感知的基础前提。此外，科尔布（Kolb，1984）提出了体验学习理论，指出体验学习以个人为中心，个体通过亲力亲为与归纳总结获取知识、技能或者改变态度。我国学者涂红伟（2011）以该理论为基础，解释了渠道转换行为与渠道"搭便车"行为，而且对渠道"搭便车"行为进行了实证量化分析，指出渠道"搭便车"者对自身使用多渠道的能力有着极大自信，这种自信来源于其在传统参照群体和网络参照群体中的体验学习。

二、互动传播与选择理论

互动是近年来备受关注的传播形式。传统传播方式尤其是广告传播是一种建立在传播途径既定、受众信息掌握不完全以及媒体权威环境下的单向的、线性的传播方式。多渠道零售环境下，消费者获取信息途径拓展，接触信息渠道增加，加之消费者自我意识的觉醒和个性特征的彰显，消费者越来越主动获取信息并加倍对比信息的真实性与可靠性。来自消费环境和消费者因素的变化使传统信息传播方式面临"屏障困局"。互动传播尤其是B2C的互动传播是建立在消费环境演变和信息技术革新平台之上的一种新型传播方式。通过对国内外互动传播内涵的性质分析，可以发现，互动传播（interactive communication）就是实现传播者与受众相互作用的传播活动[①]，且这种传播活动利用各种介质对传播的内容进行反馈。

选择理论认为，消费者在信息接受的过程中，通常的心理表现是首先接受与自己已有观点或者立场相同的内容，排斥与其不一致的内容；首先接受对自身或者团体有利的信息，排斥有害或者不利的信息，即受众与媒介接触的过程中或者在接受信息的过程中会有选择性。这种选择性过程即为"注意—理解—记忆"的线性阶段。

在选择性注意过程中，受众主动的、有选择的筛选自身需要的和关心的信息，主动的摒弃不需要、无关系的信息，而且这种注意的心态与信息的强弱度、对比度和新鲜度等因素有关；在"注意"之后，受众就会与信息接触，并通过接触理解信息，在"理解"的基础上做出解释、得出结论。从香农—韦弗的信息传播模式出发，信息的传播过程就是对信息的编码过程，受众的理解过程就是信息的解码过程，理论上，"编码"与"解码"过程应是对应的，即传播主题和

---

① 王珂. 媒介的互动传播方式与特征研究[D]. 杭州：浙江大学，2008.

理解内容是相同的，但事实上，这点是很难实现的。出现这种现象的原因第一在于符号的多样性含义。第二在于受众在理解过程中会融入自身的主观意向，这种主观意向受到个人经验、态度、情感等因素的影响，是不可避免的。在"记忆"阶段，虽然生理上记忆的固有规律也会发生作用，但是记忆仍然是主观上的，以自我为中心的脑活动，记忆的结果往往都是信息的某一部分，或者是对自身有利的部分，或者是自身愿意记住的那部分，其余的部分则被忽略。总之，受众愿意接受的信息来源于自身的内在需要以及参与互动所产生的效果。

第二节　B2C 互动的内涵

传统的、实体环境的或者线下的互动发生在直接的、面对面的个体与个体、个体与群体、群体与群体之间，有些学者习惯上将其称为"直线式"互动。管理学、营销学应用相关互动理论，探讨了"销售互动""客户关系互动""消费者—企业互动""消费者—销售人员"等多种不同的议题，并取得了丰厚的成果。

一、B2C 互动的概念与属性

现代的、虚拟环境的或者线上的互动已经突破时空的限制，可以凭借各种媒介而进行，部分学者将其归结为"连锁式"互动（庞树清，2011）。在这种互动形式的研究中，学者们从计算机技术、信息技术、传播学、营销学和管理学的角度进行了不同界定。但是，在界定的过程中，并没有考虑互动发生的环境、互动的参与主体以及互动的背景与诉求等，致使"网络互动""在线互动""虚拟社区互动""B2C 互动"等概念互有交叉。

（一）B2C 互动的概念

本书沿用麦克米兰和黄（McMillan & Hwang，2002）的分类方法，将与 B2C 互动概念相关或相连的定义分类为过程观界定、结构特征观界定和感知观界定。

1. 过程观界定

互动技术已经成为转换生活层面的媒介（田颖，2011）。认同过程观的学者强调互动中参与方的交互过程。马克（Mark，2005）认为互动是为满足自身需要而进行信息交换的过程，或者是双方感情沟通的过程。邦纳（Bonner，2010）认为互动就是双向交流、顾客参与和联合解决问题的过程。吴梦君（2014）指出网络互动式两个或者两个以上的个体或者群体通过计算机等网络媒介交流信息、情感、知识，进而互动的相互影响，相互依赖的行为。

2. 结构特征观界定

认同结构特征观的学者强调互动中的一般特征，如使用者控制和双向沟通。近年来，学者们开始关注零售企业的线上渠道互动特征，包括搜索特征、智能代理、互动内动、知识共享等（Aikat，2008）。加里（Garey，1989）认为互动就是主体之间沟通的技术手段，互动媒介是提供人与人之间借助电子化工具进行沟通以及模拟人际交换的人与机器相互作用的各种技术。范晓屏、马庆国认为（2009）网络互动的维度是互动场所、互动特征、互动内容与互动方式。

3. 感知观界定

认知感知观视角的学者强调个体怎样感知和经历互动。和过程观和结构特征观相比，建立在感知观视角下的互动将研究对象始终定位为消费者，而不是媒介，互动就是顾客的最终选择，互动是顾客的特征而不是媒介的特点，媒介促使了互动（Schumann, Artis & Rivera, 2001）。李（Lee, 2003）认为互动能够影响消费者对网站的态度，而且，经过进一步的研讨，认为感知互动性与消费者对网站的态度成正比的结论。唐嘉庚（2006）指出互动性是导致消费者对在线供应商信任态度改变的前置变量。

基于以上的分析与总结可以发现，过程观的互动研究是对信息交换的探讨，是建立沟通层面上的分析；结构特征观的互动研究是对互动媒介特征的分析，而不是对互动成员本身特征的研究，结构特征是技术创新和网站素能形成的互动能力因素，是互动的客观属性；感知观互动研究更加重视互动中的体验感受，认为消费者对于互动的感知基础是沟通的效果、用户的技术任务匹配度，认为这种感受能够影响消费者决策。而且，感知观的互动研究建立在互动过程、互动媒介与特征之上，在此平台之上产生互动感知或者愉悦体验。本书研究的是多渠道零售环境下 B2C 互动对渠道转换意愿的影响，注重的是 B2C 互动参与方的体验与感受，所以将采用感知观的研究界定。

通过文献归纳与总结，可以发现相关学者以社会交换论为基础指出"B2C 互动"的核心是"双向沟通"（two-way communication）（Rice, 1987; Blau, 1990; Sudweek, 1997），参与主体的是零售商与消费者，并且 B2C 互动会影响消费者的购买决策。也就是说，B2C 互动是互动参与方在有利可图的前提下，与对方交换关系要素，并调整自身能力与所持资源，以适应利益相关者需求的行为。简而言之，B2C 互动就是消费者凭借"在线渠道"搜索并整理标的物信息的同时，享受并体验零售商提供的专项服务的过程。

（二）B2C 互动的属性

社会学认为，互动是人类生活中最基本的现象。互动包括各种各样的形式，语言的与非语言的、正式的与非正式的、有组织的与无组织的、传统的与现代的、实体环境的与虚拟环境的、线上的与线下的等。一般来讲，基于社会学、心理学的"互动"研究成果较多，并在"过程"与"角色"的角度探讨"互动效果"。

除此之外，基尔马尼和坎贝尔（Kirmani & Campbell, 2004）将互动分为市场关系的与非市场关系的互动。虽然人与人之间的关系在社会学中有多种分类，如建立在社会属性上的兄弟关系、姊妹关系，建立在情感属性上的朋友关系、情侣关系等，但是在经济管理研究中，学者们普遍不将其纳入研究范畴，因此，本书将其统一归纳为非市场关系。市场关系与非市场关系的区别在于是否存在"等价交换"（庄贵军，2004），同样，市场关系互动与非市场关系互动的区别也就在于互动参与方是否涉及了直接的利益诉求。据此，可以认为市场关系互动与非市场关系互动二者交换的信息性质与互动的目的是各不相同的（梁静，2010）。市场关系互动注重由互动所引发的感知价值变化是否可引致自身经济利益的最大化，或者注重自身消费经验或者对产品或对零售商认知程度的提升，因此，可能会涉及技术任务匹配、博弈等。非市场关系互动则注重感性信息与经验的交流获取，注重非经济关系的维系。

正如前面所指，B2C 互动的核心要素是"双向沟通"，通过 B2C 互动可以改变消费者的态度或者决策，那么，基于传统的以及基尔马尼和坎贝尔（Kirmani & Campbell）的分类标准，B2C 互动应是建立在市场关系之上的线上互动、网络互动或虚拟互动。

二、B2C 互动的维度

随着销售渠道的增加以及消费者购买能力的增强，零售商为了与消费者建立稳固的联系，需要在维系关系的方式上不断创新。事实上，正如谢恩和帕维提亚（Sheth & Parvatiyar, 1995）所述，促使消费者维系营销关系，积极参与营销活动的强烈动机就是零售商与消费者之间具有连续性的互动。消费者参与 B2C 互动，是成功营销的前提，同时也是零售商将消费者控制在自身销售渠道的有效方式。

B2C 互动的主体——零售商与消费者尤其是研究型购物者依托电子购物平台进行互动，因此，前人研究中建立在衡量网站与消费者互动之上的维度，如感知易用性、感知有用性等，建立在衡量零售商与消费者互动之上的维度，如同步性、响应性等。

（一）感知易用性

零售商在购物平台或者特定渠道采用新技术后，消费者在操作中面对的难易程度会影响其对购物平台或者对渠道的感知价值，操作系统越难，消费者的学习负担越重（赵国栋，2012），可能会产生排斥的心理进而产生放弃使用的意愿。由此，可以发现"感知易用性"的核心是"简单、方便、易学"。所以，本书沿用这一维度，衡量B2C互动中操作界面与操控技术的便捷性。

（二）感知有用性

戴维斯（Davis，1989）研究指出，"感知有用性"是"使用者确信操作特定系统或者使用某种方法后，将会提高工作绩效或者学习效果的程度"。将其沿用至B2C环境，即为消费者在参与互动的过程中，对产品信息的丰富程度、真实程度、购物平台的设置是否能满足自身需要的感知。柯（Ko，2005）研究指出，消费者越能寻找到有价值的信息，越愿意参与互动。我国学者在文献整理的基础上，使用"感知有用性"衡量信息的丰度、效度，衡量互动设计能否满足信息搜索需要，所以，本书沿用这一维度，衡量B2C互动内容中信息的丰度与效度。

（三）响应性

响应性是指后一序列信息对前一序列信息的反应速度与关联程度（Yin，2005）。B2C互动过程中，响应性体现在反馈的及时度（Daft & Lengel，1986）、质量与连续性（Goffman，1967）以及同步程度（Schegloff，1992）之上。零售商的购物平台或者特定渠道的响应性好，就会极大降低消费者在沟通中获取信息的耗时，消费者会因此感到较高的沟通效率与服务效率。同时，零售商快速、高效的处理消费者诉求，会增加消费者对零售商的信赖感与支持度。由此，可以发现，响应性的核心是"快速、高效"。本书将响应性作为B2C互动的维度之一，用来衡量B2C互动中零售商的服务质量与态度。

（四）体验性

以森特米哈伊、斯密特（Csikszentmihalyim，Schmitt）为代表的学者认为，体验是"感觉、内在反应与感知"，实质就是消费者主观的内心感受（Lofman，1991）。体验是消费者与零售商因产品、服务或其他事物发生互动时产生的感知和情绪反应[①]。张亦梅（2004）指出，体验是消费者就某些特殊刺激而产生的个

---

① Ajzen J. From Intentions to Actions: A Theory of Planned Behavior [A]. J Kuhl and J Bechmann (eds.). Action-Control: From Cognition to Behavior [M]. Springe, Heidelberg, Germany, 1985: 11-39.

别化感受，个体差异性加强。王龙，钱旭潮（2007）认为体验是消费者以个性化的方式获得的，是不断在满足过程中深化的精神需求。克里斯托弗和安德（Christopher & Andre，2007）认为体验是消费者从与企业直接或者间接的互动中产生的个人的、内在的反应。目前，学术界对于"体验"的内涵与外延日渐清晰，明确了"体验"是企业与消费者互动的产物（斯科特，2001；温韬，2007；达瓦拉姆，2014）。

20 世纪 90 年代后期，学者们逐步意识到由"互动"而生的"心理感受"即"体验"对网络购物的影响，并将其作为衡量"互动"的维度之一，如"乐趣性""有趣性""个性化""畅体验"等（Ha & James，1998；Burgoon et al.，1999，2000；Dholakia，2000；Liu & Shrum，2002；卢艳峰，2008）。现实中，不论是零售商设计、组合的销售界面也好、游戏也好、视频介绍也好，生动性越强，刺激的感官越多，带来的感官享受越强，消费者的心理感受，如"有趣""令人愉快的""爽"等越高。鉴于此，本书将"体验性"作为 B2C 互动的维度之一，用来衡量 B2C 互动的效果。

第三节 B2C 互动对渠道转换行为的影响

消费者在信息搜索与购买交易过程中不同类型销售渠道之间使用行为的单向转换过程被称为渠道转换行为。渠道转换行为既包括消费者在同一零售商销售体系内部渠道类型的转换，又包括不同零售商之间不同类型渠道的转换。目前，关于渠道转换行为的研究多建立在渠道属性分类之上，以产品类型、渠道特征、情景、价格与零售商等因素为限研究为什么消费者从一种渠道转向另一种渠道，而没有深入研究在消费者的决策过程中，特定因素对消费者渠道转换行为的影响机制。

一、研究假设

（一）B2C 互动对感知价值的影响

感知价值是消费者根据自身消费经验和偏好，在与零售商提供的产品、服务或者营销活动的接触过程中，所产生的基于"成本"和"收益"对比、权衡关系的综合效用评价。感知价值具有实用价值和享乐价值两个维度。感知实用价值是消费者依据与零售商互动内容、服务质量与态度所产生的主观评价。感知享乐价值是消费者与零售商互动中触觉、听觉与视觉而产生的心理感受。

学者们认同 B2C 互动影响消费者对线上零售渠道感知价值形成。"互动"是一种通过实现传播者与受众相互作用的传播活动。且这种活动利用各种介质对传播的内容进行反馈，其处于社会心理学解释的根本动因在于获取情感能量。与此类似，来源于消费者与零售商动态互动结果，如购买体验、购买乐趣或者非产品的相关感知，如"关系""畅体验"等，可以增加消费者对网购的感知价值。

鉴于此，提出如下假设。

H1：B2C 互动显著正向影响消费者感知价值。

由于本书中 B2C 互动具有便捷性、信息共享、响应性和体验性四个维度，而感知价值分为实用价值和享乐价值两个维度，由此，本书得到如下分假设：

H1a：便捷性显著正向影响消费者感知实用价值。

H1b：便捷性显著正向影响消费者感知享乐价值。

H1c：信息共享显著正向影响消费者感知实用价值。

H1d：信息共享显著正向影响消费者感知享乐价值。

H1e：响应性显著正向影响消费者感知实用价值。

H1f：响应性显著正向影响消费者感知享乐价值。

H1g：体验性显著正向影响消费者感知实用价值。

H1h：体验性显著正向影响消费者感知享乐价值。

（二）感知价值对渠道转换行为的影响

感知价值能够解释消费者在特定情境之中的偏好和选择行为，在预测消费者行为上扮演重要角色，一般情况下，感知价值与再惠顾意愿正相关，感知价值越高，消费者的购买意愿越强。在感知价值与购买决策的研究中，有观点认为感知价值不同维度对购买决策的影响不尽相同。蒋侃（2009）认为多渠道零售环境中消费者的渠道偏好和购买意愿与感知价值正相关。鉴于此，提出如下假设。

H2：感知价值显著负向影响消费者渠道转换行为。

鉴于感知价值的两个维度，本书得到如下分假设。

H2a：感知实用价值显著负向影响消费者渠道转换行为。

H2b：感知享乐价值显著负向影响消费者渠道转换行为。

（三）B2C 互动对渠道转换行为的影响

企业与消费者的互动影响其购买决策。通过线上零售渠道的社会性或者商业性"互动"形式，零售商为消费者提供了更多的产品获取与服务体验方式，同时，这种双向的互动方式亦可以作用于消费者的购买意愿或者决策（Coyle & Thorson, 2001; Wu et al., 2010）。20 世纪末期，学者们从传统零售环境出发，论证了"互动"效果对消费者购买行为或者购买决策的影响,认为消费者在互动过程中产生的所知、所感会作用于其"态度"或者"满意度"(Wiener、Laforg & Goolsby, 1990; Campbell & Kirmani, 2000; Kirmani & Campbell, 2004)。

21世纪初,学者们将"互动"对消费者行为的研究延伸至"网络",认为不论是完成于个体与个体之间的,还是完成于个体与组织之间的"在线互动"或者"网络互动"都会影响其行为意愿。巴戈齐和多拉基亚(Bagozzi & Dholakia, 2006)分析小型品牌社区的互动行为,设置了消费者互动参与的前置变量与结果变量,研究指出,互动中消费者所持的预期、主观规范和知觉行为通过影响消费者意愿的方式影响其社会意图与群体行为。李国鑫、李一军(2009)着重分析电子商务中消费者线下互动对线上行为的影响,指出BBS(或虚拟社区)中成员线下互动对个人与社区管理特征、对成员的线上知识贡献具有调节作用。

在实际研究中,学者们并没有直接指出建立在互联网环境中的B2C互动与消费者的渠道转换行为具有直接关系。但是,从相关学者的研究环境或研究背景出发,可以发现,其研究结果均可以证明B2C互动效果越好,消费者对特定销售渠道、特定技术环境的购买或者使用意愿越强。

鉴于此,提出如下假设。

H3:B2C互动显著负向影响消费者渠道转换行为。

H3a:便捷性显著负向影响消费者渠道转换行为。

H3b:信息共享显著负向影响消费者渠道转换行为。

H3c:响应性显著负向影响消费者渠道转换行为。

H3d:体验性显著负向影响消费者渠道转换行为。

(四)B2C互动对网络信任的影响

电子商务环境下,合作方可以在信任的基础上进行信息交换、情感交流以及知识共享,同时,这种合作方之间的互动或沟通又加深了彼此之间的信任。

当前,学者们对存在于虚拟环境的"网络信任"采用了两种研究视角,基于交易环境的信任和基于交易双方的信任。基于交易环境的信任是出于特殊风险交易环境中的信任主体对自己期望的态度,这种期望指向信任客体在有风险的环境中不要暴露自身的信息。基于交易双方的信任是消费者对产品或者服务提供商可信性和善意的感知,或者是一方对另一方表现出的"善意""正直""能力""可预见行为"的信念。不论是从何种研究视角或者背景出发,消费者对零售商或者在线供应商积极的"投入",例如,提供较高质量的信息与服务,创造良好的沟通平台,培育消费者使用的努力等,这些措施都会增加消费者对零售商或者在线供应商的"网络信任"（Mcknitht，2002；Gefen，2003；Porter & Donthu，2004；唐嘉庚，2006）。

鉴于此，提出如下假设。

H4：B2C 互动显著正向影响消费者网络信任。

H4a：便捷性显著正向影响消费者网络信任。

H4b：信息共享显著正向影响消费者网络信任。

H4c：响应性显著正向影响消费者网络信任。

H4d：体验性显著正向影响消费者网络信任。

（五）网络信任对渠道转换行为的影响

从线上零售渠道交易的层次看，信任是双方交易顺利进行的基础。达斯和邓（Das & Teng，1998）、程振宇（2013）认为信任可以达成消费者与零售商或者是个人与个人之间、企业与企业之间的合作关系。这种双方达成的信任可以降低交易成本、减少投机行为的发生，并促使消费者做出购买决策。网络信任是消费者与零售商于线上零售渠道实现交易的基本前提之一，消费者对在线零售商的信任作用于其对在线零售商发售商品或服务的购买意愿。

鉴于此，提出如下假设。

H5：网络信任显著负向影响消费者渠道转换行为。

二、研究设计

（一）样本概况

通过现场回收、电子邮件与网络问卷方式发放问卷 300 份，回收问卷 262 份，有效问卷 217 份，有效率为 82.824%。量表数据偏度绝对值均 <3，峰度绝对值均 <10。

（二）共同方法偏差、相关分析与共线性检验

"Harman 单因素检验"显示 9 个因子特征根大于 1，对变量解释力度为 81.77%，第一个因子解释力度为 36.52%，不存在共同方法偏差。

Pearson 方法显示主变量均值 >2，标准差 >0.9，主变量相关性系数 >0.2，变量间相关性较好，可深入分析。方差膨大因子（VIF）结果显示各个路径间容差 >0.1，VIF <10，共线性较弱。

（三）信度与效度分析

1. 信度分析

采用 Cronbach's α 分析和组合信度（CR）进行一致性检验。除个别题项外，

其余题项 CITC 值均 >0.5，Cronbach's α 值均 >0.7。删除 CITC 值≤0.5 题项，删除后其 Cronbach's α 值均 >0.920。

2. 效度分析

量表中英双向互译后由从业人员试用并依填写结果完成中级校对。由业内专家推敲中级量表并确定量表终极形式。使用组合信度（CR）和标准化因子荷载检测量表的收敛效度。各题项 CR 值 >0.7，AVE 值 >0.6、因子荷载 >0.5，题项落在同一因子且题项之间高度相关，收敛效度良好。

使用 AVE 均方根与相关系数平方值测量量表主变量的区分效度。平均变异萃取量（AVE）均方根均大于主变量间相关系数平方值，区分效度良好。

验证性因子分析（CFA）结果显示，$\chi^2/df = 1.745$、RMR = 0.059、RMSEA = 0.054、NFI = 0.921、RFI = 0.908、IFI = 0.968、TLI = 0.962、CFI = 0.968，欲测量模型收敛效度良好。

三、研究结果

（一）模型拟合

进行 AMOS 20.0 与 SPSS 19.0 运算，模型 a 绝对拟合指数：$\chi^2/df = 2.13$，GFI = 0.928，RMSEA = 0.072；相对拟合指数：NFI = 0.948，RFI = 0.930，IFI = 0.972，TLI = 0.961，CFI = 0.971。模型 b 绝对拟合指数 $\chi^2/df = 1.755$，GFI = 0.855，RMSEA = 0.059；相对拟合指数 NFI = 0.927，RFI = 0.914，IFI = 0.967，TLI = 0.961，CFI = 0.967。

（二）中介作用检验

设 QD = 渠道转换行为，HD = B2C 互动，GM = 感知价值，XR = 网络信任。

1. 感知价值中介作用检验

相关数据标准化后检验渠道转换行为与 B2C 互动回归关系。

QD = −0.726HD（t = 15.476，P = 0.001）　　　方程 1

检验感知价值与 B2C 互动回归关系。

GM = 0.517HD（t = 8.868，P = 0.001）　　　方程 2

检验渠道转换行为与 B2C 互动、感知价值回归关系。

QD = −0.561HD − 0.319GM　　　方程 3
（t = 11.119，p = 0.000）（t = 6.336，P = 0.001）

B2C 互动与感知价值系数同时显著，感知价值在渠道转换行为与 B2C 互动关系中发挥不完全中介效用。感知价值中介效用占总效用比值为 0.227，中介效用解释了因变量方差变异的 27.019% 。

2. 网络信任中介作用检验

沿用方程1解释渠道转换行为与B2C互动回归关系。

检验网络信任与B2C互动回归关系。结果如方程4、方程5所示：

XR = 0.378HD （t = 5.988，P 在 0.001 上显著）　　　方程4

检验渠道转换行为与B2C互动、网络信任回归关系。

QD = -0.642HD - 0.222XR　　　　　　　　　　方程5

（t = 13.247，P 在 0.001 上显著）（t = 4.578，P 在 0.001 上显著）

B2C互动与网络信任系数同时显著，网络信任在渠道转换行为与B2C互动关系中发挥不完全中介效用。网络信任中介效用占总效用比值为0.116，中介效用解释了因变量方差变异的20%。

研究结果的其他内容见"四、结果与讨论"。

四、结果与讨论

1. B2C互动对感知价值的正向影响

B2C互动的便捷性显著正向影响感知实用价值（CR = 2.317，P = 0.021），对感知享乐价值（CR = 0.515，P = 0.607）的正向影响不显著。即消费者在线上零售渠道使用过程中，对B2C互动技术的"方便、快速、无碍"评价越高，使用效果越好，则对该渠道的感知实用价值越好；至于B2C互动技术的"方便、快速、无碍"等特征能否影响消费者感知享乐价值的形成，本书并没有得出肯定结果，其中，原因还需要从心理学角度出发，以实验法探索细微因素对消费者情绪变化的影响。同时，本书的结果也在另一层面上佐证了Michelle的观点，即"网站人气或者受欢迎程度与其自身的'导航性能'没有统计学意义上的关联，其并不受'导航性能'的影响"。

信息共享（CR = 1.221，P = 0.222；CR = 1.475，P = 0.140）对感知（实用/享乐）价值的正向影响不显著，这与消费者自身在多种零售渠道中对比、调查、思索的行为特征不无相关。保证信息的丰度、效度等内容是消费者对零售商或者对某一销售渠道的基本要求，而不是判定该渠道价值的实用性或者情感性依据。因此，本研究中信息共享不能显著正向影响感知价值。

响应性（CR = 2.929，P = 0.013）显著正向影响感知实用价值，对感知享乐价值正向影响不显著（CR = 1.497，P = 0.134）。"客服"是否疾速、真诚、有效等因素在传统零售渠道中是消费者判断与"互动"或者"沟通"对象能否达成一致的判定因素之一，这种影响在线上零售渠道依然成立。"客服"是否疾速、真诚、有效等因素可以影响消费者对某种线上零售渠道的"理性"认知，成为其判断零售商服务态度与服务能力的依据。但是，消费者在某种线上零售渠道的使用过程中，由于无法与"互动"或者"沟通"对象进行面对面的情感交流，因而，不论"客服"是否急速、真诚、有效都较难引起消费者情感上的"共鸣"，所以响应性较难正向作用于感知享乐价值。

B2C 互动的体验性显著正向影响感知实用价值（CR = 4.438，P 在 0.001 上显著）与享乐价值（CR = 3.181；P = 0.001）。马丁和亚当斯（Martin & Adams，1999）认为线下零售环境中，服务接触向消费者传递的"礼貌、热情"等因素会影响消费者对服务的评价。同样，B2C 互动中的体验性亦会同时显著正向影响感知价值的实用与享乐维度。线上零售渠道使用过程中，由零售商为消费者带来的感官享受、使用乐趣或者是购买乐趣均会影响消费者对该渠道价值的注意程度以及满意程度。这一点又再次证明了拉发里（Rafaeli，1988）提出的互动增加满意度、愉悦感以及张伟、雷星晖（2012）提出的互动层次越高，消费者的感知价值越高的观点。

2. 感知价值对渠道转换行为的负向影响

感知实用价值（CR = -2.527，P = 0.012）与感知享乐价值（CR = -3.600，P 在 0.001 上显著）显著负向影响消费者的渠道转换行为。学者们对传统零售环境中感知价值影响消费者行为作用路径与方式的研究成果颇丰，认为感知价值对消费者行为的影响体现在直接与间接两个方面。笔者将研究背景设定为线上零售渠道，通过实证研究证明消费者通过 B2C 互动形成的感知价值能够负向影响渠道转换行为。

3. B2C 互动对渠道转换行为的负向影响

"互动"可以影响消费者对产品/服务的感知价值或者行为意愿（Teo，2003；Kim & LaRose，2004；涂天华，2008；卫海英和杨国亮，2011）。本书证明，该观点在线上零售渠道依然成立，B2C 互动能够对消费者的渠道转换行为产生负向影响。B2C 互动的便捷性（CR = -4.188，P 在 0.001 上显著）、信息共享（CR = -2.632，P = 0.008）、响应性（CR = -3.195，P = 0.001）以及体验性（CR = -3.329，P 在 0.001 上显著）均显著负向影响渠道转换行为。

电子商务环境下，合作方可以在信任的基础上进行信息交换、情感交流以及知识共享，同时，这种合作方之间的互动或沟通又加深了彼此之间的信任。

4. B2C 互动对网络信任的正向影响

本研究证明，B2C 互动各个维度对网络信任的影响存在差异。B2C 互动的便捷性（CR=2.491，P=0.013）、响应性（CR=3.069，P=0.002）和体验性（CR=2.155，P=0.031）均能显著正向影响网络信任，但是信息共享对网络信任的作用方向为负且不能发生显著影响（CR=-1.655，P=0.098）。正如格芬（Gefen，2003）的观点，便捷性反映了"虚拟社区"对消费者的重视程度。如果将其映射到线上零售渠道，则可以认为便捷性反映了零售商对维系"客户"关系的重视力度。当消费者接触线上零售渠道时，首先考虑的就是"触点"的可操作性。如果这种线上零售渠道的"可操作性"很强，消费者对零售商提供服务的满意度越高，那么，越有可能加深网络信任程度。

既然响应性是零售商通过"客服"对消费者进行专项服务时表现的专业素质和技能，那么零售商在响应性上优越的表现必然使消费者对其进行"许诺"与"践诺"上的再认识。尤其是在线上零售渠道这种不能面对面直接进行交流与沟通的环境中，零售商在展示专项服务时的各种表现必然会加深或者改变消费者对其原有的认知，而这种认知必然会影响网络信任的程度。

体验性是衡量 B2C 互动带来的感官冲击程度的因素，操作是否"舒适"、视听感觉是否"美观""悦耳"以及是否"刺激"都是源于消费者自身对线上零售渠道的使用感受与感觉。能够引起消费者感官注意的操作界面、操作方式或者使用流程必然是从人体功能学角度出发的，是建立在消费者使用习惯与心理需求之上的，必然是经过层层筛选的设计、策划或者是经过多重考量的整体性一体化布局。同时，这些项目的实施也需要大量的人力、物力、财力与科技支撑。如果零售商在线上零售渠道的页面设计、操作流程设计或者其他一切有消费者参与的项目上能够引起大多数使用者的好评，那么也就证明了零售商对这种线上零售渠道、对使用这种渠道的消费者给予了足够的重视与支持，就会加深消费者对零售商的"许诺"与"践诺"能力的认知，深化网络信任。

信息共享正向影响消费者网络信任不显著。在 B2C 互动信息共享这一维度的构建中，仅仅凭借增加信息展示数量与展示途径的方式并不能一定增加消费者对交易不确定性的认知，因为在其他消费者或者零售商增加的信息中有可能含有欺诈或者"恶意诽谤"的成分。一旦消费者无法判定增加的或者原有的信息是否是真实的、有效的，也就无法从信息存量的角度优化对信任的认知，反而使消费者面临更多的不确定性与更复杂的决策环境。

5. 网络信任对渠道转换行为的负向影响

网络信任显著负向影响渠道转换行为（CR=3.410，P 在 0.001 上显著）。20世纪末，摩根和亨特（Morgan & Hunter）证明消费者与网络商店之间的信任关系有利于双方的合作行为，笔者将研究背景设定为多渠道零售的大环境，研究证明强化网络信任同样会降低其从线上零售渠道流失的可能性。

五、管理建议、研究局限与展望

深化 B2C 互动层次与效果是降低线上渠道转换行为发生的有效途径。接入方式是否安全、使用方式是否易操作是消费者使用线上渠道首要考虑的因素。因消费者在接入线上零售渠道前可能已形成对特定产品或服务的"主观认知"，该渠道信息只能起到"辅助作用"。如运用偏离事实"噱头"吸引消费者的"关注"，则会降低消费者对该渠道感知价值综合判断，甚至是放弃使用。"客服"专业素质影响消费者对线上渠道感知实用价值判断与行为方式，如不将提升"客服"能力与素质作为渠道建设重要变量，则有可能流失潜在客源。线上零售渠道虽较难实现面对面互动，但可通过提升感官享受方式增强消费者使用时的感知价值或"内在需求"。如 B2C 互动向消费者提供便捷技术支持、真实有效信息内容、方便及时反馈服务以及精神愉悦享受，将促使消费者产生购买意愿或动机，降低渠道转换行为发生的可能性。正效能 B2C 互动将增加消费者对零售商能力或诚信品质的认同，增加对零售商确保消费者利益的积极预期，对购买决策产生良性影响，从而负向影响渠道转换行为。

由于受问卷显示方式与设备操作作答的难易度所限，本书网络问卷调研对象 80%通过台式计算机完成。经常使用移动终端上网与使用台式机上网的用户对 B2C 互动的要求存在差异，B2C 互动对感知价值、网络信任和渠道转换行为的影响可能有所不同。由于使用移动终端获取的问卷数量偏少，不能满足 T 检验与单因素方差分析的分组规模要求，本研究未对此做相关分析，因此，研究成果在解释移动渠道的现象时可能稍有偏差。

消费者渠道转换行为的形成过程是动态的、连续的。消费者在参与 B2C 互动过程中的所知所感会影响其渠道转换行为。虽然在大多数的实证研究中，使用意向通常可以预测实际使用行为（杨水清，2012）。但是，渠道转换意愿与渠道转换行为之间可能存在其他的影响因素。由于样本空间与研究时间的限制，并没有探讨消费者渠道转换意愿与渠道转换行为的关系。计划在未来的研究中，采用面板数据探索 B2C 互动引起的感知变化致使渠道转意愿变化对渠道转换行为的影响。

第十章 "顾客—渠道价值匹配"对顾客保留的影响

第一节 引 言

据中国连锁经营协会于 2015 年公布的《2014 年中国特许连锁经营 100 强》的榜单中显示，在这 100 强中有高达 97% 的企业都开展了多渠道业务经营。由此不难发现多渠道零售的发展方向已成为零售业界的共识。但要实施多渠道零售战略，企业的内部组织和外部环境都会发生相应变化，零售商们可能会面临诸如渠道重构、价值体系构建、消费者渠道转换和迁徙行为加剧甚至顾客流失等问题的挑战。在进行多渠道构建时，零售商的渠道价值体系是否真实反映了顾客的价值需求？如何在多渠道零售背景下做好顾客行为分析，帮助零售商制定正确的渠道策略、构建适宜的渠道价值，以期提高顾客忠诚与顾客保留行为就变得相对重要。基于此，本研究探讨了在多渠道战略发展中顾客价值与渠道价值的匹配对顾客保留的影响问题。

第二节 文献回顾

一、顾客价值与渠道价值

（一）顾客价值的内涵

通过 20 多年的研究与发展，国内外学者对顾客价值的内涵和界定提出了很多观点。笔者根据近些年的文献梳理出关于感知价值界定的五种分类方法，它们包括理性权衡观和感性情感观、单维和多维观、过程和结果观、静态和动态观、中间顾客和最终顾客价值观等。这五种不同类型的区分方法，包含了对感知价值不同的界定和测量。

考虑到本研究是从多渠道零售的视角出发，既要符合传统实体零售业价值研究的习惯，也要充分体现电商等新兴商业模式的渠道价值特色，因此，顾客价值的定义采用伍德拉夫（Woodruff）的过程和结果观。伍德拉夫认为顾客价值是对顾客有碍或有助于其达成消费目标的产品属性。根据这个概念他提出了顾客感知价值的关键特征：一是产品使用与顾客价值的关联；二是顾客价值实际由其主观感知所决定；三是消费者价值感知即是其获得与放弃之间的对比，当获得大于付出时才具有真正价值。[1] 据此伍德拉夫提出了感知价值的结果性价值、程序性价值和情感性价值等几个维度。

（二）零售渠道价值的定义

在过去的研究中往往用分销渠道价值来替代零售渠道价值，很少将零售渠道价值作为一个单独的研究客体，但是不管是从组织形式还是路径学说来看二者都存在差异。国内学者杨海丽提出零售渠道价值应该这样被界定：零售商通过其现有的销售网络对供应商的控制能力以及分销产品和服务的能力。而对于零售渠道价值的测量评估问题应该是对零售渠道本身的评估而不是对其成果的评估，同时她还认为，可以借用顾客感知价值的理论框架来对零售渠道价值进行维度测评。理论上来说零售渠道确是分销渠道的一种形式，但零售渠道却存在其独有的特征。一再盲目地使用分销渠道价值的定义和评价指标体系来进行测量零售渠道价值并不可取，尤其是进入21世纪以来，零售业无论在实践还是理论研究上都取得了长足的发展，将零售渠道价值作为独立的研究客体显得尤为重要。

（三）顾客价值管理

虽然目前对顾客价值的研究比较丰富也相对成熟，但在其应用研究中着眼于完整框架运用的理论并不多，其中，比较典型的是由盖尔（Gale）提出的CVM模型即顾客价值管理模型。它是在综合有关顾客价值研究成果的基础上，对顾客价值进行系统开发，并使企业价值体系与顾客需求之间协调一致，从而提高企业顾客盈利率的管理理论框架。盖尔（1994）认为顾客价值管理即是将企业的价值体系通过整个组织、人员及流程的塑造与目标市场上不断变化的顾客需求尽可能的一致与协调起来的管理过程。它主要通过对顾客价值的分析来进行价值主张的确定、竞争状况的追踪、协同组织能力与资源的调配并将企业投资的优先顺序进

---

[1] Robert B Woodruff, Sarah F Gardial. Know Your Customer: New Approaches to Understanding Customer Value and Satisfaction Total Quality Managemen [M]. Euro: Wiley & Sons Ltd., 1996.

行安排以创造卓越的顾客价值。

盖尔认为全面的价值体系匹配协调不仅仅是顾客价值管理体系发展的最高阶段同时也占据十分重要的地位。通过对顾客价值的分析，组织将全面的价值体系构建与顾客价值协调一致起来，这样企业才能清楚地认知自己在市场中的竞争优势，并能够精准地把握顾客价值需求，从而能够进行准确的市场定位和正确的产品和服务开发，制定适当的营销策略和战略决策，最终向市场提供准确的顾客价值。如果希望通过顾客与渠道间良好的价值协调，促使顾客与零售渠道都能获得更大收益，那么"顾客—渠道"的价值匹配问题就具有了重要的研究意义。本书在顾客价值管理理论的基础上提出了"顾客—渠道价值匹配"的研究问题。

二、顾客保留

顾客保留的相关理论是在关系营销理论发展的背景下产生的。1983 年，美国学者贝里（Berry）第一次将关系营销引入了文献研究，并将其定义为在各种组织中吸引、保持和改善与顾客的关系。在国外顾客保留研究的起步比较早，可以追溯到 20 世纪 90 年代初期，雷克海（Reichheld）的论著 *Zero Defetions：Quality Comes to Services*，这是顾客保留研究的经典代表作，他也因此成为顾客保留理论的最早研究者。

（一）顾客保留的定义

马基科（Mugic）等人认为，顾客保留指的是顾客与供应商之间保持长期维系的交易关系，包括顾客购买行为以及未来态度的倾向。国内学者吴兆龙、丁晓等人认为顾客保留是指供应商维持已建立的顾客关系，使顾客不断购买产品和服务的过程。[1] 张圣泉、王汉新、王晓燕等人提出顾客保留是指顾客与产品及服务提供者之间商业关系的维持情况。它通过关系维持意愿、长期光顾和重复购买行为等指标维度来测量。[2] 而陈传军和张圣亮则分别从企业和顾客两个角度定义了顾客保留。从顾客角度来说，它是指顾客保持与企业之间的商业关系或者是顾客的重复购买行为；而从企业的角度来说，顾客保留是指企业为防止顾客流失而采取的维持现有的顾客与企业关系的措施。

上述研究的观点虽然在表述上有所差异，但对顾客保留的内涵认定基本是达成一致的。本研究的顾客保留拟界定为：零售商与顾客之间商业关系的长期维

---

[1] 吴兆龙，丁晓. 顾客保留的竞争战略选择 [J]. 管理现代化，2004（4）：15 - 18.
[2] 张圣泉，王汉新，王晓燕. 顾客满意、顾客忠诚与顾客保留之间的关系研究——从关系营销的研究视角出发 [J]. 江苏商论，2010（3）：39 - 41.

持，通过重复购买的行为和对未来关系保持的态度倾向两个方面进行测量。

（二）影响顾客保留的因素

1. 顾客满意

顾客满意的界定基本有两种：一种是从态度角度出发的观点；另一种是消费经历的结果。第一种观点的代表人物奥利弗（Oliver）等人认为顾客满意就是一种心理状态，是顾客的消费经历与其消费期望比对时产生的一种情感态度。第二种观点则是从过程的角度来进行分析，他们认为顾客满意是顾客在消费过程中及购后对消费行为的评价。如恩格尔（Engel）认为顾客满意就是顾客对其所购买的产品与以前对产品的认知一致时做出的评价。而谢和威尔顿等（Tse & Wilton et al.）学者则认为，在顾客满意的模型中核心组成部分是评价的过程，因此，他们也从过程的角度来定义顾客满意。

将顾客满意作为顾客保留的一个重要影响因素，其理论基础来源于社会心理学范畴的社会交易理论和投资模型。其中，社会交易理论提出，一个人保持一种关系的倾向取决于他对关系的满意水平以及可替代关系的比较水平。而投资模型则在关系持续的影响因素中增加了个人对关系的投资规模这一因素，并用关系承诺来描述关系持续的倾向。这两种理论都认同满意是决定了关系持续倾向的重要影响因素之一。

而在对消费市场的大量实证研究也可以表明，顾客重复购买行为受到顾客满意的显著积极影响。其中，费耐尔（Fornell）就指出顾客满意的一个主要管理目标就是提高企业的顾客保留率。而琼斯和萨瑟（Jones & Sasser）的研究表明顾客满意与顾客的重复购买行为之间的关系受到行业竞争情况的极大影响，但无论竞争情况如何恶化，顾客的忠诚度和重复购买行为都会随着顾客满意度的提高而提高。

2. 关系信任

学术界对信任的界定是从三个方面进行归纳的：第一种观点从认知和预期的角度来分析，认为信任是一种信念。如斯科尔等（Schurr et al.）认为信任是一方认为对方可靠，相信其承诺或保证在交换关系中承担起应尽义务的一种信念。第二种是从意愿和行为的角度出发，强调了信任的行为特征。就如德威尔（Dwyer）认为的信任是一方认为另一方会与自己配合，并承担自己的责任，在相互关系中尽自己的一分力。第三种观点则综合了前两种观点，就像莫尔曼等（Moehlman et al.）所提出的那样信任是指由于对合作伙伴有信心而产生的依赖。信任的行为是在相应认知和预期的引导下产生的，因而信任的行为和认知这两方面是密不可分的。

管理学和社会心理学的研究表明，在具有较强信任关系的群体中人们的保留意愿更强。也可以说当企业产品和服务的质量不是那么令人满意时，关系信任能缓冲顾客满意降低带来的影响，并能对关系维持产生作用。随着关系营销领域研究的发展，已经有文献开始表明信任对顾客保留的影响作用。从最新的研究来看，顾客满意在顾客关系水平较差的时候起着决定性的作用，但如果满意无法转化为信任，顾客关系就很难向更高水平发展。顾客对企业的关系信任直接与顾客的态度相关，从而使顾客的购买意向和行为受其直接影响，进而直接影响到顾客保留度。因而本研究同时也把关系信任作为顾客保留的一个影响因素看待。

三、顾客—渠道价值匹配

（一）匹配的概念

匹配在很多管理研究的理论构建中都占据着非常重要的地位，如决策论学派强调技术对组织改变的决定性作用，提出了 TTF 模型（技术—任务匹配理论）；社会—技术学派提出了 AST 模型（适应性结构化理论）以及群体动力学派提出了 P—E 模型（个人—环境匹配理论）。起初的研究中对匹配的概念定义并不十分明确，由此导致了操作及统计检验上的一系列问题，后来的研究者们做了很多对匹配概念的总结性研究，被广为接受的是范德文和达森（Van De Ven & Darzin）以及文卡特拉曼和卡美卢斯（Venkatraman & Camillus）的研究成果。

文卡特拉曼将战略管理文献中的匹配研究分为 6 种类别匹配其 6 种不同含义，它们包括调节作用、中介、特征偏离、适合、共变与完全形态。而本书的匹配概念则采用文卡特拉曼提出的特征偏离式的匹配描述方法，也即匹配指的是特定情境下定义的特征组合之间的一致性或相符合程度。

传统理论上，学者们把人与环境匹配定义为复杂的多维概念，可以推出人与环境间的这种相容性也可以通过多种形式加以描述。因此，在人—环境匹配理论中存在着多种多样的概念，但具体概括起来可以分为三种类型：维度论、内涵论和综合论。本研究采用了内涵论的代表学者克里斯托夫（Kristof）给出的得到大众普遍认可的匹配定义：人与环境至少有一方能够提供另一方需要的资源；人与环境在某些特征上具有相似性；或这两种情况都存在时，人与环境的匹配就出现了。[1]

---

[1] Kristof A L, Zimmerman R D, Johnson E C. Consequences of Individual's Fit at Work: A Meta-analysis of Person-organization, Person-group, and Person-supervisor fit [J]. Personnel Psychology, 2005 (58): 281–342.

（二）顾客—渠道价值匹配的定义

由前述理论分析及相关概念梳理可知，"顾客—渠道价值匹配"这一提法目前没有可供直接引用的定义，因此，需从相关理论中对"顾客—渠道价值匹配"进行界定。根据前面进行的理论综述可知本书拟采用特征偏离类型的匹配定义描述方法，并结合P—E匹配模型中的测量方法及其一致性匹配理论来对"顾客—渠道价值匹配"的操作定义进行理论推演，由上面分析可对它的操作定义归纳如下：顾客—渠道价值匹配指顾客与渠道在结果、过程与感受三个维度之间价值构成的相似性与一致性。

在"顾客—渠道价值匹配"的这一概念里，提到顾客价值与渠道价值的匹配测量问题时涉及一个概念——同构测量法。P—E匹配的同构测量就是用相同的维度内容来描述个人和环境或组织。在评估个人与环境匹配的问题时，有许多学者推荐使用这一方法来进行操作，因为它能保证所研究特征的相互关联性。范维斯（Van Vianen，2001）指出了个人特征和环境的构成内容是否互相关联以及如何关联，在较大的程度上依赖于这些内容的特定性质以及它们的构成评估。

（三）顾客与渠道价值的匹配维度界定

由上可知，要进行顾客价值与渠道价值的匹配测量，对可供同构测量的顾客价值与零售渠道价值匹配内涵和构成维度的确定就变得十分必要。首先顾客感知价值的代表人物伍德拉夫在尝试回答顾客如何感知企业提供的价值时提出了顾客价值层次模型。顾客价值层次模型认为顾客价值是情感属性、过程偏好属性和结果评价的层次组合。其次关于零售渠道价值的研究中，国内学者杨海丽提出可以借用顾客感知价值的理论框架来对零售渠道价值进行维度测评。综上所述，本书将采用顾客价值的层次理论来为顾客—渠道价值构建同构测量的匹配维度，即分为结果价值匹配、过程价值匹配与感受价值匹配。

第三节 假设推导与模型构建

本研究将顾客—渠道价值匹配定义为顾客价值与渠道价值特征的一致性。在前期研究的基础上探讨顾客—渠道价值匹配以及其各个维度对顾客保留可能带来的影响及其工作机制。

一、研究假设

（一）顾客—渠道价值匹配对顾客满意的影响

由于匹配的特征相符这个定义与满意的概念在内涵上有一定相似性，因此，我们可以推断，当个体对于环境在某些方面的特征或供给与自身特征或需求的匹配有较高评价时，可以预见环境能给他带来的愉悦程度也会有较高的评价。实证研究已经表明了个人—环境匹配对个体满意产生积极影响。如王忠和张琳、毕捷和贾奇（Bretz & Judge）等均证实了整体和多维度的个人—环境匹配与个体满意正相关；而张一驰、查特曼（Chatman）等也证实了人—组织价值观一致性匹配对工作满意的积极作用。而从顾客管理的角度探讨，顾客在交易的过程中对价值感知的结果在这里称为顾客满意。奥利弗（Oliver）在他的文章中，把价值看作是一个获得利益与消费成本之间差异的感知过程，在此基础之上，情感响应和评估称为顾客满意。麦克杜格尔等（McDougall et al.）则在研究服务行业的实证分析中，同样从顾客角度论证了顾客的感知价值与顾客满意存在一定的正相关关系。综上所述，我们可以推断对渠道价值与顾客价值匹配的判断可正向影响满意度的感知，提出以下假设：

H1：顾客—渠道价值匹配对顾客满意具有显著的正向影响。

H1a：结果价值匹配对顾客满意有显著的正向影响。

H1b：过程价值匹配对顾客满意有显著的正向影响。

H1c：感受价值匹配对顾客满意有显著的正向影响。

（二）顾客—渠道价值匹配对关系信任的影响

乔和霍尔登（Chow & Holden, 1997）指出顾客信任是指顾客在交易过程中对其交易伙伴所持有的信心和依赖意愿，也是对交易伙伴的善意和可靠性的感知。他们会信任供应企业的承诺以及行动，并不会做出对供应商不利的行为。当个体对于自身与环境在价值的各个维度特征的一致性或对于自身需求与环境供给之间匹配感知水平较高时，他对环境和组织的认同与信任就会越高。已有研究也证实了个人—环境匹配对信任与承诺的积极促进作用。如韩翼和刘竟哲、毕捷和贾奇等均证实了整体或多维度的个人—组织匹配对个人组织承诺与信任呈正相关关系。而从顾客行为的角度进行研究，价值对信任也产生影响。赫斯克特等（Heskett et al., 1994）研究提出，企业给顾客提供的服务认知价值将会影响顾客的满意和信任。威廉姆森（Williamson, 1985）提出当顾客与企业建立关系时，此关系是有价值的故而顾客会信赖该企业。这些观点体现出信任是一种理性选择，顾客当了解到企业会对他做出有利的行为时，信任便会产生。综上所述，本研究提出以下假设：

H2：顾客—渠道价值匹配对关系信任有显著的正向影响。

H2a：结果价值匹配对顾客的关系信任有显著的正向影响。

H2b：过程价值匹配对顾客的关系信任有显著的正向影响。

H2c：感受价值匹配对顾客的关系信任有显著的正向影响。

（三）顾客—渠道价值匹配对顾客保留的影响

社会认知理论和社会学习理论认为人类的行为是依据认知、行为和环境的关键决定因素持续的交互作用进行解释的。人与环境不是孤立地发挥作用，而是与行为在一起产生交互作用进而影响人类行为。进一步就个人—环境匹配而言，社会认知理论和相似—吸引理论都认同人们更愿意选择和与自己需求具有相似价值特征的环境和组织，因为这种选择和互动可以强化他们的感知、态度和行为。因此，较高水平的价值特征一致性匹配感知为个人提供了选择环境和组织的理由和机会，随后也会导致满意的态度和持续的关系行为。而从社会交易理论和投资模型来分析，顾客价值是顾客保留的一个重要影响因素。布莱克威尔等（Blackwell et al.，1999）认为顾客价值对顾客的重复购买有正向的直接作用。综上所述，本研究提出以下研究假设：

H3：顾客—渠道价值匹配对关系信任有显著的正向影响。

H3a：结果价值匹配对关系信任有显著的正向影响。

H3b：过程价值匹配对关系信任有显著的正向影响。

H3c：感受价值匹配对关系信任有显著的正向影响。

（四）顾客满意对顾客保留的影响

李等（Lee et al.，2002）提出顾客越满意，顾客保留的可能性越大。科特勒（Kotler）也认为顾客保留的关键是顾客满意。从匹配的角度来探讨，顾客满意是企业实际提供的价值大于顾客自身的价值需求，而顾客与渠道价值匹配是顾客自身对价值的需求与渠道实际提供价值之间的比较，二者在内涵上有一定的相似性。因此，我们可以认为，对顾客—渠道价值匹配评价较高的顾客也会产生较高的满意度。所以可以推断顾客—渠道价值在直接影响顾客保留的同时也通过顾客满意间接影响顾客保留意愿和行为。因此，本研究提出下述研究假设：

H4：顾客满意对顾客保留有显著的正向影响。

（五）关系信任对顾客保留的影响

管理学和社会心理学认为，顾客和企业之间的长期互动关系会使顾客与企业之间产生人际信任。赖尔登和格里菲斯（Riordan & Griffeth，1995）提出个体愿意保留在具有较强关系的群体中间。而在社会信任层面，昆纳等（Gwenner et al.）指出顾客可以从企业的产品、服务、品牌和员工的关系信任中获得比顾客满意更高层次的社会心理收益。同时前述分析已经解释过，当个体对于自身与环境在价值的各个维度特征的一致性或对于自身需求与环境供给之间匹配感知水平较高时，他对环境和组织的认同与信任就会越高。因此，匹配在对顾客保留产生直接影响的同时也会通过与顾客的关系信任产生间接的影响。综上所述，本研究提出以下研究假设：

H5：关系信任对顾客保留有显著的正向影响。

二、概念模型

将以上假设关系用路径图表示出来，就可以清楚地了解假设模型中所有的变量及其相互影响的关系，据此本书提出了顾客—渠道价值匹配对顾客保留影响的理论概念模型，如图 10-1 所示。

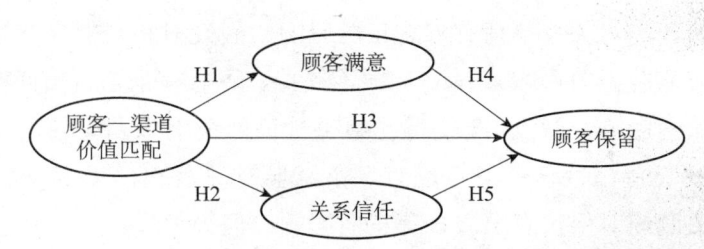

图 10-1　顾客—渠道价值匹配对顾客保留影响的概念模型

在该模型中包括顾客—渠道价值匹配、顾客满意、关系信任、顾客保留等变量，其中，顾客—渠道价值匹配、顾客满意与关系信任都作为顾客保留的前因变量；而顾客—渠道价值是否匹配反过来又同时正向影响该三个变量：顾客满意、关系信任与顾客保留；同时匹配除了直接影响顾客保留外，顾客满意与关系信任两项变量还在二者之间起到中介作用。

第四节　研究过程与方法

本研究在开发编制的调查问卷基础上做调研，样本选择实体零售商、电商、多渠道零售商各两家，共 1 200 名消费者。调研数据收集后，在对顾客—渠道价值匹配和顾客保留行为的文献及实证研究分析后引入了顾客满意、关系信任、保留意愿等几个结构变量与"顾客—渠道价值匹配"及其维度等一同利用结构方程模型来探讨对顾客保留行为的影响。研究步骤为样本选择、数据收集、描述性统计分析、测量模型与检验性因子分析、相关分析、结构模型与假设检验。

对结构模型分析采用了 AMOS 15.0 软件中的最大似然估计方法对模型进行估计，并且进一步根据模型估计的结果，通过得出的相关检验参数值对模型结论和相关路径关系进行深入的探讨分析，最后综合各方面特征进行评价和讨论，并且与前面所做的假设对应的因果关系进行对比分析，从而进一步对前面理论推导假设进行进一步的实证检验。

研究发现，顾客—渠道价值匹配度对顾客满意有显著正向影响，假设 H1 支持；结果价值匹配对顾客满意有显著正向影响，假设 H1a 支持；过程价值匹配对顾客满意有显著正向影响，假设 H1b 支持；感受价值匹配对顾客满意有显著正向影响，假设 H1c 支持；顾客—渠道价值匹配度对关系信任有显著正向影响，假设 H2 支持；结果价值匹配对关系信任有显著正向影响，假设 H2a 支持；过程价值匹配对关系信任有显著正向影响，假设 H2b 支持；感受价值匹配对关系信任有显著正向影响，假设 H1c 不支持；顾客—渠道价值匹配度对顾客保留有显著正向影响，假设 H3 支持；结果价值匹配对保留意愿有显著正向影响，假设 H3a 支持；过程价值匹配对保留意愿有显著正向影响，假设 H3b 支持；过程价值匹配对保留意愿有显著正向影响，假设 H3c 支持；顾客满意对顾客保留意愿有正向影响，假设 H4 支持；关系信任对顾客保留意愿有正向影响，假设 H5 支持。

研究结果表明，结果价值匹配、过程价值匹配及感受价值匹配对顾客保留皆产生显著的正向影响。在多渠道环境下，个人较高水平的渠道价值特征一致性匹配感知为顾客提供了选择零售商和渠道的理由和机会，顾客—渠道价值匹配度对关系信任有显著正向影响，同时也会导致满意的态度和持续的购买行为。而在顾客—渠道价值匹配对关系信任影响的假设检验中显示顾客—渠道价值匹配对关系信任有显著正向影响。这也验证了当个体对于自身与环境在价值的各个维度特征的一致性或对于自身需求与环境供给之间匹配感知水平较高时，他对环境和组织的认同与信任就会越高的观点。感受价值匹配对关系信任有显著正向影响这一假设没有通过检验，这说明在个体产生有趣、愉快、有吸引力等感性价值匹配感知时，对渠道能提供稳定、安全等理性的信任评价起一定的消极作用。

第五节　结论与建议

通过实证研究发现：第一，作为顾客与渠道双向交互作用的顾客—渠道价值匹配也是顾客保留的驱动因素之一。顾客—渠道价值匹配对顾客满意产生显著的正向影响，它既通过影响顾客满意及关系信任间接地影响顾客保留，又直接对顾客保留产生影响。第二，顾客—渠道价值匹配及其结果、过程、感受价值三个维度的匹配对顾客保留既有直接的显著正向影响，同时也通过顾客满意和关系信任间接地影响着顾客保留。通过实证研究发现其中结果价值匹配、过程价值匹配及感受价值匹配对顾客保留皆产生显著的正向影响，这一结果支持了雷克海（Reichheld）的研究。

在零售业多渠道变革的大背景下，消费者的渠道转换和迁徙现象日趋频繁，零售商想要生存和发展，实施顾客保留管理以提高顾客保留率就具有十分重要的意义。传统的消费者行为及零售管理研究范畴中，学者们已经从提高顾客信任感、提升顾客满意度和加大转换成本等几个方面阐述了提升顾客保留的策略。而笔者认为，应着重从顾客—渠道价值匹配对顾客保留驱动的新视角下，探讨零售企业提升顾客保留的有效策略。想要优化零售商的价值匹配需要从改善顾客和渠道两方面入手，分别对顾客进入渠道前和顾客进入渠道后的不同路径进行优化。而提升顾客保留率则可以考虑相应的策略，包括：顾客中心策略，即应以顾客为中心，将顾客作为企业的重要战略资产来管理；顾客识别策略，即对潜在顾客中进行顾客细分和识别，确定真正的目标顾客群体；价值匹配策略，即渠道价值体系构建时能更目标明确、重点突出地与不同顾客群体的价值实现匹配；数据库管理策略，即建立更为完善的 VIP 数据库进行管理和运营；顾客互动策略，即保持与其最有价值重点顾客的良好互动关系。

第十一章　多渠道整合质量对跨渠道"搭便车"意愿的影响

第一节　引　言

根据中华全国商业信息中心（2014）的统计，2014年11月，全国100家重点大型零售商企业商品零售额同比增长2.6%，比2013年同期水平低2.2个百分点。1~11月零售额累计同比下降0.6%。这些数据表明，网上购物正在逐步蚕食传统零售市场，网上商店在零售市场的份额正在逐步扩大。据统计，11月11日当天，天猫和淘宝实现销售额571亿元，创历史新高。与之相比，传统的零售商则相形见绌。传统的实体店在一定程度上变成了消费者的体验店、试衣间。

面对这一严峻的形势，越来越多的零售商走向了实体店加网上商店的模式，将产品从线下实体店延伸到线上网上商店。然而由于零售商网上商店规模较小，依然无法与纯网络零售商相抗衡。因此，有效地进行渠道整合，强化零售商线下实体店和线上网上商店的作用，可提升消费者的忠诚度和零售商的绩效（Lee & Kim，2010），有助于降低消费者"搭便车"的可能性，更好地提升零售商与网络零售商的竞争力。

消费者对渠道整合质量的感知会影响消费者跨渠道"搭便车"意愿，即渠道整合质量越好、越有效，消费者跨渠道"搭便车"的可能性越小（Chiu et al.，2011）。然而，在现实生活中，零售商线上网络商店和线下实体店之间往往缺乏有效的整合，这就为消费者"搭便车"提供了方便。基于这一现实，本书试图从零售商渠道的角度来研究渠道整合质量对消费者跨渠道"搭便车"的影响。在研究过程中，通过引入心理契约这一变量，来揭开消费者跨渠道"搭便车"行为的"黑箱"。

第二节 文献回顾

一、多渠道整合与多渠道整合质量

加内什（Ganesh，2004）将多渠道整合界定为企业提供多渠道运行的整合系统，其涉及不同的渠道，涵盖了信息、交易和运输等过程。具体而言，多渠道整合涉及数据的整合、如何根据消费者的意图来整合、渠道评估、不同渠道之间资源的评估、渠道策略的整合等内容（Neslin et al.，2006）。在国内学术界，曹颖（2008）认为多渠道整合的内核是与顾客关系管理息息相关的，企业以提升顾客体验维护顾客关系为出发点，根据市场变化和消费者需求来细分和规划分销渠道，利用灵活的多渠道为每一位顾客在不同购买时期的不同需求提供高质量服务。陈卫华（2015）认为多渠道整合的实质是一个战略联盟，渠道不仅为消费者服务，也为供应商服务，通过实现多渠道之间的优势互补，可以形成一个稳固的互动联盟。

在多渠道整合的划分上，锡德（Seed，2003）将其划分为渠道信息系统的信息整合、零售内容整合、配送物流整合三个维度。贝尔曼（Berman，2004）将其划分为价格整合、促销整合、产品和存货整合、消费者资料和沟通整合、流程整合、跨渠道搜索整合六个维度。李春兰（2008）将其划分为渠道结构建立、渠道信息整合、渠道系统控制、渠道情景整合四个维度。奥（Oh L B，2012）将其划分为订单流程一致性、产品信息一致性、信息获取一致性、流程体验一致性、促销策略一致性、服务职能一致性六个维度。范小军（2012）将其划分为整合渠道信息、整合渠道传播、整合顾客体验三个维度。

班德利（Bendoly，2005）是较早提出多渠道整合质量的学者，其认为多渠道整合质量指的是不同渠道之间相互作用和连接的程度，消费者对渠道整合的感知更多的是由结果来判断，因此，衡量多渠道整合质量时可以从渠道结构设计和渠道销售绩效、渠道顾客评价来衡量。陈（Chan，2005）则认为多渠道整合质量可以从过程和结果两个方面进行衡量，从过程看，商品和服务过程实现跨渠道的配置和调度的程度即为渠道整合质量，从结果看，多渠道零售商的服务响应性和顾客评价等方面的提升程度即可衡量多渠道整合质量。而索萨和沃斯（Sousa & Voss，2006）提出的多渠道整合质量的概念最完善也最受学术界认可，其认为多渠道整合质量是指通过多渠道为顾客提供无缝服务体验的一种能力，包括渠道服务构造和渠道整合互动。他们进一步将渠道服务构造和渠道整合互动分为渠道选择广度、渠道服务构造透明度、内容一致和过程一致性。李（Lee，2012）认为零售商的多渠道整合质量包括虚拟、实体和整体质量三部分，衡量时可以依据信息一致性、电子邮件营销效果、渠道交互性、商店顾客服务体验和渠道选择自由度五个维度。

国内学者刘洋（2009）认为不同渠道之间会出现窜货、渠道冲突、恶性竞争等问题，而多渠道零售商解决这些问题达到渠道之间一致性的能力即为多渠道整合质量。李海锐（2009）认为零售商采取的多渠道价格、促销和定价等策略的组合力度和实施有效应称为多渠道整合质量。王国顺（2012）建立了多渠道零售下顾客购物行为模型，据此提出多渠道整合质量是零售商线上线下渠道资源整合的力度和满足消费者不同购物需求的效率。2014年，吴锦峰、常亚平采用深度访谈法，对中国多渠道零售现状和顾客行为进行调查，依据索萨（Sousa）的研究将多渠道整合质量划分为四个维度：第一，服务构造透明度，指消费者对零售商全体渠道信息的了解程度，一方面指零售商是否愿意提供高透明度的服务，另一方面指消费者自身能感受到的服务。第二，过程一致性，指消费者感知到的零售商不同渠道之间过程属性的一致性程度，过程属性指可衡量的过程因素，如顾客等待时间、顾客服务等。第三，信息一致性，指消费者认为从某零售商多个渠道获取的信息的一致程度，一致程度越高，消费者信任度和满意度显然越高。第四，业务关联性，指零售商多个渠道之间互动的程度，消费者更加期望不同渠道可以联系起来，互动程度越高，提供无缝服务的可能性越大。

目前在多渠道整合质量的方式上，大致可以分为两种：一种是实体店为消费者提供查询和接触网店信息的方法，如LV在线上商店为顾客提供了自助服务终端设备，方便顾客查阅网店信息，并选择最合适的购买渠道及方式；另一种是网店为消费者提供查询和接触实体店信息的方法，如苏宁在电商网页上添加实体店分布图和联系方式，或者是让顾客可以网上下单线下取货等。学者发现，这两种方式都可以从不同角度减少消费者对于实体店或网点不便利性的负面看法，提高消费者的满意度。

二、心理契约

勒林（Roehling，1996）最早将心理契约引入营销领域，指出我们可以将心理契约扩展到企业和外部顾客之间的关系。布兰赛诺和埃尔拉姆（Blancero &

Ellram，1997）将心理契约引入战略伙伴的研究，并将心理契约界定为一种互惠的感知。国内学者罗海成和范秀成（2005）通过将心理契约概念中的雇员与雇主主体置换为顾客与企业，将营销情境中的心理契约界定为顾客对自己与企业之间互惠义务的感知和信念。高维和等（2009）从在华外资企业采购的角度出发，将心理契约引入企业关系研究中，利用心理契约来研究企业声誉对企业间关系的影响，认为心理契约是一种主观感受，一种铰接彼此的心理上的协议。刘晓峰（2011）在研究超市组织公平对农户组织公民行为的影响及心理契约的中介作用时，将心理契约界定为组织与个人之间的一种期望。蔡文著和叶善青（2012）在研究农产品营销中农户—企业心理契约的维度时，将心理契约界定为农户与龙头企业双方在内心中总会以社会规范和价值观为基础进行各种相应的衡量和对比，并通过各种心理暗示，而非显性、非直接的意思表达，使双方相互感知并认可各自的期望，进而形成一套相互隐性的权利义务关系。本书采用罗海成等对心理契约的定义，将心理契约界定为一种顾客对自己与企业之间互惠义务的感知和信念。

在心理契约的测量上，营销领域主要从特征、内容和评价三个领域进行测量。以特征为导向的测量量表，代表学者是罗海成（2006）和阳林（2010）。将心理契约分为交易心理契约和关系心理契约，并分别开发相应的量表进行测量，如罗海成（2006）基于服务业开发出12个题项的测量量表；阳林（2010）则在罗海成的基础上，增加了关系心理契约和交易心理契约中顾客对自身义务感知的12个题项。以内容为导向的测量量表，代表学者是肯肖特（Kingshott，2006）在研究供应商和购买者之间心理契约与信任和忠诚之间的关系时，将心理契约分为购买者感知企业承诺的信任和公平交易的程度、内在的关系特征等，并用相应的题项进行测量。国内学者高维和等（2009）均参照肖特的研究进行测量。以评价为导向的测量量表，主要以巴甫洛夫和格芬（Pavlou & Gefen，2005）、希尔（Hill，2009）为代表。巴甫洛夫和格芬（2005）在研究网络营销领域中的顾客心理契约时，从是否与卖方有很大的意见分歧等三方面进行测量；希尔等（Hill et al.，2009）在研究顾客心理契约违背对信任等行为的调节时，直接测量顾客对双方契约的感知。本书主要参照罗海成（2006）进行测量。

三、多渠道整合质量与跨渠道"搭便车"的关系

有关多渠道整合质量与跨渠道"搭便车"（跨渠道"搭便车"的概念及测量的文献回顾在本书第五章第二节已有阐述）之间的关系研究目前并不多。赵等

(Chiu et al.，2011）主要从消费者对渠道质量整合的整体感知来研究其对消费者跨渠道"搭便车"意愿的影响，并没有对渠道质量整合的维度作更进一步的深入研究。国内外已有的渠道整合质量的研究更多从顾客的角度入手，如顾客忠诚、购买意愿。李和金（Lee & Kim，2010）将多渠道整合质量分为信息一致性、渠道选择的自由度、电子邮件的营销、渠道的交互性和商店顾客服务五个维度来研究多渠道质量整合对顾客忠诚的影响。前述国内学者吴锦峰等（2014）将多渠道整合质量分为服务构造透明度、业务关联性、信息一致性、过程一致性四个维度来研究多渠道质量整合对消费者购买意愿的影响。在跨渠道"搭便车"的研究方面，学者们则更多从渠道的属性（Ansari et al.，2008；Noble et al.，2005）、产品因素（Thomas & Sullivan，2005）、心理特征等角度来研究消费者"搭便车"行为，较少的从渠道质量整合的角度入手，这就在一定程度为本书的研究打开了思路（Reinartz et al.，2005；Forsyth et al.，2006）。

第三节 研究假设与理论框架

公平理论指出，人的工作积极性不仅与个人实际报酬多少有关，而且与人们对报酬的分配是否感到公平更为密切。人们总会自觉或不自觉地将自己付出的劳动代价及其所得到的报酬与他人进行比较，并对公平与否做出判断。公平感直接影响人们的工作动机和行为。因此，从某种意义来讲，动机的激发过程实际上是人与人进行比较，做出公平与否的判断，并据以指导行为的过程。多渠道整合质量作为一种无缝体验的能力，其通过将线上线下渠道信息等进行有效的整合，提升消费者对零售商的信任和认可。心理契约作为一种预期和互惠感知，当线上线下价格、促销等信息一致时，消费者对零售商越认可，消费者对零售商感知越公平，跨渠道"搭便车"意愿越低。基于此，构建多渠道整合与零售商跨渠道"搭便车"意愿关系的模型，并检验心理契约的中介作用。

本书的研究假设如下：

（一）服务一致性与心理契约

公平理论认为，人们会将自己的所得与所付出的成本进行比较，以此来判断行为是否公平。服务一致性包括线上线下信息一致性和过程一致性两个方面。过程一致性强调线下线上保持相同的服务。人们在购买前，进行大量的信息收集，一方面是为了从零售商处获取短期的货币回报，另一方面是担心产品的质量和售

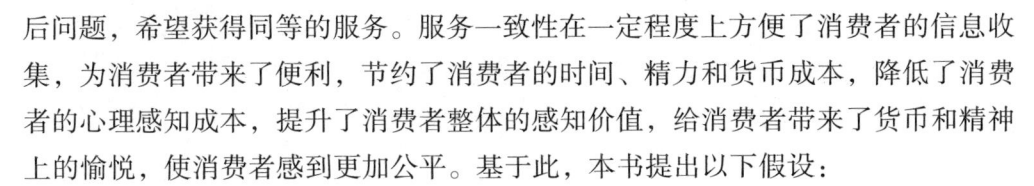

后问题，希望获得同等的服务。服务一致性在一定程度上方便了消费者的信息收集，为消费者带来了便利，节约了消费者的时间、精力和货币成本，降低了消费者的心理感知成本，提升了消费者整体的感知价值，给消费者带来了货币和精神上的愉悦，使消费者感到更加公平。基于此，本书提出以下假设：

H1：服务一致性与交易心理契约正相关。

H2：服务一致性与关系心理契约正相关。

（二）服务关联性与心理契约

服务关联性更多是基于线上线下业务的一体性，线上购买线下提货，线上购买线下退货、维修。从社会交换理论来看，交易双方都期待他人的回报，而这种回报则是建立在一种互惠、公平和信任基础之上。交易心理契约关注的是企业对消费者给予明确的利益许诺，关系心理契约关注的是企业与消费者的情感。线上线下业务的关联性，是企业对消费者购买其产品的一个利益承诺，是一种公平和互惠的交易，而这种公平和互惠的交易，有利于企业与消费者之间建立一种良好信任的关系。基于此，本书提出以下假设：

H3：业务关联性与交易心理契约正相关。

H4：业务关联性与关系心理契约正相关。

（三）服务透明度与心理契约

认知行为理论认为，在认知、情绪和行为三者中，认知扮演着中介与协调的作用。服务透明度代表着消费者对零售商的线上和线下渠道属性的认知水平，而认知水平的高低，则会影响消费者对零售商整体形象的判断，进而影响消费者采取最终行动。高的服务透明度意味着消费者对零售商线上和线下属性较高的认知水平，而较高的认知水平，意味着消费者愿意采取行动，愿意与零售商交易，也在一定程度上增强了消费者对零售商的信任。基于此，本书提出以下假设：

H5：服务透明度与交易心理契约正相关。

H6：服务透明度与关系心理契约正相关。

（四）心理契约与跨渠道"搭便车"意愿

理性行为理论认为人是理性的，在做出某一行为前会综合各种信息来考虑自身行为的意义和后果，个体的行为在某种程度上可以由行为意向合理地推断。消费者在各种渠道间进行选择"搭便车"，一个重要的因素在于追求自身效用的最大化。这种效用的最大化不仅有物质上的，也有情感上的。心理契约作为一种感知，其不仅包含零售商向消费者提供物质层面的东西，也涵括了精神层面。当零售商为消费者提供的物质层面和精神层面的东西越多，当零售商为消费者提供的效用越大，消费者的"搭便车"意愿越低。基于此，本书提出如下假设：

H7：交易型心理契约与"搭便车"意愿负相关。

H8：关系型心理契约与"搭便车"意愿负相关。

第四节 研究过程与方法

一、研究过程

本书选择对武昌火车站来往的顾客进行拦截发放问卷，之所以选择在火车站发放问卷，主要是由于火车站来往的人群较多，涉及各个行业、各个年龄段，具有很强的代表性。在文献研究和个人访谈的基础上构建了 21 个测项的初步问卷，通过对在校的 100 名学生进行问卷预测试，发现部分学生在填写过程中存在随意性。正式问卷发放时，在初步问卷的基础上，增加了"请您根据自己的回忆，在下面的横线上写下您所购物的零售商的名称"一项，并将原有的测量交易心理契约的量表改变成反向量表，以此来提高问卷的真实性和有效性。本次共收集 500 份问卷，去掉有误的数据、答错和没答的问卷，共有 311 份有效问卷，问卷有效率 62.2%。样本特征如下：男女比例持平（男性 50%，女性 50%），大部分样本分布在 18～34 岁之间（72.51%），覆盖了 18～55 岁各个年龄段；大部分人群具有本科及以上的学历（78.68%），职业涉及学生、技术人员、专业人士、销售等多个职业，月收入水平集中在 3 000～10 000 元这一区间段（73.7%）。调查对象涉及的零售商集中在家电、服装、超市、鞋店、化妆品等行业。

二、研究方法

本书采用 AMOS 22.0 进行多元回归分析，结果显示 GFI = 0.869，IFI = 0.919，TLI = 0.906，CFI = 0.919，RMSEA = 0.074，研究发现服务一致性与交易心理契约之间呈正相关关系（标准化路径系数为 0.23，t 值为 3.610 > 1.96），假设成立。服务一致性与关系心理契约之间呈正相关关系（标准化路径系数为 0.38，t 值为 5.688 > 1.96），假设成立。服务关系性与交易心理契约之间呈不相关关系（标准化路径系数为 0.11，t 值为 1.884 < 1.96），假设不成立。服务关联性与关系心理契约之间呈正相关关系（标准化路径系数为 0.27，t 值为 4.417 > 1.96），假设成立。服务透明度与交易心理契约之间呈不相关关系（标准化路径系数为0.08，t值为1.350<1.96），假设不成立。服务透明度与关系心理契约之间呈正相关关系（标准化路径系数为0.28，t值为4.474>1.96），假设成立。交易心理契约与跨渠道"搭便车"意愿之间呈负相关关系（标准化路径系数为-0.3，t值为-4.457<-1.96），假设成立。关系心理契约与跨渠道"搭便车"意愿之间呈正相关关系（标准化路径系数为0.24，t值为3.416>1.96），假设不成立。

在中介检验上，本书参照赵等（Zhao et al.，2010）提出的中介检验程序，先检验自变量与中介变量的系数（a）和中介变量与因变量的系数（b）之间的乘积，若ab显著则存在中介效应。若ab不显著则不存在中介效应。在此基础上，对控制中介后自变量与因变量之间的系数（c）′进行检验，若c′显著，则为部分中介。若c′不显著，则为完全中介。在BOOTSTRAP中介效应检验流程中，若间接效应区间不含0，则ab显著，存在中介效应。若在此基础上间接效应区间含0，则ab不显著，不存在中介效应。若直接效应区间含0，则c′不显著，为完全中介。直接效应区间不含0，则c′显著，为部分中介。本书利用Preacher等开发的BOOTSTRAP程序插件进行中介检验，结果表明在服务一致性与跨渠道"搭便车"关系中，交易心理契约起部分中介作用。在服务关联性与跨渠道"搭便车"关系中，关系心理契约起唯一中介作用。在服务透明度与跨渠道"搭便车"关系中，关系心理契约起唯一中介作用。

第五节 结论与讨论

一、研究结论

（一）服务一致性与心理契约

传统的线上购物，消费者往往担心产品的退货、维修等售后问题，线上线下服务一致性则很好地解决了消费者对线上购物售后的担心。同时也在一定程度上解决了零售商线下市场与线上市场各种产品打折信息不一致性的问题，在一定程度上增加了消费者对企业的信任，通过增强消费者和企业之间的情感，促进了企业与消费者之间更好的交易。

（二）服务关联性与心理契约

服务关联性对交易心理契约影响并不显著。这是因为相对价格等因素而言，线上购物线下取货这样的服务，对消费者本身购物的影响较小，特别是随着物流的发展，这种服务的作用变得相对较小。服务关联性与关系心理契约之间呈正相关关系。这是因为虽然线上购物线下取货对消费者的作用变得相对较小，但在同等质量和价格的前提下，线上购物线下取货的关联性，在一定程度上有利于消费者现场体验，增强客户对企业的信任。

（三）服务透明度与心理契约

服务透明度对交易心理契约影响并不显著。这是由于消费者在与企业交易过程中，更多的是关注产品的价格、质量、品牌，对零售商自身的属性，并不是很关心。服务透明度与心理契约之间呈正相关关系。这是因为在同等情况下，零售商服务透明度越高，消费者对零售商自身的属性越了解，往往会对零售商越信任，增强了零售商与消费者之间的情感。

（四）心理契约与跨渠道"搭便车"

交易心理契约与跨渠道"搭便车"之间呈现负相关关系，这与假设一致。这是因为消费者在与零售商交易过程中，对企业的产品、知名度越来越了解，对零售商越来越信任，进而降低了消费者"搭便车"的概率。关系心理契约与跨渠道"搭便车"之间呈现正相关关系，这与假设不一致。国内学者费显政和丁奕峰（2013）研究发现，企业员工对消费者的感知付出，会引发消费者内疚，进而影响消费者补偿（直接进行购买或逃避）。消费者与零售商之间由于彼此过于熟悉，当消费者进入零售商的实体店时，如果不进行购物，就会产生内疚，最后选择逃避。

（五）心理契约的中介作用

交易心理契约在服务一致性与跨渠道"搭便车"关系中存在中介效应，关系心理契约在服务一致性与跨渠道"搭便车"关系中不存在中介效应。这是因为随着线上线下服务的统一，消费者在与零售商交易过程中，更多地关注于经济利益方面，对与零售商之间建立良好的关系则关注较少，更多是基于货币来衡量是否进行跨渠道"搭便车"。在服务关联性与跨渠道"搭便车"关系中，交易心理契约不存在中介效应，关系心理契约存在唯一中介效应。这是因为在价格同等的情况下，线上购买线下提货，给消费者带来了便利，有利于消费者现场体验产品。在服务透明度与跨渠道"搭便车"关系中，交易心理契约不存在中介效应，关系心理契约存在唯一中介效应。这是因为消费者在关注产品带来的经济上的实惠时，也关注自身对零售商的知情权。在价格同等的情况时，他们往往选择那些自己比较信任的零售商。

二、实践建议

在现实生活中，越来越多的消费者选择在不同渠道之间进行转换，Verhoef 等（2007）将其界定为研究型购物者。不同渠道质量之间的整合，有助于零售商更好地锁定顾客。基于此，对零售商提出以下三点建议。

（一）要关注线上线下服务的一致性

本研究发现零售商线上线下服务一致性越高，消费者与其进行交易的频率就越高，其对消费者的锁定效果就越强。零售商应尽量规范线上线下产品的信息，规范各种优惠活动，避免线上线下同一种产品出现信息和服务不一致的情况。

（二）要关注线上线下服务的关联性

本研究发现零售商线上线下服务的关联性越高，消费者与零售商之间的友谊越长久。零售商应积极为消费者购物营造有利的环境，提供便利，与客户建立友好的关系，通过增进情感成本来更好地锁定顾客。具体而言，零售商可以通过建立统一的销售网络，统一的配送渠道，让消费者就近取货、就近退货和售后，最大程度上为消费者提供便利。

（三）要关注线上线下服务的透明度

消费者对零售商线上线下产品的属性越了解，消费者对零售商往往会越信任，有助于增强消费者与零售商之间的情感。具体而言，零售商通过各种渠道进行宣传，让消费者对其属性进行了解，由消费者自身来判断其是否满足自身的需要，尽量做到人性化。

三、研究的局限性

本研究基于心理契约的角度来探讨渠道质量整合对跨渠道"搭便车"行为的影响，在行文过程中尚未考虑特定的情景，如消费者本身的特征（消费者是研究型购物者还是智慧型购物者）、涉入度等。此外，本研究主要选择从渠道质量整合的视角来研究其对跨渠道"搭便车"行为的影响，没有考虑其他因素对消费者跨渠道"搭便车"行为的影响，如社区等。而在数据的选择上，主要来源于家电、服装、超市、鞋店、化妆品等市场，在收集数据过程中没有考虑地区的不平衡性，未来可以对不同的区域进行研究。

第十二章 时间压力对消费者移动购物意愿的影响

第一节 引 言

  2007 年第一台 iPhone 的诞生,将手机带入了移动智能时代,也为移动购物时代的到来奠定了基础。移动购物,又称手机购物,是指用户以手机为终端,通过移动通信网络连接互联网进行的电子商务活动。根据中国互联网络信息中心(CNNIC)的统计数据,截至 2016 年 12 月,我国手机网民规模达 6.95 亿,增长率连续三年超过 10%。台式电脑、笔记本电脑的使用率均出现下降,手机不断挤占其他个人上网设备的使用。其中,手机网络购物用户规模约 4.41 亿人,比 2015 年增长 29.8%,使用比例由 2015 年的 54.8% 升至 2016 年 12 月的 63.4%,移动购物普及率进一步提升。

  同时,移动购物也引起了学者们的广泛关注。目前的文献主要应用技术接受模型(TAM)、价值接受模型(VAM)、创新扩散理论(IDT)、理性行为理论(TRA)和计划行为理论(TPB)等来解释消费者对移动购物的接受行为。在以上理论模型中,技术接受模型的应用最为广泛,其科学性和合理性也得到了较高程度的认可。技术接受模型的精髓在于提供了一个"外部因素—态度—行为—结果"的逻辑分析框架。笔者基于技术接受模型,结合认知资源理论提出了一个移动购物意愿的影响因素模型。

  虽然已经有很多学者都探析了消费者采纳移动购物的影响因素,但是对移动购物接受行为的研究中却很少有学者考虑时间压力因素的影响。事实上,一方面,时间压力是当今消费者普遍会面临的一个问题,也是消费者选择移动购物的重要原因。根据谷歌调研显示,51% 的消费者选择移动购物方式的首要驱动因素是节省时间(Google Shopper Marketing Council,2013)。另一方面,时间压力是消费心理学的一个重要研究变量,对消费者决策具有显著的影响。例如，已有研究表明时间压力会影响消费者购物决策中的情绪以及对决策方式的选择，与决策质量呈负相关关系（王大伟，2007；王大伟、刘永芳，2008）。除此之外，时间压力还会影响消费者的冲动购买意愿（Beatty & Ferrell, 1998；林建煌，2005；赵占波等，2015），以及对移动商家主动推荐的采纳意愿（王艳萍和程岩，2013）。但遗憾的是，很少有文献对时间压力在移动购物中的作用进行探讨。基于此，本书试图探寻时间压力对移动购物意愿的影响机制，研究结论将丰富移动购物的理论研究，对于零售商如何更有效地获取移动客户也具有重要的现实意义。

第二节　文献综述

一、移动购物

移动终端近年来得到商家的青睐，发展迅速。与此同时，移动购物也吸引了众多学者的关注，移动购物（mobile shopping）领域的科研成果呈现快速且持续的增长（Varnali & Toker, 2010）。部分学者指出，便利性（convenience），而不是有用性，是移动购物者最为看重的（Kim et al., 2007；Magura, 2003；Mahatanankoon et al., 2005）。冈崎和门德斯（Okazaki & Mendez, 2013）对便利性的前置因素进行了探索，但是对便利性本身并没有进行适当的测量；并且首次开发了量表，对无处不在性（ubiquity）进行了较为精确的测量，指出无处不在性由持续性、即时性、便携性和可搜寻性四个维度构成，但是并没有说明无处不在性与便利性的区别。在将来的研究中，移动购物中的便利性具体包含哪些维度，如何测量，它如何影响购物者的移动购物决策，不同的顾客群体对便利性的感知是否存在差异，这些问题值得关注。

移动终端的缺陷同样也得到了部分学者的关注。高斯等（Ghose et al., 2013）指出移动终端因为受制于屏幕尺寸和功能，其搜寻成本比PC端的搜寻成本更高。购物者通过小屏幕搜寻信息时需要更多的滚动次数，并且不容易重新回到浏览过的信息和页面，因此，购物者更倾向于通过PC端搜寻信息，通过移动终端完成特定的任务。例如，购物者不愿意通过小屏幕设备购买利基产品，因为利基产品往往不被消费者熟悉，在购买前需要搜寻大量的信息并加以研究和对比。另外，已有研究表明，当面临时间和资源压力时，购物者更倾向于购买习惯性产品（Wood & Neal, 2009；Wang et al., 2015）。而时间压力、产品类别等因素如何影响购物者的移动购物决策，目前还缺乏深入、系统的研究。

二、时间压力

根据李爱梅等（2015）的观点，时间压力是个体对拥有时间感知不足甚至匮乏的一种主观心理状态。至于对时间压力的测量，已有研究主要有两种不同的测量方式：自评量表和时间—日记（time-diary）调查法。这两种测量方式也分别对应了两种时间压力结构观点：单维度观点与双维度观点。其中，自评量表对应单维度时间压力结构观点。典型的量表如格尔海默（Garhammer, 2002）提出了时间压力指数（index of time poverty），卡塞和谢尔顿（Kasser & Sheldon, 2009）提出了物质和时间充裕量表（material and time affluence scale, MATAS）等。时间—日记调查法对应双维度时间压力结构观点。时间—日记调查既能测量到个体对时间压力的主观认识——认知维度，也能测量到相应时间段内个体的情绪体验——情绪维度。但是，该方法的实施与数据收集都存在明显的困难，而自评量表简单易实施，因此，现有研究多采用自评量表来测量个体的时间压力水平。本书也是采用了自评量表的方法来对时间压力进行测量。

已有研究发现，时间压力会影响个体的情绪和认知。在情绪方面，洛克斯伯格（Roxburgh, 2004）研究发现，时间压力会提升个体的抑郁水平以及导致个体产生消极情绪；成濑等（Naruse et al., 2012）还发现时间压力能够正向预测个体的工作倦怠，经常性感到时间压力的个体更容易体验到高水平的情绪衰竭。在认知方面，科赫、赫兰和范·肯普伯格（Koch, Holland & van Knippenberg, 2008）研究显示时间压力会消耗个体的认知资源，从而导致个体在认知任务上的表现降低；沙哈、穆莱纳桑和沙菲尔（Shah, Mullainathan & Shafir, 2012）通过一系列的实验证明时间资源的匮乏会造成认知资源过度聚焦，损害认知功能；杨、古蒂、霍尔和吴（Young, Goodie, Hall & Wu, 2012）研究发现时间压力给个体带来认知资源的损耗，引发认知负荷，个体为适应这种认知资源的损耗会偏好选择低认知资源消耗的认知策略即启发式认知策略，而启发式策略是一种自动快速的加工方式，它考虑到信息不完全。因此，时间压力通过影响个体的认知策略选择最终影响个体的认知功能和决策质量。

时间压力对消费者行为的影响也引起了诸多学者的关注。时间压力一直以来被认为是影响消费者决策的一个重要变量。消费者决策是一个消耗时间的过程，如果消费者拥有充足的时间，他们可以搜寻所有可能的策略来解决问题，但是如果消费者拥有的时间不充足，比消费者实际决策需要的时间少，或者零售商要求消费者在限定的时间内做出决策时（Ordonezand Benson，1997），就会引起时间压力的主观感知，从而影响消费者决策策略的选择和决策质量。扎凯（Zakay，2004）还指出时间压力并不等同于客观的时间限制，虽然它可以通过限定完成决策的时间来发生，但是必须要被主观上感知到并产生对应的情绪体验，个体才能真正感受到时间压力的存在。王艳萍和程岩（2013）研究发现时间压力会降低消费者对主动推荐的心理抗拒，进而增加其接受意愿；同时当购买决策的时间压力很大时，消费者通常会"打听"其他消费者的购买决策或征询其建议，以此作为自己的决策依据。大量的研究表明，时间压力会显著减弱消费者的信息加工能力，降低其决策效率。时间压力是决策制定者采取最优化决策策略的"绊脚石"。当在有限的时间内制定决策时，决策者可能被迫诉诸低需求、低时间消耗并且低准确率的策略，即决策质量严重下降（王大伟，2007；王大伟、刘永芳，2008）。

还有部分学者重点关注了时间压力和冲动购买之间的关系。贝蒂和费雷尔（Beatty & Ferrell，1998）研究发现，当时间压力越小时，购买决策的时间越充足，消费者更容易受到购物情境的各种营销刺激影响，从而更容易发生冲动性购买行为。林建煌（2005）同样采用实验研究方法探析了时间压力与冲动性购买之间的关系，研究结论与前者的实验结论却相反：消费者感知到的时间压力越大，消费者产生冲动性购买行为的可能性越高。赵占波等（2015）通过实验证明时间压力会增加消费者的冲动购买意愿，并且与产品类型存在交互作用。但是，尽管已经有大量的研究关注了时间压力对消费行为的影响，但是以时间压力与移动购物意愿之间关系为对象的研究却极为少见。

三、感知便利性

感知便利性是指消费者对购物过程中所付出的时间、精力和心理成本的感知（Berry，2002）。便利性一直被认为是一个多维度的概念（Yale & Venkatesh，1986；Brown，1990；Berry，2002）。耶鲁和文卡特斯赫（Yale & Venkatesh，1986）指出便利性包含六个维度：时间利用（time utilization）、易获得性（accessibility）、便携性（portability）、合适性（appropriateness）、轻便性（handiness）和不愉快避免（avoidance of unpleasantness）；布朗（Brown，1990）认为便利性应包含五个维度：时间便利（time convenience）、空间便利（place convenience）、获得便利（acquisition convenience）、使用便利（use convenience）和执

行便利（executive convenience）；格尔特和耶鲁（Gehrt & Yale，1993）则认为便利性由时间（time）、空间（place）和努力（effort）三个不同的维度构成；与前两种维度划分相比，格尔特和耶鲁（Gehrt & Yale）对便利性维度的划分既简单且全面，但是存在明显的弱点：一是这三个维度之间高度相关并非完全独立和互斥；二是这种划分方法在实践中缺乏可操作性。

贝里等（Berry et al.，2002）全面回顾了有关便利的研究成果，首次提出了服务便利（service convenience）的概念，将便利研究推向了一个新的高度。他提出的"服务便利模型"是迄今为止最为全面的便利研究框架。贝里等（2002）将便利性划分为决策便利、渠道便利、交易便利、获益便利和售后便利五种，并指出消费者对便利的感知是对这五种便利的综合评价。

本研究对感知便利性的维度解构借鉴了贝里等（2002）对便利性的维度划分方法。

购买决策理论认为消费者的购买决策过程是一个系统的决策活动过程。大量的实证研究将消费者购物过程简化为三阶段购物模型，即信息搜寻阶段、购买阶段和购买后阶段。与传统购物方式相比，消费者移动购物的首要前提是要接入网络，而且移动购物能够让消费者随时随地接入网络购买商品也是其区别于传统购物和互联网购物的显著特征。因此，本书借鉴已有研究成果，在信息搜寻—购买—购后三阶段购物模型基础上，增加了"接入"，将移动购物的感知便利性划分为四个维度：接入便利性、搜索便利性、交易便利性和购后便利性。接入便利性是指消费者接入移动互联网进而接触到零售商所感知的时间、精力和心理成本；搜索便利性是指消费者在信息搜寻过程中所感知的时间、精力和心理成本；交易便利性是指消费者完成一项交易所感知的时间、精力和心理成本；购后便利性是指消费者在购买之后因为购买商品而再次与企业接触所感知的时间、精力和心理成本。

第三节 理论模型和研究假设

在上述文献综述和理论基础论述的基础之上，为了更好地理解消费者选择移动购物方式的原因，本书提出了如图12-1所示的理论模型。该理论模型以时间压力为自变量，以感知便利性为中介变量，以移动购物意愿为因变量。本研究拟采用结构方程方法对理论模型进行实证检验。

图 12－1　理论模型

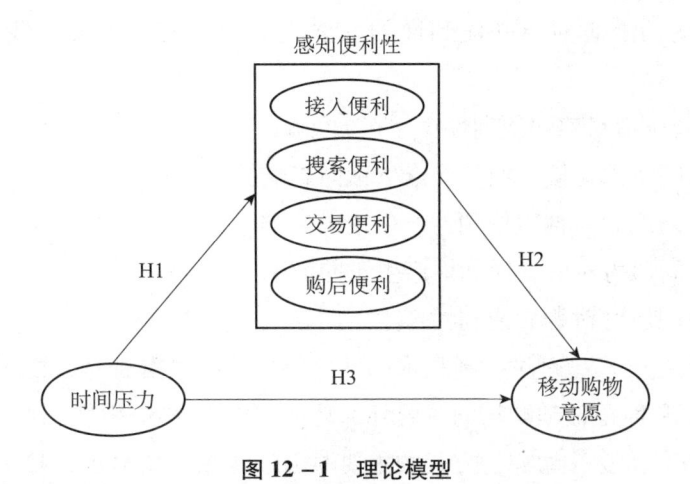

我们认为时间压力对消费者的移动购物意愿具有显著的影响。原因主要基于两点：第一，根据解释水平理论（CLT），人们对远心理距离的事物会倾向于用高解释水平表征，而对近心理距离的事物则倾向于用低解释水平表征。时间压力导致消费者对时间距离的感知较近，对事物的解释水平较低，不太可能对目标产品进行高度理性的评估，更容易受到移动购物环境下海量信息以及各种促销和推广的影响，因此，更容易接受移动购物的购买方式。第二，情绪调节理论认为，当个体被激发出某种情绪后，会及时采用相应的策略来抑制冲动，调整自己的反应，从而使得自己的行为规范满足社会准则。已有研究表明，时间压力会导致抑郁（Roxburgh，2004），与幸福感呈负相关关系（van Emmerik & Jawahar，2006；Garling，Krause & Hartig，2014），由此可见，时间压力会给消费者带来消极的情绪体验，而移动购物能给消费者带来愉悦（Agrebi & Jallais，2015），因此，时间压力大的消费者很有可能通过移动购物获得愉悦体验，来达到调节自身情绪的目的。综上所述，我们提出以下假设：

H1：消费者时间压力越大，其移动购物意愿越强烈。

根据认知资源理论，个体会根据认知和动机资源选择不同的信息加工方式。当资源匮乏时，个体会采用启发式信息加工策略；当资源充足时，个体则会采用更加彻底的信息加工方式——分析式信息加工策略。时间压力会消耗个体的认知资源，因此，在时间压力下，处于资源匮乏状态的消费者更倾向于使用低认知资源消耗的启发式策略，即自动快速的加工方式。已有研究表明，便利性是移动购物的重要特征，而便利能够帮助消费者节省时间和精力。移动购物在接入、搜索、交易以及售后上的便利性皆有利于消费者提高购物效率、节省时间和精力，与消费者快速进行信息加工的目的一致，所以时间压力大的消费者对感知便利性的体验也就越强烈。因此，我们提出以下假设：

H2：时间压力对感知便利性产生正向影响。

H2a：时间压力对接入便利性产生正向影响。

H2b：时间压力对搜索便利性产生正向影响。

H2c：时间压力对交易便利性产生正向影响。

H2d：时间压力对购后便利性产生正向影响。

根据技术接受模型理论，新技术的外部特征影响消费者对新技术的采纳和接受，而感知便利性是移动购物的重要外部特征。已有文献表明，移动购物的便利性特征是消费者接受移动购物方式的重要原因。谷歌调研显示，42%的消费者使用移动购物的首要驱动因素是便利（Google Shopper Marketing Council，2013）。众多研究也表明：感知便利性（perceived convenience），而不是有用性，是移动购物者最为看重的（Kim et al.，2007；Magura，2003；Mahatanankoon et al.，2005）。吉哈（Jih，2007）通过中国台湾大学生样本数据实证发现，消费者的感知便利性越高，其移动购物意愿越强烈。王等（Wang et al.，2015）则认为，消费者更倾向于使用移动购物方式来购买习惯性产品。因为对于购买过的习惯性产品，消费者不需要搜寻大量的信息来辅助决策。虽然与PC端相比，移动手机的屏幕更小，功能也更有限，但是它能够为习惯性需求提供足够的便利。

因此，我们提出假设：

H3：感知便利性对移动购物具有正向影响。

H3a：接入便利性对移动购物具有正向影响。

H3b：搜索便利性对移动购物具有正向影响。

H3c：交易便利性对移动购物具有正向影响。

H3d：购后便利性对移动购物具有正向影响。

第四节　研究方法与过程

一、变量的测量与数据收集

本书中所有构念的量表均采用国外文献中已有的成熟量表，其中，时间压力的测量量表主要来源于赫林顿和卡佩利亚（Herrington & Capella，1995）的研究，感知便利性的测量量表主要来源于江（Jiang，2013）的研究，移动购物意愿的测量量表来源于金等（Kim et al.，2007）以及卢和苏（Lu & Su，2009）的研究，并结合移动购物情境作了适当的文字修正。同时，对所有的量表采用"双向翻译"方法，最终确定中文题项，所有题项均采用李克特七级量表进行衡量。

调研于 2016 年 8 月通过在线调研平台"问卷星"共收集数据 320 份，剔除无效样本 37 份，最后得到有效样本 282 份。在此次被调查对象中，女性人数为143 人，男性人数为 139 人，占总样本人数比例分别为 50.7% 和 49.3%；年龄主要集中在 20 ~ 29 岁的调查对象，人数为 209 人，占总样本人数的 74.1%；30 ~ 39 岁的调查对象，人数为 49 人，占比 17.4%；职业主要集中在学生和企业职工，人数分别为 153 人和 88 人，占总样本比例分别为 54.3% 和 31.2%；学历以专科和本科居多，共占比 80%；每月平均支出主要集中在 1 000 ~ 2 999 元的调查对象，人数 145 人，占比 51.4%；3 000 ~ 4 999 元的调查对象，人数为 62 人，占比 22%；每月移动购物频率以"4 ~ 6 次"和"7 ~ 9 次"为主，分别占总样本人数的 48.2% 和 31.9%。

二、信度与效度分析

本研究采用 Cronbach's α 系数来检验量表的信度。所有变量的 Cronbach's α 系数值在 0.806 ~ 0.920 之间，且总量表信度 Cronbach's α 系数值为 0.904，符合大于 0.7 的标准，表明量表的内部一致性良好。

效度分析包括判别效度、收敛效度以及内容效度。本研究中所有变量使用的都是成熟量表，同时结合预调研结果进行了一些修改，可以一定程度上保证内容效度。收敛效度通常通过 CFA 来进行检验，六个潜变量的组合信度都大于 0.8，说明 CR 值显示了研究模型具有较为理想的收敛效度；除了时间压力和搜索便利性两个变量的 AVE 值略小于 0.6 以外，其他变量的 AVE 值都大于 0.6，说明 AVE 值显示了研究模型具有较为理想的收敛效度。另外，所有测量题项在其所属构念上的标准化因子载荷都大于 0.7，完全符合因子载荷不小于 0.5 的要求，而且所有题项对各因子均在 $p < 0.001$ 的标准下显著；因此，总体而言，我们认为本书中所使用的量表具有良好的收敛效度。判别效度通过比较各个因子的 AVE 值的平方根与该因子与其他因子之间相关系数的大小来进行验证。通过检验得知所有因子的 AVE 值的平方根比该因子与其他因子之间的相关系数大，说明该量表判别效度良好。

三、假设检验

使用 AMOS 21.0 对结构方程模型进行假设检验。首先检验模型的数据拟合情况。本书模型中,绝对拟合指数(χ^2/df)为 2.358,符合小于 3 的标准,近似误差均方根 RMSEA 为 0.069,符合小于 0.080 的标准。拟合指标除了 GFI(0.892)和 AGFI(0.867)略小于 0.900 以外,其他拟合指数 CF1(0.928)、NF1(0.909)和 IFI(0.929)都满足大于 0.900 的标准。由此可见,就整体而言,理论模型与实际数据拟合程度良好。

假设检验结果显示,H1 在 $p<0.05$ 的水平下显著,即时间压力对移动购物意愿产生正向影响,也就是说时间压力越大,消费者使用移动购物方式的意愿越强烈;H2 也得到了支持,具体而言,H2a、H2b 和 H2c 在 $p<0.001$ 水平下显著,H2d 在 $p<0.01$ 水平下显著,即时间压力对感知便利性的四个维度都具有显著的正向影响;H3 同样得到了支持,具体而言,H3a 在 $p<0.05$ 的水平下显著,H3b 和 H3d 在 $p<0.01$ 水平下显著,H3c 在 $p<0.001$ 水平下显著,即感知便利性的四个维度对于移动购物意愿都具有显著的正向影响。接入便利性、搜索便利性、交易便利性、购后便利性、移动购物意愿的被解释方差分别为 14%、23%、16%、4% 和 59%。

接下来,对便利性的中介作用进行检验。根据赵(Zhao,2010)以及普里彻和海耶斯(Preacher & Hayers,2008)对中介检验的建议,采用 BOOTSTRAP 方法来检验中介效应是否存在。选择模型 4,样本量选择 5 000,置信区间设置为 95%,BOOTSTRAP 取样方法选择偏差校正的非参数百分位法。数据结果表明:4 个中介变量共同发挥的中介作用显著(0.0752,0.2356),且效应大小为 0.1557;接入便利性(LLCI = 0.0271,ULCI = 0.1376)、搜索便利性(LLCI = 0.0617,ULCI = 0.1935)和交易便利性 LLCI = 0.0576,ULCI = 0.1872)起部分中介作用,中介效应大小依次为 0.0759、0.1277、0.1201;购后便利性 LLCI = −0.0086,ULCI = 0.0634)的中介效应不显著。

第五节 结论与讨论

一、研究结论

本研究在技术接受模型和认知资源理论的基础上,采用结构方程方法考察了

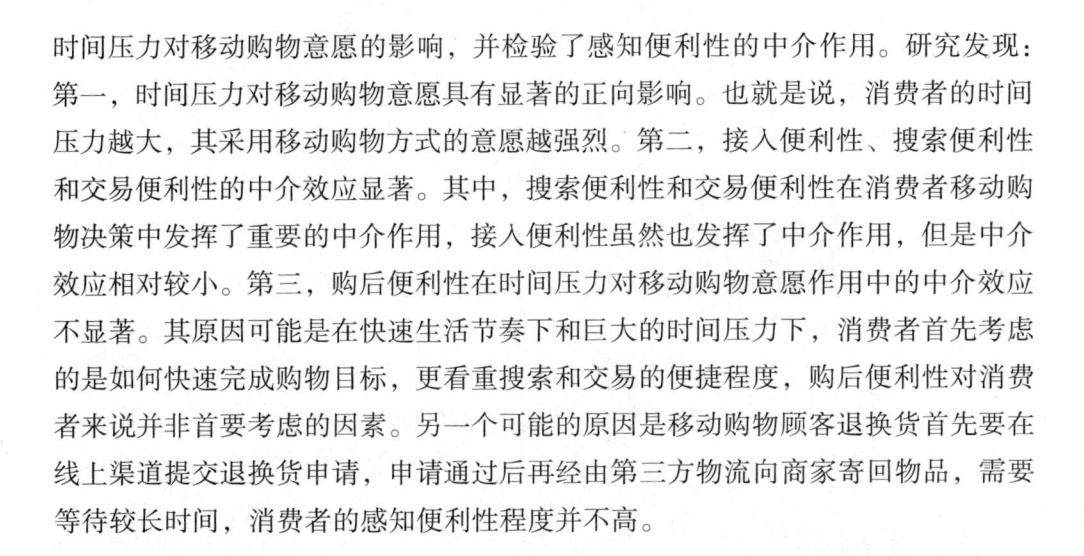

时间压力对移动购物意愿的影响,并检验了感知便利性的中介作用。研究发现:第一,时间压力对移动购物意愿具有显著的正向影响。也就是说,消费者的时间压力越大,其采用移动购物方式的意愿越强烈。第二,接入便利性、搜索便利性和交易便利性的中介效应显著。其中,搜索便利性和交易便利性在消费者移动购物决策中发挥了重要的中介作用,接入便利性虽然也发挥了中介作用,但是中介效应相对较小。第三,购后便利性在时间压力对移动购物意愿作用中的中介效应不显著。其原因可能是在快速生活节奏下和巨大的时间压力下,消费者首先考虑的是如何快速完成购物目标,更看重搜索和交易的便捷程度,购后便利性对消费者来说并非首要考虑的因素。另一个可能的原因是移动购物顾客退换货首先要在线上渠道提交退换货申请,申请通过后再经由第三方物流向商家寄回物品,需要等待较长时间,消费者的感知便利性程度并不高。

二、管理借鉴

本书的研究结论对于移动商家具有一定的借鉴意义。首先,对移动购物商家来说,应该将时间压力大的消费者作为重要的目标客户群。因为与一般消费者相比,他们更容易感知到移动购物的便利性,选择移动购物方式的可能性更大。如职场妈妈、城市白领等都是典型的时间压力较大的人群,他们更加倾向于选择移动购物方式来进行购物。因此,移动商家应该注意研究他们的消费行为特征和生活方式,在进行广告宣传和产品推广时,更好地与其消费方式和生活方式契合,这样营销效果会更好。

其次,移动商家在对目标顾客进行广告宣传时,应该突出展现移动购物的便利性特征;在营销实践上,也应该着重在购物便利性上做出努力,让消费者真真切切感受到移动购物的便利性。考虑到搜索便利性和交易便利性在消费者移动购物决策中发挥了重要的中介作用,移动购物商家在购物便利的努力上,应该尤其关注搜索和交易的便利性。如亚马逊最早推出"一键下单"(one-click)功能,即只需要用户在网站上保存过支付和地址等信息,那么在之后的购买过程中就无须再重复提交这些信息,只需一次点击就可以完成购买。"一键下单"功能极大地提高了消费者购物的便利性,受到消费者的青睐,当当、京东等各大网站也纷纷效仿。移动电商应该努力优化网站设计、提供丰富的产品信息和足够的产品细节,增加消费者信息搜寻的便利;同时也要注意提供灵活的和多样化的支付方式,提高消费者购买的便利性。另外,接入便利性虽然也发挥了中介作用,但是中介效应相对较小,其原因可能是就目前来说,虽然很多公共场所都提供免费

WiFi，但是网速却并不理想，并不足以让消费者顺利地完成购物过程。因此，为了提高移动购物的接入便利性，可以从两方面做出努力：一是提高公共场所的WiFi覆盖范围和上网速度；二是降低流量的资费，减少消费者的接入成本。

最后，移动商家应该努力提高购后的便利性。随着移动购物的盛行，消费者对购后便利性的要求会越来越高。为了提高购后便利性，一方面移动商家可以考虑尽力缩短退换货的流程，帮助消费者节省时间和精力。如与各个物流自提点建立合作，消费者在网上申请退换货，由自提点安排人员上门收货邮寄，收货后即可以立即退款等。这样可以大大减少消费者退换货所需要付出的时间和精力成本。另一方面对于多渠道的移动商家，可以考虑借助实体渠道的力量，支持线上购物、线下退换货，以期充分发挥不同渠道的优势，实现多种渠道之间的互补。

三、研究局限

本书存在一些不足：一是研究的样本相对较小，将来的研究中可以扩大调研样本；二是本书的研究是从静态视角来探讨消费者对移动购物便利性的感知和移动购物意愿，将来可以从动态视角对该问题进行进一步研究，通过纵向数据探讨消费者对移动购物便利性的感知变化和移动购物意愿变化过程；三是不同人口统计特征、不同心理特质的消费者对时间压力和便利性的感知很可能存在差异，本书的研究并未对其进行探讨；四是本书并未考虑消费者对不同零售企业类型感知便利性的差异，因此，在将来的研究中，不同类型的零售商在感知便利性维度上的差异也值得关注。

第十三章 直播购物中卖家—顾客互动对顾客信任的影响

第一节 问题的提出

随着信息经济的迅速发展和移动互联网的普及，网络购物已经成为消费者重要的购物方式。根据中国互联网络信息中心（CNNIC）的统计数据，截至2016年12月，中国网购用户规模达到7.31亿，其中网络购物用户为4.667亿，网民使用率为60%，较2015年增长12.9%。网购给消费者带来了巨大的便利，但由于网络本身的虚拟性、网购中买卖双方的匿名性以及金钱来往的关系，网络购物相比于现实的购买增添了更多的风险和不确定性。国内各大网购平台也逐渐将把控产品质量和提升消费者购物体验作为获取和挽留消费者的重要手段。因此，在网购环境中如何获取顾客的信任是网购平台和网络卖家取得成功的关键因素之一。由于网络购物过程中良好的互动性可以帮助顾客建立对平台和卖家的信任。现阶段绝大多数的网购平台都在清晰、生动、明确地展示商品形象和信息，在线互动功能较以往更加丰富，但与线下实体店购物的直接互动与真实体验仍有较大差距。

2016年，网络直播以其强互动性、低门槛和真实体验的特点获得大众喜爱而迅速发展。自"菠萝蜜"App的海淘直播购物后，各大网购平台如亚马逊、淘宝、聚美优品、蘑菇街等都已开启直播购物业务，传统的直播平台斗鱼、花椒等也通过与电商企业合作开展了直播购物。直播购物有望解决传统电商中真实性和社交性差的两大痛点，通过顾客在线与卖家和其他顾客的实时互动增强顾客对网购平台和卖家的信任度和满意度，提高购买转化率，目前来看已初见成效。直播购物是如何通过互动来影响顾客信任的？本研究以直播购物平台为载体，采用代入式实验法，深入探究直播购物中卖家—顾客互动对顾客信任影响的内在机制。

第二节 文献综述

一、卖家—顾客互动

卖家—顾客互动即企业—顾客互动,也就是售卖商品及服务方与购买商品与服务方双方之间的互动。鉴于网络上处于售卖商品一方的多半称卖家,因此,采用卖家—顾客互动这个说法。

(一) 互动的界定

随着网络技术的不断发展,新型互联网场景和电子商务兴起,互动性作为网络空间的重要特征其定义和研究范围不断拓宽和完善。以计算机为媒介的沟通(CMC)逐渐发展到在互联网条件下以网站为媒介的沟通(website mediated communication, WMC),在线互动性也大大提升。梅里利斯和弗里(Merrilees & Fry, 2003)认为互动性在很大程度上提升和完善了网络购物的体验[1]。

刘和谢罗默(Liu & Shrum, 2002)将互动性定义为"互动性就是两个或多个沟通者之间、沟通者与媒介之间、沟通者与媒介信息之间相互影响相互作用的程度以及这种作用的同步性程度"[2]。这种定义综合了以往互动性研究的观点,并且强调了各个主体之间互动的特征,赋予了互动性新的内涵。

随着互联网的迅速发展,网络在线互动越来越受到理论界和实践界的关注,逐步形成了三个研究视角:结构视角、过程视角和感知视角(详见第六章第二节)。

(二) 卖家—顾客互动的界定

借鉴在线互动的定义,我们把卖家—顾客互动定义为:在直播购物中卖家和顾客通过直播平台而产生的相互作用和影响。直播购物的强互动性体现在其将传统网络购物过程中的绝大部分互动要素集中到一个屏幕之上,顾客既可以在直播购物的过程中通过点击按钮购买、隐藏内容模块等行为实现与平台的互动,也可以通过给主播/卖家留言、点赞、关注其他顾客的行为来实现与卖家和其他顾客

---

[1] Merrilees B, Fry M. E-trust: The Influence of Perceived Interactivity on, e-retailing Users [J]. Marketing Intelligence & Planning, 2003, 21 (2): 123–128.

[2] Yuping Liu, L J Shrum. What Is Interactivity and Is It Always Such a Good Thing? Implications of Definition, Person, and Situation for the Influence of Interactivity on Advertising Effectiveness [J]. Journal of Advertising, 2002, 31 (4): 53–64.

的互动。在众多的互动要素中，顾客—卖家之间的互动又是互动的主体，这不仅与直播这种沟通媒介本身的强互动性有关（观众和主播之间能够实现密切互动是直播吸引粉丝的重要原因[①]），还与直播购物中卖家和顾客的强目的性有关（大多是为了购物的）。因此，笼统地研究直播购物中的整体互动很难得出清晰的研究结果，并且在当下网购平台技术要素差别不大的情况下，人的要素便显得更为重要，因此，本书着重研究直播购物中的顾客—卖家之间的互动。

关于顾客与卖家或者企业之间互动的维度，学者们有着不同的看法。邦纳（Bonner，2010）在研究企业—顾客互动对企业新产品绩效的影响作用时将企业与顾客的互动划分为双向交流、顾客参与和联合解决问题三个维度，并开发了一个包含十个问项的量表来进行测量。毕达天等（2014）在研究电子商务企业—顾客互动对顾客体验的影响时从互动的功能性、信息性、响应性和自主性四个维度来分析互动。本研究参照邦纳（Bonner，2010）的研究，从双向交流、顾客参与和联合解决问题三个维度来分析直播购物中卖家—顾客之间的互动要素。

二、信任

（一）信任的定义

信任研究中最具代表性的有三类，第一类是以摩根和亨特（Morgan & Hunt，1994）、麦卡利斯特（McAllister，1995）等为代表的观点。摩根和亨特认为：信任是指合作的一方对另一方的可靠性和诚实度有足够的信心。麦卡利斯特（McAllister，1995）指出：信任包含认知信任和情感信任两个维度。这类观点倾向于将信任看作是一方对另一方诚实、能力和善意等特征的积极态度，这些特征既反映了认知的成分，也反映了感情的成分。另外两类中，一类的代表人物是卢梭等（Rousseau et. al.，1998）、梅耶等（Mayer et. al.，1995），认为信任是一方对另一方行动和态度的积极倾向，他们愿意将自己的弱点暴露出来并能够承受因此而带来的损失的意愿程度。另一类的代表人物是加内桑等（Ganesan et al.，1994），他们认为信任是信任方对被信任方依赖的程度和意愿。本书研究顾客在直播购物过程中所感知的对卖家的信任，此类信任更加倾向于第一类定义，即信任是顾客对卖家诚实、能力和善意等特征的信心。

（二）信任的维度和测量

马克尔（Mccole，2002）将学者们所划分的信任维度进行总结归纳，将信任

[①] 肖明超. 直播营销：新的品牌存在方式 [J]. 销售与市场：管理版，2016（9）：76-77.

分为公平性、诚实性、兑现承诺的能力等十个维度。米克奈特等（McKnight et al.，2002）将信任维度归纳为能力、诚实、善意三个维度。

此外，部分学者将信任作为一个总的变量或者单维度的变量进行研究。格芬（Gefen，2000）认为信任是信任方基于以往的互动然后对被信任方产生的、被信任方会按照信任方的期望行事的信心。其以亚马逊（Amazon）为研究对象，用三个题项测量了顾客对亚马逊的信任情况。

本研究对信任的测量主要是测量顾客对网络卖家的信任程度，在参照格芬（Gefen，2000）测量量表的基础上，结合直播购物的情景对测项做出一定的调整来测量顾客对卖家的整体信任。

三、社会临场感

（一）社会临场感的定义

肖特等（Short et al.，1978）认为临场感是一种主观的心理状态，是个体主动或被动地认为自己身在某一情境中的感觉，但个体并未处在真实的物理环境中而是通过媒介引发这一过程。艾瑟尔斯泰因等（Ijsselsteijn et al.，2000）从心理学的角度将临场感归纳为两类：实体/空间临场感（physical presence）和社会临场感（social presence）。

社会临场感在营销学的研究集中在网站设计及网络购物、网络广告和在线服务等领域。沈等（Shen et al.，2012）研究了在线购物网站的社会临场感对顾客行为意向的影响，将社会临场感定义为媒介允许参与者将其他参与者看作一个心理存在者的程度。佛丁等（Fortin et al.，2005）认为媒介的信息以双向的形式在沟通者之间传递的时候，沟通者就能产生社会临场感。吕洪兵研究了顾客在网购过程中网店的社会临场感对于顾客网店黏性的影响，将社会临场感定义为顾客在惠顾网店的过程中对其他个体的意识（参见第五章第二节）。本研究将社会临场感定义为顾客在网络购物中产生的与其他参与者之间的即时即刻共在意识。

（二）社会临场感的维度和测量

肖特等（Short et al.，1978）使用以下指标测量媒介自身具有的社会临场感：冷漠—热情、敏感—不敏感、人际—非人际、社会化—非社会化，后续研究在肖特等的基础上陆续添加了亲密性、卷入度、直接性、隐私性、社会交流、互动性和社会情景等维度。

在众多研究中，艾瑟尔斯泰因等（2000）认为社会临场感是个体对感觉、认知和情感等虚拟刺激进行反应的结果的研究被广泛认同。后来学者在艾瑟尔斯泰因等研究的基础上,将社会临场感划分为意识社会临场感,情感社会临场感和认知社会临场感三个维度。意识社会临场感是指顾客在网购的过程中能感受到其他网购参与者(包括卖家和其他顾客)虚拟在场,并且他们能对自身产生影响的感觉。情感社会临场感是指顾客与其他网购参与者通过在线互动而产生的情感方面联系的程度。认知社会临场感是指顾客在网购互动过程中能够清楚地认识和确认他们与其他参与者之间关系的程度。本研究参照艾瑟尔斯泰因等、哈萨宁(Hassanein,2007)和赵宏霞等(2015)的量表来测量顾客的社会临场感。

四、认知需求

(一)认知需求的定义

认知需求是指个体内部的、参与和享受思考活动的倾向,它是衡量个体是否愿意在信息认知和加工过程中深入思考,能否从思考中获得享受。认知需求在很大程度上影响了个体认知、提炼和处理信息的广度和深度。高认知需求的个体会倾向于搜集和分析信息,并对信息进行深入的思考和处理,享受思考活动的过程,而低认知需求的个体倾向于回避复杂的信息思考过程,面对复杂的认知活动,他们往往处于游离的状态,他们更容易受到信息外在线索(如第三方权威评论)的影响。因此,不同的认知需求个体在互动过程中信息处理动机、能力不同,进而互动对他们的影响效果也不同。

(二)认知需求的相关研究

凯纳尔等(Kaynar et al.,2007)研究发现,高认知需求者在使用网站过程中会花费更多的时间搜集和处理信息,他们会使用更多的超链接,倾向于将网站看成是信息的提供者,而低认知需求者则花费的时间和搜集的信息更少,他们更容易被网站的外在的美学设计所影响。高认知需求者往往依赖于对相关信息的深入分析和思考来形成个体的态度。相反,低认知需求者的态度形成主要依赖一些信息的外部特征,如吸引力或者信息来源的可信度,以及第三方声誉和个体的情绪等。佛丁等(Fortin et al.,2005)发现高认知需求者对网络广告的互动性会做出更积极的反应,当互动性提高时,高认知需求者会产生更强的社会临场感。西西里亚(Sicilia,2005)研究发现,认知需求在网站的互动程度与信息处理之间存在调节作用,并且认知需求还会调节网站互动性对浏览者沉浸体验的影响,相较于低认知需求个体,网站互动性的提高所带来的处理信息流程和沉浸体验水平的上升,高认知需求个体数值更高。范晓屏等(2013)的研究也发现,网站的互动性和生动性对顾客的产品态度的影响会受到顾客认知需求的调节,互动性对高认知需求者的影响更大，而生动性对低认知需求者的影响更大。

综上所述，本书认为，顾客在直播购物平台购物的过程中，因为个体认知需求的不同，对于卖家—顾客互动强度的感知有所不同，进而会影响顾客所感受到的社会临场感。

第三节　理论模型和研究假设

理论模型及假设

（一）理论模型

刺激—机体—反应（S-O-R）指出，人类的心理活动受到外界刺激的影响，进而影响人类的行为反应。恩洛戈鲁等（Eroglu et al.，2001）首次将"S-O-R"模型引入到网络购物的研究领域中，研究表明网店的氛围会对顾客的心理产生影响进而影响顾客的态度和购买意愿。此后，许多学者在研究网店特征对顾客的行为反应影响时都应用了"S-O-R"模型。

本书基于"S-O-R"模型，以顾客感知到的直播购物过程中的卖家—顾客互动为刺激因素（S），顾客的社会临场感为心理状态（O），顾客对买家的信任为反应（R），本书认为直播购物中的卖家—顾客互动会让顾客产生社会临场感，进而影响顾客对卖家的信任。在此基础上，提出本书的理论模型（见图13-1）。

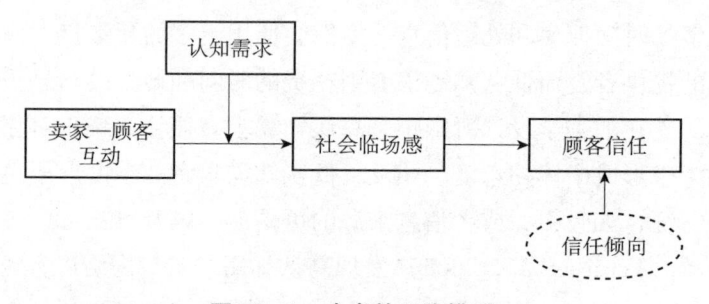

图13-1　本书的理论模型

（二）研究假设

网络购物相比于线下购物缺乏真实体验的问题一直存在，而增强网购过程中的互动可以增进买卖双方的沟通进而消除不确定因素实现互信，而且互动也是在如顾客个人特征、网络规则制度、社会消费倾向等因素之外卖家可以实际操控的要素。从互动过程观和社会互动理论的角度看，信任是源于买卖双方互动、交往和沟通，双方的关系是随着互动的发展而发展的。基于过程的信任建立机制研究也提出，买卖双方的信任是在互动的过程中逐步积累起来的，只有双方都意识到彼此是可信的时候，双方的关系才有可能继续发展下去。在具体的影响机理方面，学者认为因为网络卖家通过互动向顾客展示了积极的态度（McKnight et al，2002），或者顾客通过互动与卖家一起解决了疑惑，这些积极的互动体验都会影响顾客对卖家的信任。基于此，本书提出如下假设：

H1：直播购物中卖家—顾客互动与卖家的信任之间呈正相关关系。

社会临场感是指顾客在直播购物中产生的与其他参与者之间的即时即刻共在意识。在直播购物过程中，顾客几乎可以感觉到是在与卖家/主播进行"面对面"地沟通，顾客可以和卖家就相关问题进行高效的交流，这种顺畅的沟通会让顾客觉得卖家是真实存在一样。相关学者的研究也验证了这种机制。斯卡达伯格等（Skadberg et al.，2004）研究发现网站的互动性程度越高，顾客感知到的虚拟体验程度就越高，因此，顾客也更容易感觉到自己处在一个"真实"网络商店中，这种"真实"的感觉就是社会临场感。互动对社会临场感的影响作用的研究发现网络广告的互动性和生动性程度对顾客的社会临场感产生正向影响，并进一步通过唤起影响顾客的态度（积极—消极）和行为意向（吕洪兵，2012）。基于此，本书提出以下假设：

H2：直播购物中卖家—顾客互动与社会临场感之间呈正相关关系。

肖特等（Short et al.，1978）提出临场感这一概念时就指出个体感知到的临场感会对个体的心理和行为意向产生影响。社会临场感理论认为具有不同社会临场感的媒介会产生不同的社会影响，并且更多的接触是产生社会临场感的重要途径，会让双方产生更多的亲密性和温情。结合社会助长效应理论，以购物为例，加墨（Gaumer，2005）就发现单个顾客在感受到其他顾客的关注时会倾向于购买更多的商品，即使是其他顾客的单纯临场也会对其购买行为产生潜在影响。当顾客通过互动感知到社会临场感时，他们就会被他人的临场感所影响，这种影响会促进他们的正确反应（优势反应），抑制他们的错误反应。当顾客感受到充分的他人临场时，他们的优势反应是倾向于购买。基于此，本书提出以下假设：

H3：直播购物中顾客的社会临场感与卖家的信任之间呈现正相关关系。

认知需求衡量了个体在面对问题和信息时是否倾向于深入思考，并且从思考中获得满足。当个体认知需求较高时，他们就有较强的动机去了解问题的真相并深入思考、处理信息和解决问题，有较多的认知资源应用到这个过程中，当个体认知需求较低时，这种倾向就较弱。因此，不同认知需求的个体面对不同程度的互动体验时，他们感知和参与互动的动机和程度不同，产生的反应也会存在差异。佛丁等（Fortin et al.，2005）的研究就发现高认知需求者对网络广告的互动性会做出更积极的反应，且互动性越高，顾客感知的社会临场感越高，而低认知需求者更容易受到生动性的影响。西西里亚（Sicilia，2005）研究发现，相对于低认知需求个体，网站互动性增强带来的沉浸体验的上升高认知需求个体更多。基于此，本书提出以下假设：

H4：认知需求在卖家—顾客互动与社会临场感之间起调节效应。

第四节 研究方法与过程

一、实验材料选择与实验设计

本研究选择淘宝直播购物这一平台，研究对象选择女装作为实验的产品。据《2016中国顾客网络消费洞察报告与网购指南》数据显示，2016年中国服装网购市场交易规模超过整个网购市场规模份额的10%，服装占据了网购市场的最大份额，其中，女装占据服装网购市场一半以上的份额。其次，直播购物本身具有强互动性，所售卖的产品应该是卖家和顾客之间互动较多的类型。索恩（Sohn，2007）对产品互动期望的研究结果发现，在测试被试对指定产品的互动期望时，鞋子/服装的得分较高，家具最低。由于女装顾客在购买的过程中参与度更高，且女装的购买目的多样化、购买频率较高，顾客需求状态和需求偏好明显。因此，本书在参照索恩（Sohn，2007）的研究基础上，结合直播购物的实际情况，选择女装作为实验的产品。

实验采用录制的视频作为刺激材料，并且为了隐藏实验的真实目的，研究中的三个实验需要选择不同的被试群体，因此，每一个实验前都需要加一个描述场景，这个场景是先向被试简单介绍淘宝直播购物，然后让被试想象自己需要在淘宝直播上购买一件女装，对于购买的衣服没有明确的要求和想法。除此之外，因为直播是刚刚兴起的购物方式，大多数被试可能还没有接触过直播，因此，在用视频作为刺激材料时，还需要测试视频对于直播购物场景的还原程度，尽可能让被试感觉自己是处在一个真实的直播场景中。

具体的实验过程是：首先加上实验的描述场景，接下来给被试观看一段已经录制好的 30 秒钟的直播购物视频，让被试识别视频还原直播购物场景的程度以及选择自己在视频中识别到的会影响其互动感知强度的要素，选择得分最高的前三项互动要素进行操控。其次加上实验的描述场景，然后给被试观看互动强度经过操控的、长度均为 30 秒钟的不同的直播购物视频，让被试识别视频还原直播购物场景的程度，接着在"我认为第一个直播购物的互动性更强"和"我认为第二个直播购物的互动性更强"的问项后对"非常同意—非常不同意"的 5 点量表打分，检查互动性操控的有效性。最后先让被试填写认知需求（Cacioppo et al., 1984, Cronbach-α 系数为 0.917）和信任倾向（Pavlou et al., 2004, Cronbach-α 系数为 0.857）的测量量表，然后加上实验的描述场景，接下来随机让被试观看两个互动程度不同、长度均为 30 秒的直播购物视频中的一个，观看结束让被试填写社会临场感量表（Gefen et al., 2000；Hassanein, 2007；赵宏霞等, 2015, Cronbach-α 系数为 0.901）、信任量表（Gefen, 2004, Cronbach-α 系数为 0.832）以及个人基本信息。

二、操控检验

针对性的操控直播购物的卖家—顾客互动强度。本书选择了两段不同的直播购物视频，然后让 30 名被试对象对这两段视频的互动强度进行识别。因为两组实验的被试群体不一样，因此，还需要测试被试对象对视频还原直播购物场景的程度进行打分，结果得分平均值 Mean = 4.07，表明视频还原了直播购物的场景。被试对视频 1 的强卖家—顾客互动性和视频 2 的弱卖家—顾客互动性能够进行明显的区分。其中，视频 1 的得分均值为 4.47，显著高于视频 2 的得分均值为 1.67，且样本通过独立样本的 T 检验（t = -15.994, p < 0.05），说明视频 1 和视频 2 的差异显著，本实验对视频卖家—顾客互动性强度的操纵是成功的。

三、假设检验

（一）卖家—顾客互动、社会临场感与信任

本书利用方差分析来检验卖家—顾客互动与信任的关系，卖家—顾客互动与信任之间关系显著（F = 178.935, P < 0.05），即主效应成立，当卖家—顾客互动较高时，顾客对卖家的信任较高（M = 3.2604, std = 0.8175），当卖家—顾客互动较低时，顾客对卖家的信任较低（M = 1.5591, std = 0.5876），假设 H1 成立。采用回归分析的方法来检验社会临场感与信任之间的关系，数据分析结果表明，社会临场感与信任之间关系显著（标准化系数 = 0.607, t = 4.395 > 1.95），假设 H3 成立。

(二) 中介效应检验

本书参照 Zhao（2010）提出的中介检验程序，利用 SPSS 中的 BOOTSTRAP 程序进行中介检验，具体结果中，卖家—顾客互动性—顾客信任之间的间接效应区间不含 0，其直接效应区间不含 0。依据陈瑞等（2014）的 BOOTSTRAP 检验方法，社会临场感在卖家—顾客互动性与信任之间起部分中介作用。

(三) 调节效应的检验

本书采用单因素方差分析来检验认知需求的调节效应。卖家—顾客互动性对社会临场感的作用显著（$F=60.501$, $p<0.050$），即主效应明显，假设 H2 得到验证。卖家互动强度×认知需求高低对社会临场感的作用显著（$F=7.902$, $p<0.050$），即交互效应显著。当互动强度增强时，高认知需求个体 $M_{高互动} - M_{低互动} = 1.6$，低认知需求个体 $M_{高互动} - M_{低互动} = 0.7$，即相较于低认知需求个体，卖家—顾客互动性增强带来的社会临场感的上升，高认知需求个体更高。假设 H4 效应得到检验。另外，当互动程度较低时，$M_{认知高} = 1.90$，$M_{认知低} = 1.71$（$F=1.171$, $p=0.284$），$p>0.05$，差异不显著。由此可知，当直播的卖家—顾客互动程度较低时，被试的临场感感知都较低，且差异不大。当互动程度较高时，$M_{认知高} = 3.32$，$M_{认知低} = 2.61$（$F=7.323$, $p=0.009$），$p<0.05$，差异显著。由此可知，当直播的卖家—顾客互动程度较高时，被试的临场感感知都较高，且差异明显。

(四) 控制变量检验

前面已经验证了卖家—顾客互动性对顾客信任的主效应，接下来检验控制变量对模型的影响，具体结果如表 13-1 所示。

表 13-1　　　　　　卖家—顾客互动对顾客信任的多元回归分析

变量	因变量：顾客信任					
	模型 1			模型 2		
	β	P	VIF	β	P	VIF
信任倾向	0.534***	0.00	1.000	0.389***	0.000	1.042
互动高低				0.567***	0.000	1.464
临场感				0.232***	0.000	1.453
	$R^2=0.285$　$\Delta R^2=0.279$　$F=49.405$ $p=0.000$　$DW=1.907$			$R^2=0.786$　$\Delta R^2=0.780$　$F=142.401$ $p=0.000$　$DW=1.907$		

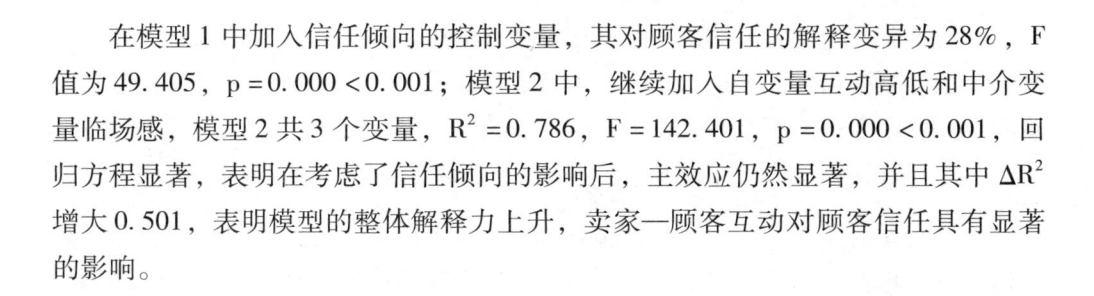

在模型 1 中加入信任倾向的控制变量，其对顾客信任的解释变异为 28%，F 值为 49.405，p = 0.000 < 0.001；模型 2 中，继续加入自变量互动高低和中介变量临场感，模型 2 共 3 个变量，$R^2 = 0.786$，F = 142.401，p = 0.000 < 0.001，回归方程显著，表明在考虑了信任倾向的影响后，主效应仍然显著，并且其中 ΔR^2 增大 0.501，表明模型的整体解释力上升，卖家—顾客互动对顾客信任具有显著的影响。

第五节 结论与讨论

一、研究结论

（一）卖家—顾客互动对顾客信任有着很强的正向影响作用

研究发现卖家—顾客互动与顾客信任之间有显著正相关关系，即卖家—顾客的互动越强（弱），顾客的信任程度越高（低），这与传统电商网站中互动相关研究的结论相符。无论是传统电商，还是直播购物，顾客最主要的目的都是购物，顾客通过向卖家提问的方式获取商品信息，卖家给顾客的反馈越及时，给出的建议越中肯，越能高效地解决顾客的问题，并且卖家通过积极的互动展现出亲切友善的态度，帮助顾客做出有效的购买决策，在这种情境下顾客便会倾向于信任卖家。

（二）卖家—顾客互动对社会临场感有着很强的正向影响作用

研究发现卖家—顾客互动与社会临场感之间呈正相关关系，即卖家—顾客互动越强（弱），顾客的社会临场感越强（弱）。卖家和顾客之间的互动在网络购物互动中属于人—人的互动范畴，这种互动本身就具有社会性，特别是良好的互动能够营造出一种温馨和谐的氛围，增强卖家与顾客之间的亲密感，顾客会感觉卖家是在"面对面"地与自己交流，自己的主张和想法卖家都能意识得到，这种体验能激发顾客对以往实体店购物经历的回忆，使顾客回想到以往的购物场景，感觉自己仿佛是在真实世界的商店中购物，卖家是真实地在与自己交流。

（三）社会临场感对顾客信任有着很强的正向影响作用

研究发现社会临场感与顾客信任之间呈正相关关系，即顾客社会临场感越强（弱），顾客社会信任就越高（低）。当顾客与卖家经过良好互动之后，顾客产生的社会临场感会拉近其与卖家的距离。顾客会感觉卖家在积极地解决自己的问题并且营造了一种和谐温馨的氛围,就像日常社会中人们和谐相处的感觉一样,这种感觉会让顾客相信卖家是诚实的、善意的并且是会遵守承诺的,因此,这种临场感会促使顾客做出积极的反应,即信任卖家。

(四)认知需求在卖家—顾客互动影响顾客社会临场感时起着调节作用

研究发现认知需求在卖家—顾客互动与顾客社会临场感之间具有调节效应。具体来讲,相较于低认知需求个体,卖家—顾客互动性增强带来的社会临场感的上升高认知需求个体上升得更高,此研究结果与以往学者的研究结果相符。高认知需求个体有更多的认知资源,更高的思考动机,他们在面对高互动性时,更倾向于积极地参与到互动中去,他们被卷入互动的程度也更深,低认知需求的个体便不会有这个倾向。因此,虽然在互动增强时,个体感知的社会临场感整体会提高,但是高认知需求的个体提高的水平相较低认知需求个体要高。

二、管理借鉴

一是直播购物中的网络卖家应该有针对性地提高自身与顾客的互动水平。研究结论显示,卖家—顾客互动强度的增强会提高顾客的社会临场感,进而提升顾客对卖家的信任。因此,对卖家而言,增强互动水平,有助于提升顾客的信任,如卖家可以主动引导顾客向自己提问而不是等待顾客提问。同时,卖家还需要对顾客的问题做出及时且高效的反馈,迅速地解决顾客的问题。此外,卖家还需要照顾其他有问题的顾客,注重自身的沟通风格。针对认知需求较高的顾客,卖家可以采取私下交流,就更多商品或者购物的细节进行沟通,通过及时交流也能提升顾客的互动感知和社会临场感,增强信任。

二是电商企业在开展直播购物业务时要为卖家—顾客之间的互动性创造条件。通过设计精美的网站,个性化的风格,吸引消费者浏览。利用3D交互技术,真实展现产品。建立轻松愉悦的在线社区,为消费者—卖家之间进行有效的沟通提供一个良好的平台。

三、研究局限

本书在理论推导和实证上虽力求科学但尚存在不足之处,主要表现在以下两个方面:

一是在研究对象的选择上不够完善。本书选择的研究产品是女装,为了使被试有尽可能高的参与度,因此,本书的被试对象大都是女性顾客。产品类型是否会影响顾客对互动或者社会临场感的感知,不同性别的顾客影响机制和程度是否有差异需要未来的补充研究。

　　二是实验的操控上还需要更严谨。因为直播购物比较新颖，绝大多数人群都没真实的接触，因此本书中的刺激材料是事先录制的直播购物视频，虽然视频对于直播购物场景的还原通过了检验，但是针对视频互动强度的操控措施存在一定不足，这也是本书的难点之处，应进一步思考如何用巧妙的方法更加有针对性地操控刺激材料的互动强度。

　　此外，直播购物中除了卖家—顾客互动之外，顾客之间也存在互相影响，但是这些影响更多的是以社会临场感的方式影响顾客，而直播购物的临场感氛围也是影响顾客的重要因素，因此未来的研究可以直接针对直播购物的社会临场感进行研究。

第十四章　网络信息搜索体验对再访问意愿的影响

第一节　引　言

据中国商务部发布的数据显示，2016年中国网络零售交易额达5.16万亿元，同比增长26.2%，是同期中国社会消费品零售总额增速的两倍有余。其中，实物商品网络销售交易额近4.2万亿元，占同期社会消费品零售总额逾1/8。与之对应，网络零售业态增速为25.4%，远高于百货店、超市和购物中心等实体零售业态的增速，是目前零售的主流渠道。网络零售对中国零售业的发展而言愈加重要，已成为带动中国零售业增长的主要动力。

但是，对于这些网络零售企业而言，如何加强顾客在搜索产品信息后的黏性，是令其非常头疼的事情。在单次的网络购物决策过程中，顾客可能不会局限在某一网络购物平台或网店搜索信息并最终购买。他们在不同的网络购物平台或网店中收集产品信息并进行评价，最终决定购买渠道。而许多顾客浏览产品网页和咨询后便杳无音信。只有顾客在搜索产品信息后还愿意再次访问购物平台或网店，才有可能在该购物平台或网店进行购买。因此，如何提高顾客的再访问意愿成为困扰网络零售商的重要问题。

在信息搜索过程中，顾客与网络零售商产生交互性的行为，进而获得某种体验。与线下体验相比，网络购物中的顾客体验更为重要和复杂。目前，学者们对网络顾客体验进行了广泛的研究，主要研究内容包括以下三个方面：第一，网络顾客体验的概念及维度；第二，网络顾客体验的影响因素；第三，网络顾客体验对顾客行为的影响。这些研究充实了网络顾客购买行为理论，但主要局限在研究多次购物间的网络顾客体验影响因素、网络顾客体验及顾客行为（一般是顾客重购意愿）及其之间的关系（如图14-1实线箭头所示），缺乏对单次购物过程中不同购物阶段间相互关联性的关注。

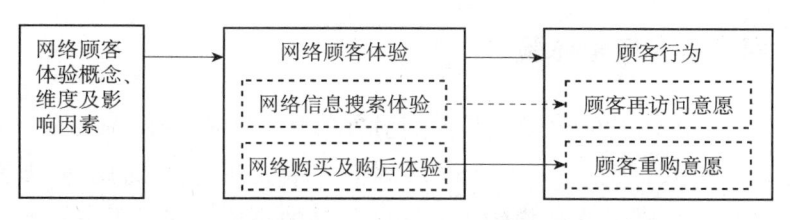

```
┌─────────┐    ┌──────────────┐    ┌──────────────┐
│网络顾客 │    │ 网络顾客体验 │    │   顾客行为   │
│体验概念、│───▶│┌────────────┐│───▶│┌────────────┐│
│维度及影 │    ││网络信息搜索││----▶││顾客再访问意愿││
│响因素   │    ││   体验     ││    │└────────────┘│
│         │    │└────────────┘│    │┌────────────┐│
│         │    │┌────────────┐│    ││ 顾客重购意愿 ││
│         │    ││网络购买及购││───▶│└────────────┘│
│         │    ││   后体验   ││    │              │
│         │    │└────────────┘│    │              │
└─────────┘    └──────────────┘    └──────────────┘
```

图 14-1　研究内容在当前研究框架中的位置（虚线箭头所示）

鉴于此，本研究将关注单次网络购物过程中，在购物导向的调节作用下，网络信息搜索体验对再访问意愿的影响（如图 14-1 虚线箭头所示），期望为网络零售企业体验营销提供可参考的思路，吸引顾客重复访问网络零售企业，提高网络顾客单次购买过程中的黏性。

第二节　文献与理论依据

一、"刺激—有机体—反应"理论

环境心理学家梅拉宾和罗素（1974）为测量物理环境的刺激物对个体行为的影响，提出了具有代表性的"刺激—有机体—反应"（S-O-R）模型。其中，刺激代表各种物理环境要素，是环境中可能会对人的认知和情绪产生影响的因素，有机体代表个体内在的过程，具体指认知和情绪，在外在刺激和个体反应中间起到关键传递作用，反应包括个体心理上的反应如态度和行为上的反应。S-O-R模型的理论基础是个体受到物理环境创造的气氛所影响，个体认知和情绪状态发生变化，进而影响个体的反应。针对环境的不同刺激作用，他们将情绪反应分为愉悦、激励和控制三个维度，不同的情绪导致不同的行为结果，个体根据不同的情绪反应决定采取规避行为还是趋近行为，即是否继续留在该环境中。

随着 S-O-R 模型应用的领域越来越宽泛，刺激物不再局限于物理环境要素。巴戈奇（1986）将 S-O-R 模型拓展到消费者行为领域，认为刺激是"个人外部的东西"，包括营销组合变量和其他环境输入，也就是说，顾客在完成一次购物活动过程中接触到的所有信息，都可以被认作广义的环境刺激。刺激作用于消费者，经消费者本人内部过程的加工和中介作用，最后使消费者产生各种外部的与产品购买有关的行为。本研究以"刺激—有机体—反应"理论为基础，构建研究框架。

二、网络信息搜索体验

体验是人心理内在的感受，是人们对外部营销刺激的某种反应，即使对待同一刺激，由于人们经历、文化背景等的差异，每个人的反应也是不同的（Schmitt，1999）。在网络零售中，与顾客交易的对象是网络零售企业，而交互的对象却是网络零售企业的网站。不论是信息搜索还是购物，人们都必须与网站进行交互，如登录网站、浏览网页（包括使用网站的搜索功能）。即使是与客户服务人员沟通，也必须借助网站上提供的电话号码、电子邮箱和即时通信工具，这些都与网站密切相关。消费者与企业的交互表现为其与企业网站的交互、与客服人员的交互以及他们之间通过论坛进行的交互三种形式。从本质看，这些交互还可以分为三种类型，一种是消费者与企业网站之间的人机交互，另一种是消费者与企业客户服务人员之间的人际互动，还有一种是消费者之间的交互。消费者的绝大多数行为，甚至全部行为都要通过与网站的交互来完成，因此，电子商务中的体验实际上就是消费者与企业网站互动过程中的经历和感受。参考姚公安（2009）关于信息搜索体验的定义，本书将网络信息搜索体验定义为消费者通过与网站进行交互而产生的搜索信息过程中的经历和感受。

三、网络信息搜索满意度

美国学者卡多佐（Cardozo，1965）首次在市场营销学领域提出顾客满意的观点，此后顾客满意理论在市场营销学领域得到了广大学者和企业家的重视和发展。到目前为止，学术界对顾客满意从不同的角度做出了很多定义。霍华德和谢恩（Howard & Sheth，1969）认为，顾客满意是消费者购买商品后，评估得到的收益能否满足自己的个人认知。奥利弗（Oliver，1981）指出，顾客满意是在使用和享受了产品之后价值利益与一开始的期望相符合时的一种状态。菲利普·科特勒（Philip Kotler）提出的观点比较接近现代经济发展的状况，认为满意度是一个人对买某一产品的过程中和使用过后的感觉，再与其本身对该产品的一个预期期望进行对比之后所反映出来的一种状态。

在购物过程中，消费者想要购买相对复杂、价格较高或不熟悉的产品或服务，首先都会进行详细的产品或服务信息搜索。在这一阶段，消费者首先会选择某个最合适的渠道收集信息，既可以通过互联网能方便快捷地得到所需产品的各种信息，也可以通过传统店铺渠道，得到更好的服务和体验，直接了解产品信息。如果这次搜索经历中感知到的绩效超过搜索前的期望，消费者就会感到满意，反之则不会满意。

第三节　研究模型与假设

一、网络信息搜索体验与再访问意愿的关系

网络顾客体验是一种外部刺激，是消费者购买行为的重要决定因素，它会影响网站访问者的网络浏览意愿、网络停留意愿和网络购买意愿。许（Hsu，2011）将网络体验比喻成一种"流"体验，认为"流"体验能够积极预测顾客的网络购买行为，包括持续使用意愿、购买意愿以及冲动型购买行为。贝蒂和斯密斯（Beatty & Smith, 1987）研究指出，消费者信息搜索成效显著影响他们的购买决策，并对他们最终做出是否购买的决定起基础性作用。帕特沃德罕和拉普拉萨德（Patwardhan & Ramaprasad, 2005）研究了消费者电子渠道信息搜索对购买行为的影响，结果发现消费者信息搜索信念和行为对购买信念与行为存在直接和间接影响。这些研究表明，网络顾客体验对顾客行为意愿有影响。推而广之，网络信息搜索体验也会影响顾客行为意愿，其中，包括网络再访问意愿。对于那些首次浏览网站寻找产品信息的顾客而言，他们还没有产生购买行为，不会拥有购买体验，但是获得了另一种体验——网络信息搜索体验。当这种体验是积极的，他们再次访问该网络的意愿就会越强烈。

基于上述分析，做出如下的假设：

H1：网络信息搜索体验与再访问意愿之间存在显著正相关关系。

二、网络信息搜索满意的中介作用

体验提供了与功利性属性类似的价值和效用，并形成顾客对某一客体的信念。根据态度理论，当顾客浏览网站或者从网络零售商那里获得了某种服务时，就会感知到某种价值和效用，形成对这一网络零售商的信念。这种价值或者效用越高，信念越正，那么顾客对该网站就会感知到更高水平的满意度，产生积极的态度。库鲁扎—库等（Kuruzovich et al., 2008）的研究表明，消费者更愿意光顾生产商网站搜寻产品价格及其他产品相关信息，同时，在线渠道信息搜索与在线渠道信息搜索满意之间存在显著的正向影响关系。当网络浏览者对某网站的态度

越满意越积极,那么在未来的一段时间内,他再次访问该网站的意愿就会越强烈。

基于上述分析,做出如下的假设:

H2:网络信息搜索体验与网络信息搜索满意之间存在显著正相关关系。

H3:网络信息搜索满意与再访问意愿之间存在显著正相关关系。

三、顾客购物导向调节作用

当顾客从网络零售商那里获得体验后,顾客购物导向会调节网络信息搜索体验与网络信息搜索满意或再访问意愿之间的关系。一般认为有三种顾客购物导向:便利型购物导向、经济型购物导向和娱乐型购物导向。便利型购物导向顾客常常考虑时间、空间和付出等问题;经济型购物导向顾客指的是那些关注低价或者希望以合理价格获得更高价值的理智型顾客;娱乐型购物导向顾客会享受购物或者非常喜欢购物。

在获得相同信息搜索体验的情况下,不同购物导向的消费者在制定购买决策时会有不同的行为倾向。便利型购物导向的消费者为了节约时间(追求便利)可能更倾向于再次访问(即再体验)或者继续选择已建立关系的网络零售商;经济型购物导向的消费者为了获得更合理的价格而进行比较广泛的网络搜索,其再体验或者再次购买的可能性就比较低;与经济型购物导向的顾客类似,娱乐型购物导向的消费者享受购物的过程,在不同的网络零售商中搜索和咨询让他们感到愉悦,其再体验或者再次购买的可能性也比较低。因此,便利型购物导向会增强网络信息搜索体验和网络信息搜索满意(或再访问意愿)之间的关系;经济型购物导向和娱乐型购物导向会削弱网络信息搜索体验和网络信息搜索满意(或再访问意愿)之间的关系。

基于上述分析,建立以下假设:

H4:顾客购物导向对网络信息搜索体验和网络信息搜索满意之间的关系起着显著的调节作用。

H5:顾客购物导向对网络信息搜索体验和再访问意愿之间的关系起着显著的调节作用。

根据前面的假设,本书的研究模型如图14-2所示:

在这个框架中,网络信息搜索满意是中介变量,顾客购物导向是调节变量,网络信息搜索体验在顾客购物导向的调节下直接影响或通过网络信息搜索满意间接影响再访问意愿。

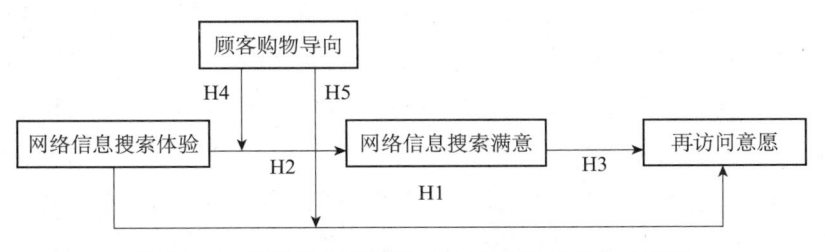

图 14-2　网络信息搜索体验与再访问意愿关系模型

第四节　研究方法与过程

一、变量的定义与衡量

为确保量表的效度及信度，本书参考现有文献中使用的成熟量表，根据研究目的加以修改作为搜集实证数据的量表。

网络信息搜索体验是指顾客从某一特定网络零售商处获取信息咨询服务后所产生的对该零售商的一种情感。本书衡量网络信息搜索体验的量表来自斯密斯和扎拉同尼洛（Schmitt & Zarantonello, 2009）的问项设计，其中，包含感官体验、情感体验、行为体验和认知体验四个因素，共十二个题项。

网络信息搜索满意是指顾客从某一特定网络零售商处获取某种信息咨询服务后得到的满足程度。本书对网络信息搜索满意的测量参考了奥利弗（Oliver, 1981）的问项设计，共三个题项。

再访问意愿是指顾客在浏览或咨询某一网络零售商后，再次浏览该网络零售商的可能性，是顾客行为意愿和网络零售商顾客忠诚的指标之一。本书对再访问意愿的测量参考了尼斯文（Nysveen, 2005）的问项设计，共两个题项。

顾客购物导向是顾客购买时的一种行为倾向，它反映出了顾客将购物作为社会的、娱乐的或者经济现象的一种观点，是顾客自身的一种内在特质。本书衡量顾客购物导向的量表参考了崔和帕克（Choi & Park, 2006）、盖尔特等（Gehrt et al., 2007）和吉拉德等（Girard et. al., 2003）的问项设计，其中，包含经济型购物导向、便利型购物导向和娱乐型购物导向三个维度，共十个题项。

二、数据收集

本研究的调查对象是具有网络购物经验的顾客群体。调查同时采用纸质问卷与电子问卷两种方式,纸质问卷在武汉市和江门市各大商场门前发放,电子问卷通过专业调查网站和社交平台发放。调查时间从2016年11月至2017年1月,为期3个月,共回收问卷288份,其中纸质问卷152份,电子问卷136份,有效问卷264份,占总回收问卷的91.7%。

从问卷的描述性统计看,样本趋向于年轻化,年龄集中在"21~40岁",占总样本的73.8%;受访者的职业集中在"企业职工"和"学生",分别占总样本的39.8%和37.1%;受教育程度较高,本科以及本科以上的学历为170人,占总样本的64.4%;网购年龄的时间集中在"1~3年"和"3~5年",分别占总样本的39.4%和39.7%,具有较为丰富的网络购买经验,这在很大程度上保证了本书问卷的真实性和可靠性。

网络信息搜索体验、网络信息搜索满意、顾客购物导向和再访问意愿的各因素或变量的Cronbach α系数分别为0.795、0.830、0.856和0.804,均大于0.7的临界水平,表明问卷量表具有较高的信度。量表所采用的测量题项均来自以往的文献,经过了多次证明和检验,同时,本书在确定正式问卷前,经过了专家咨询、预调查等步骤,保证了题项具有较好的内容效度和构建效度。

三、数据处理

(一)网络信息搜索体验、网络信息搜索满意与再访问意愿之间的关系

1. 相关分析

网络信息搜索体验与再访问意愿之间的相关系数为0.323,网络信息搜索体验与网络信息搜索满意之间的相关系数为0.507,网络信息搜索满意与再访问意愿之间的相关系数为0.545,且均在0.01的显著性水平上显著正相关。假设H1、H2和H3得到了初步验证。具体如表14-1所示:

表14-1   相关分析

		网络信息搜索体验	网络信息搜索满意	再访问意愿
网络信息搜索体验	Pearson 相关性	1	0.507**	0.323**
	显著性(双侧)		0.000	0.000
网络信息搜索满意	Pearson 相关性	0.507**	1	0.545**
	显著性(双侧)	0.000		0.000
再访问意愿	Pearson 相关性	0.323**	0.545**	1
	显著性(双侧)	0.000	0.000	

注:**代表在0.01水平(双侧)上显著相关。

2. 回归分析

相关分析明确获得了网络信息搜索体验、网络信息搜索满意与再访问意愿之间的关系密切程度。回归分析可以验证相关分析的验证结果，进一步考察以上各变量之间关系的强度和特点。

三个模型的 P 值均为 0.000，明显小于 0.05，全部通过了 t 检验。模型 1 的非标准化的回归系数的常数项 B = 2.686，Beta 系数为 0.465，可得非标准化回归方程：再访问意愿 = 2.686 + 0.465 × 网络信息搜索体验。网络信息搜索体验会显著增强再访问意愿，假设 H1 成立。模型 2 的非标准化的回归系数的常数项 B = 1.262，Beta 系数为 0.788，可得非标准化回归方程：网络信息搜索满意 = 1.262 + 0.788 × 网络信息搜索体验，网络信息搜索体验会显著增强网络信息搜索满意，假设 H2 成立。模型 3 的非标准化的回归系数的常数项 B = 2.341，Beta 系数为 0.505，可得非标准化回归方程：再访问意愿 = 2.341 + 0.505 × 网络信息搜索满意。网络信息搜索满意会显著增强再访问意愿，假设 H3 成立。具体如表 14 - 2 所示：

表 14 - 2　　　　　　　　　回归分析

模型		非标准化回归系数		标准回归系数	t 值	Sig.
		B	标准误差	Beta		
1	（常数）	2.686	0.468		5.740	0.000
	网络信息搜索体验[a]	0.465	0.107	0.323	4.343	0.000
2	（常数）	1.262	0.460		2.743	0.007
	网络信息搜索体验[b]	0.788	0.105	0.507	7.480	0.000
3	（常数）	2.341	0.291		8.033	0.000
	网络信息搜索满意[c]	0.505	0.061	0.545	8.267	0.000

注：a 因变量：再访问意愿；b 因变量：网络信息搜索满意；c 因变量：再访问意愿。

（二）顾客购物导向的调节作用

本研究中的调节变量"顾客购物导向"是分类变量（1 = 经济型购物导向，2 = 便利型购物导向，3 = 娱乐型购物导向），其他变量均为连续变量，可采用分组回归分析研究顾客购物导向的调节作用。

1. 顾客购物导向对网络信息搜索体验和网络信息搜索满意关系的调节作用

没有调节变量的回归方程的标准化 Beta 值为 0.507，有顾客购物导向变量调节的回归方程的标准化 Beta 值分别为 0.384（经济型购物导向）、0.853

（便利型购物导向）和 0.382（娱乐型购物导向），P 值均显著（分别为 0.023、0.011 和 0.002，均小于 0.05）。各方程的标准化 Beta 值差异非常大，说明顾客购物导向确实能调节网络信息搜索体验与网络信息搜索满意之间的关系。其中，便利型购物导向增强了网络信息搜索体验与网络信息搜索满意之间的关系（标准化 Beta 值为 0.853，大于 0.507），经济型购物导向与娱乐型购物导向减弱了网络信息搜索体验与网络信息搜索满意之间的关系（标准化 Beta 值分别为 0.384 和 0.382，小于 0.507）。假设 H4 得到支持。具体如表 14-3 所示：

表 14-3　　　　　　　　分组回归分析（1）

模型		非标准化系数		标准化系数	t	显著性
		B	标准误	Beta		
1	（常数）	2.935	0.328		4.442	0.001
	网络顾客搜索体验[a]	0.481	0.136	0.507	5.147	0.000
2	（常数）	1.912	0.209		11.353	0.004
	网络顾客搜索体验[b]	0.335	0.069	0.384	6.221	0.023
3	（常数）	3.332	0.468		3.756	0.000
	网络顾客搜索体验[c]	4.358	0.765	0.853	7.161	0.011
4	（常数）	3.102	0.303		5.648	0.000
	网络顾客搜索体验[d]	0.518	0.143	0.382	8.325	0.002

注：a. 无调节变量；b. 调节变量：经济型购物导向；c. 调节变量：便利型购物导向；d. 调节变量：娱乐型购物导向。

2. 顾客导向对网络信息搜索体验和顾客再访问意愿关系的调节作用

没有调节变量的回归方程的标准化 Beta 值为 0.323，有顾客购物导向变量调节的回归方程的标准化 Beta 值分别为 0.265（经济型购物导向）、1.486（便利型购物导向）和 0.274（娱乐型购物导向），P 值均显著（分别为 0.002、0.046 及 0.01，均小于 0.05）。各方程的标准化 Beta 值差异非常大，说明顾客购物导向确实能调节网络信息搜索体验与顾客再访问意愿之间的关系。其中，便利型购物导向增强了网络信息搜索体验与顾客再访问意愿之间的关系（标准化 Beta 值为 1.486，大于 0.323），经济型购物导向与娱乐型购物导向减弱了网络信息搜索体验与顾客再访问意愿之间的关系（标准化 Beta 值分别为 0.265 和 0.274，小于 0.323）。假设 H5 得到支持。具体如表 14-4 所示：

表 14-4　　　　　　　　　　分组回归分析（2）

模型		非标准化系数 B	标准误	标准化系数 Beta	t	显著性
1	（常数）	2.686	0.468		5.740	0.000
	网络信息搜索体验[a]	0.465	0.107	0.323	4.343	0.000
2	（常数）	1.870	0.189		9.874	0.000
	网络信息搜索体验[b]	0.217	0.069	0.265	3.148	0.002
3	（常数）	2.539	0.512		4.961	0.000
	网络信息搜索体验[c]	1.403	0.698	1.486	2.010	0.046
4	（常数）	2.301	0.299		7.690	0.000
	网络信息搜索体验[d]	0.418	0.126	0.274	3.307	0.001

注：a. 无调节变量；b. 调节变量：经济型购物导向；c. 调节变量：便利型购物导向；d. 调节变量：娱乐型购物导向。

根据上述数据分析结果可知，本书的所有假设均成立。

第五节　结论与讨论

一、研究结论

根据上述研究结果，可以得出在顾客单次网络购物过程中的如下结论。

（一）网络零售商提供的网络信息搜索体验越好，顾客就会越愿意再次访问该零售商

根据互惠理论，网络零售商可以为消费者提供更多更好的服务，如果消费者能够从服务中获益，又都遵守互惠规范，愿意为自己的所得提供回报，消费者和企业就组成了互动群体，双方会以承诺的方式持续地表示出其在交换关系中的可信任性。网络零售商给顾客提供了良好搜索体验，作为回报，顾客也会对零售商产生互惠行为，再次访问该零售商网站也是顾客的互惠行为之一。而且，体验的良好程度越高，则顾客会感受到从零售商得到的好处越多，他们给零售商的互惠行为意愿也就越高，即顾客会更愿意再次访问该零售商。

（二）网络零售商提供的网络信息搜索体验越好，顾客的网络信息搜索满意度会越高

顾客满意是一个人通过对一个产品或服务的可感知效果与他的期望值相比较后，所形成的愉悦或失望的感觉状态。如果产品或服务的可感知效果不如顾客的预期，则顾客感到不满意；如果可感知效果恰如预期，则顾客感到满意；如果可感知效果超过预期，则顾客会感到非常满意。在顾客的期望水平不变的情况下，可感知效果越高，则顾客满意度越高。顾客根据过去的购买经验、朋友的意见以及营销人员和竞争者的信息和承诺形成了对某网络零售商的信息搜索体验期望，而实际的网络信息搜索体验是顾客对网络零售商服务水平的可感知效果，当这种可感知效果越高，顾客的网络信息搜索满意度也就越高。

（三）当顾客具有不同的购物导向时，网络信息搜索体验和网络信息搜索满意之间的关系也会有所不同

当顾客具有便利型购物导向时，网络信息搜索体验和网络信息搜索满意之间的关系会更强，良好的网络信息搜索体验会使得顾客更加满意；相反，当顾客具有经济型购物导向或娱乐型购物导向时，网络信息搜索体验和网络信息搜索满意之间的关系会变弱。此时，如果网络零售商提供了良好的网络信息搜索体验，顾客也会满意，但满意程度会降低。

（四）当顾客具有不同的购物导向时，网络信息搜索体验和再访问意愿之间的关系也会有所不同

当顾客具有便利型购物导向时，网络信息搜索体验和再访问意愿之间的关系会更强，良好的网络信息搜索体验会使得顾客更加愿意再次访问该零售商；相反，当顾客具有经济型购物导向或娱乐型购物导向时，网络信息搜索体验和再访问意愿之间的关系会变弱。此时，如果网络零售商提供了良好的网络信息搜索体验，顾客也会产生再访问意愿，但意愿的强烈程度会降低。

二、管理借鉴

在实践中，为提高单次网络购物过程中顾客的再访问意愿，网络零售商通常会采用电话回访、手机信息和电子邮件等事后方式，对顾客进行提醒或提供促销信息，吸引顾客再次访问。根据本书的结论，网络零售商还可以从以下三个方面采取措施。

（一）提升顾客网络信息搜索的体验水平

体验存在于消费者个体与企业或者企业提供的每一个互动中。网络零售商要

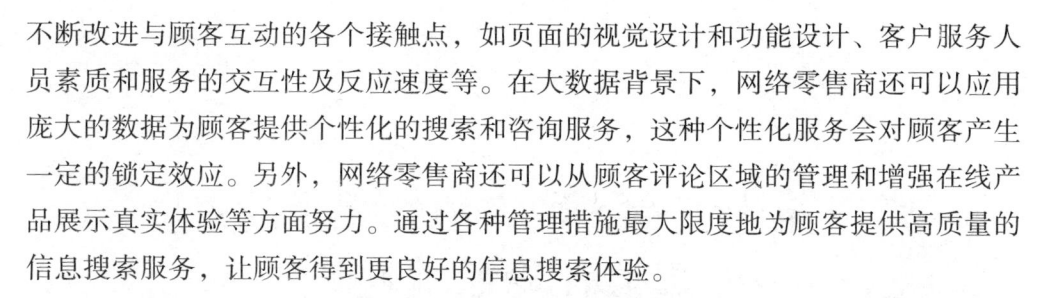

不断改进与顾客互动的各个接触点，如页面的视觉设计和功能设计、客户服务人员素质和服务的交互性及反应速度等。在大数据背景下，网络零售商还可以应用庞大的数据为顾客提供个性化的搜索和咨询服务，这种个性化服务会对顾客产生一定的锁定效应。另外，网络零售商还可以从顾客评论区域的管理和增强在线产品展示真实体验等方面努力。通过各种管理措施最大限度地为顾客提供高质量的信息搜索服务，让顾客得到更良好的信息搜索体验。

（二）时刻关注顾客网络信息搜索过程中的满意程度

顾客在零售商网站上进行信息搜索的过程中是否满意，是能否促使顾客再次访问甚至实现最终价值交换的关键。零售商一方面要通过良好的信息搜索服务，尽可能使顾客满意；另一方面还要时刻监测顾客的满意度。一旦发现顾客存在不太满意的迹象，应立即查找原因，扭转顾客的负面态度，提高顾客满意度。值得注意的是，不满意的顾客一定不会是忠诚的顾客，但满意的顾客也不一定就是忠诚的顾客。在尽量提高顾客信息搜索满意度的同时，走出"满意制胜"的误区。

（三）注意区分顾客的购物导向，并适当进行引导

具有便利型购物导向的顾客在进行网络信息搜索后更容易满意和再次访问该零售商。网络零售商客服人员在与顾客的沟通中，要注意区分顾客的购物导向类型，引导顾客更加关注便利型购物的重要性，降低他们对经济型购物与娱乐型购物的重视程度。网络顾客一般是便利型购物导向，但最近娱乐型和经济型购物导向似乎慢慢成为主要的网络购物导向。这种趋势不利于网络零售商的销售，网络零售商应加以重视。

三、研究局限

虽然本书得出了一些对企业管理理论和实践都有一定意义的结论，但也存在着一些不足：一是研究样本异质性不足。虽然本书研究者的样本在年龄、性别、职业等方面存在差异，但样本取样相对单一，大学生在样本中所占比例较重。取样异质性方面不够，可能会影响研究结论的准确性和客观性。二是没有区分网络信息搜索体验不同维度。由于研究时间和测量的限制，本书并没有区分网络信息搜索体验的不同维度对顾客再次访问的影响。

第十五章 顾客感知视角的虚假评论欺骗性

第一节 问题的提出

随着互联网应用技术的发展和移动支付日益便捷，网络购物的流行成为不可逆转的趋势。在网络购物情境下，消费者乐于发布评论以抒发心得、分享商品体验。与实体店不同的是，网购中的买家可用来感知和评估商品质量的信息线索有限。正是由于这种买卖双方信息不对称性的存在，潜在消费者很容易受到在线评论的影响而发生态度的转变。在线评论从更客观的角度提供了囊括商品外观、使用性能、实物图、物流、售前售后服务等在内的、为顾客所在意的诸多细节，在竞争激烈的电商市场中，成为影响消费者购买决策的重要因素。尽管消费者警觉性日益提高，电商平台稽核系统也在不断升级算法以打击肆意刷单，然而职业刷单者依靠其庞大而分散的组织优势，模拟真实消费者网购流程和评价用语，避开稽核系统行为分析算法的雷区，成功实现刷单刷评论。此外，还有许多商家通过返现等优惠手段激励消费者给予五星好评以获得更多销量。对于商家删除差评、利诱消费者撰写好评、冒充消费者或者雇佣专业水军撰写商品评论的行为，均可称为评论操纵行为。这些评论操纵行为，虽然在业界已成为潜规则而被广泛采用，但相关的学术研究十分有限。在消费者和电商平台已经做出预警反应的情况下，评论操纵究竟是如何说服消费者的以及对其欺骗性是如何感知的值得关注和研究。

第二节 虚假评论文献综述

一、国内外学者对虚假评论的研究概述

艾仁思、科伊尔（Ahrens J., Coyle J. R., 2013）用实证的方法从虚假评论

对商家和消费者的影响力进行了分析，结果显示，消费者对在线评论的可信度感知会随着虚假评论数量的增多而降低。达克（Darke, P. R., 2008）的研究分析了商家利用虚假评论来操纵网络口碑的目的与动机，并通过实证方法得出如下结论：很多商家为了提高自己的网络口碑，抑或是为了有效打击竞争对手以降低其好评度而雇用水军发表带有欺骗性的评论来蒙蔽消费者。并且，这样的商家有一个共同的特点就是：网络信誉度低、用户量少。德·迈尔（De Maeyer, P., 2012）指出，追评是目前消费者高度关注的在线评论的形式之一，且比其他评论具有更高的可信度和说服力。因为追评是买家在初次评论后间隔一段时间的追加评论，更多的是使用产品后的真实体会或心得，是针对商品质量及商家服务的真实反映。因此，目前有的商家抓住了消费者对追评的高信任度的心理，注册多个账号刷追评以博取消费者的高关注度和信任度来提升自己的销量。胡（Hu, N., 2011）的研究表明，为了有效管理在线评论的有效性，很多网络平台的卖家自己无法删除在线评论，但产品质量和服务缺陷导致的差评给卖家带来了很大的消极影响。为了提升自己的好评率，商家会采取各种手段删除差评，如电话骚扰或现金返券贿赂买家修改评论，或者将差评商品下架，以新的页面编辑后重新上架。卡巴迪伊（Kabadayi, S., 2011）指出，虚假评论中比较特殊的一类就是激励性好评，是真实买家由于受到商家的利益诱惑而发表的不客观的在线评论，商家往往以小额现金或优惠券来换取好评。越来越多的证据表明，操纵在线产品评论（也称为互联网支付水军）是一个普遍和日益增长的现象（Kim, D. J., 2008）。德·迈尔（De Maeyer, P., 2012）的研究表明，当有新产品投入市场时，卖家通过操纵在线评论的确能够吸引更多消费者的关注，促进产品销量的增长，具有积极效应。

我国学者针对在线评论的欺骗性也展开了研究。严建援等（2012）对比了在线评论操纵的几种手段后发现，消费者对于增加好评的道德性感知度最低，欺骗性感知度最高，并验证了消费者对虚假评论的认知度在购买意愿和感知欺骗性之间起到调节作用。彭岚等（2011）对在线评论深入研究的基础上，将虚假评论的属性特点概括为四个方面：评论数量、评论质量、评论特征及评论时间。并进行了消费者对在线评论欺骗性的感知价值和感知风险及对购买意愿的影响研究。郝媛媛等（2009）通过实证方法研究了虚假评论的情感倾向与顾客购买行为之间的关系，证明了虚假评论识别技巧较强的消费者在网购时较不易受评论的影响。孟美任等（2013）指出，操纵在线评论是蜂鸣营销的方式之一，就是通过增加评论的方式来诱导消费者，即扮演成消费者来发布关于商品的积极评论，增加商品销量。

二、文献述评

首先，前人对评论感知有用性的研究都是基于网络评论是真实的、独立的购物信息参考这一前提，很少将虚假网络评论考虑到研究中。但是，随着电子商务的发展，竞争加剧，虚假评论和评论操控的出现，使得整个网络评论环境发生很大的变化，前人的研究结果有待商榷。因此，笔者将基于更加真实的网络评论环境，即把网络评论中存在虚假评论这一事实加入研究中，探讨虚假评论出现后评论感知有用性的变化。

其次，总体来看，学界关于网络评论的影响研究还是比较丰富的，研究体系也相对成熟，包括网络评论的可信度、有效性、有用性以及数量、效价等因素如何影响商品销量或服务等，关于虚假评论的影响研究相对较少。尽管学者们都知道虚假评论属于网络评论范畴，但是由于虚假评论的特殊性，有关网络评论的研究方式不能直接移植到虚假评论的研究中。此外，网络评论的一些指标和命题在虚假评论的研究中未必能得到验证。加之大多数的研究是从商家评论操控的视角去研究虚假评论发布的动机和机制，极少从消费者视角出发，因此，笔者将从消费者角度出发探讨消费者感知到虚假评论存在后，对网络评论的感知有用性会发生什么变化展开研究。

最后，从虚假评论的相关研究中，可以发现大多研究集中在计算机领域，并且在虚假评论的识别研究方面较多，在消费者行为研究领域虚假评论的研究非常少。虽然网络评论的相关研究已经形成了规模的研究范式，但是虚假评论因其独有的特点和对网络评论的影响是根据前人研究无法直接得出结论的，当前，越来越多的学者已开始关注虚假评论对消费者购买意愿和购买行为的影响研究。但是，由于虚假评论的特征与真实评论存在极大的相似性，甄别的难度也日益加大。笔者通过文献梳理后，拟解决以下问题：消费者在多大程度上会意识到虚假评论的存在？他们是怀疑还是能够发现零售商具体的操作策略呢？他们是如何感知不同策略的欺骗性？虚假评论对他们的购买行为有什么潜在的负面影响？因此，本书拟通过定性和定量的方法提供见解并回答这些问题。

第三节 研究设计与过程

一、研究设计

本研究采用了深度访谈法，以网购频率高且曾因虚假评论而被欺骗的消费者为研究对象。实验选取 20 名网购经验丰富的消费者匿名访谈,以了解虚假评论对不同理解能力的消费者的欺骗性有何差异。受访者包括 12 名女性和 8 名男性,年龄在 18~40 岁且在过去 3 个月购买次数超过 5 次或消费支出 1 000~8 000 元不等。研究人员准备了半结构化访谈提纲,所有问题参考中外学者的量表,先将问题翻译成中文,再翻译回英文,确保问题内容的一致性。结合受访者的互联网使用和在线购物的体验,采用间接询问技术,围绕虚假评论如何识别与检测以及不同的欺骗策略带来的感知差异进行。访谈时间从 30 分钟到 60 分钟不等,平均 40 分钟接受完访问。我们将受访者进行编号,例如 F1 为女一号、M2 为男二号。

为了更好地探究消费者对卖家操纵在线评论的感知度,我们对受访者首先提问"您是否发现卖家有操纵在线评论的行为?他们是如何操纵的?"。受访者都以自己的语言描述了不同的操纵策略,结果表明有 10 个受访者提到了增加好评,有 8 个受访者提到卖家采取激励措施鼓励发表正面评论,有两个受访者提到了卖家会删除不利于自己的负面评论。如表 15-1 所示,三个常用的策略描述如下:第一,在线商家经常提供一些激励机制来鼓励消费者发表积极的评论,如打折、代金券、现金折扣、送礼物等。第二,在线商家让别人(员工、同事、好友甚至专业的评论员)冒充消费者匿名发布假的积极评论,尽管他们没有购买或使用该产品;第三,在线商家故意删除不利于自己的评论以降低差评率,甚至在网站管理员的协助下编辑删改负面评论,使之成为积极的评论。

表 15-1　　　　　　　　　　在线评论不同的操作策略感知

激励评论	卖家以超低折扣诱惑消费者以换取好评(F1,F2,M8) 一旦买家给了差评,卖家会通过各种形式骚扰买家,欲将差评改为好评(F9,M6) 卖家以现金折扣、送礼物、优惠券等方式贿赂买家,希望留下好评(M5,F11,M7)
增加评论	雇用专业刷客模拟顾客真实网购流程,发表好评以迷惑消费者(F3,F4,F5,F7) 我听说卖家为了增加正面口碑,雇用专业的评论者发布更多好评(F6,M1,M3) 卖家让他的亲戚朋友冒充顾客留下好评,试图说服潜在消费者购买(M4,F8,M2)
删除评论	某些购物平台的卖家在幕后通过删除负面评论来操纵买家对商品的感知(F12) 为了降低负面评论的影响,卖家将商品下架后,编辑新的页面重新上架(F10)

可以看出,消费者感知到的卖家操纵在线评论的方式有三种,虽然比较隐蔽,但有经验的消费者还是可以通过各种特征、信息感知出来。当然,消费者更关注的是激励评论和增加好评,而对删除评论不太关注。然而,隐藏和删除真实的评论信息在最具欺骗性的同时也是最不易检测到的。

二、虚假评论识别

关于虚假评论的识别研究也是目前比较热门的,很多学者都是基于在线评论的特征指标予以识别。一是通过在线评论的内容筛选虚假信息,从语句、情感、描述方式等方面进行识别。二是对发布虚假评论者的评论行为区分真假。从评论行为方式、频率等方面,区分出和普通买家的差异。我们对受访者的问题是"您是如何识别出在线评论是虚假的?依据和线索是什么?"结果发现,20人里只有1个人从未怀疑在线评论有被操作的可能,其余的人表示曾经怀疑过。表15-2总结了受访者识别虚假评论的线索,主要从以下四个方面予以识别:评论内容、评论数量、卖家信誉和销量以及评论者的身份。

表15-2　　　　　　　虚假评论识别线索

评论内容	大部分好评的内容都类似,甚至是重复的(F6) 网上浏览不同卖家的相同产品时发现,很多评论包含相似的词汇、内容,那有可能是被专业的评论者所操纵(F7) 不同的购买者给出的评论是完全相同的,那么可以认定为是虚假评论(F8) 评论内容少且评价极高,其可信度明显降低(F9) 如果所有的评论内容都非常细致,好评度极高,且都做了晒图分享,那么这样的评论基本可以认定为虚假(F4,F5)
评论的数量	如果同一人重复在一家店里购物并不断给予好评,而评论并不显示货物已收到,那么极有可能是卖家的亲戚、朋友帮忙刷好评(F1,F2) 有的卖家自己购买产品来增加销量吸引消费者,但是评论数量很少(F3,F10,F11) 如果新上架的商品评论数量短期内剧增,那肯定是刷出来的(F12,M1)
评论的不匹配、卖家信誉和销量	如果卖家的信用度在短期内急速上升,那他的在线评论肯定是被操纵的(F1,M3) 如果某商品销量很低,但是评论却非常好,值得怀疑(F9,M4) 如果所有的评论都是好评,连中评都没有,也值得怀疑(F10,M5) 有的评论并不是针对商品或服务,那么可以认定为无意义(M6)
评论者的身份	如果相同的人发表的所有评论都一样,那就值得怀疑(F2,M8) 一般都会给自己的购买ID拟好记的名字,如果ID是数字或字母组合且很少见,那我认为其发表的评论的可信度比较低(M7,F3)

受访者根据自己的网购经验总结了以上四个方面的虚假评论识别线索,说明在网络营销日益发展的今天,消费者已有足够的能力进行评论信息甄别以帮助自己进行消费决策。操纵在线评论的确能为商家带来一定的经济利益,这也是虚假评论日渐增多的根源所在。虚假评论的特征与真实评论越来越接近,难辨真伪,尤其是匿名发布且真假混在一起,给消费者的决策造成很大的困扰。消费者如何看待虚假评论带来的负面影响?这需要我们做进一步的研究。

三、虚假评论认知

针对上面提到的虚假评论的三种操纵策略,我们要求受访者谈谈各种操纵行为的负面影响,以及哪种操纵策略的欺骗性最强。表15-3总结了访谈结果:三种策略中，消费者认为删除负面评论的做法最令人反感，是最不道德、最隐蔽的，但是却不影响其购买意愿和行为；增加好评会影响购买意愿；采取激励措施增加好评的做法可以接受。访谈结果如下：

1. 删除负面评论是最让人接受不了的行为，是对顾客的隐瞒和欺骗（F1，F3，M1）。

2. 删除负面评论是自欺欺人的行为（F2，M2，M3）。

3. 产品的负面评论对我来说至关重要，因为它有助于我全面考量，做出决策（F4，FS，FB）。

4. 删除负面评论是对顾客的信息不对等行为，是欺骗顾客（M4，F6，F7）。

5. 卖家都想竭尽全力展现积极评论，只要别太夸张，都能接受（MS）。

6. 采取激励手段使顾客发表积极评论的做法可以接受，其实类似于促销活动，起码是真实的购买者（M6，F9，M7）。

7. 采取激励措施鼓励购买者发表好评的动机是好的，我相信，如果产品有质量问题，则购买者也不会违心给好评的（F10，M8）。

8. 我一般都比较关注负面评论，增加好评的行为在营销效果上较差（F11，F12）。

表15-3　　　　　　　　　　　虚假评论认知

操作策略	最欺骗的	最易于发现的	最不道德的	最有负面影响的
激励措施	1	8	1	0
增加好评	3	9	2	1
删除负面评论	15	3	14	14
都同样重要	1	0	3	5
都不重要	0	0	0	1

虚假评论一般是由消费者、商家和竞争对手发布的，其目的各不相同：消费者一般是出于好评返现的诱惑和情绪发泄的动机而发布虚假评论，特点是评论无意义、评论内容与商品无太大关系，甚至与商品不符、评论夸大其词，严重失实；商家发布虚假评论的目的是提高信誉度和促销商品，特点是增加评论数量，对商品和服务的过度描述来迷惑消费者；竞争对手发布的虚假评论目的性很强，特点是诋毁和恶意差评，导致恶性竞争。虚假评论本质上带有欺骗性，如果消费者感知到虚假评论的欺骗性，则会影响其购买意愿和行为。因此，我们还需要一个大样本的定量研究来进行验证。

四、虚假评论感知的定量研究

为了更直观地了解消费者对三种在线评论操纵策略的感知，我们采用随机招募的方式进行问卷调查，被试者既有学生，也有教师和企事业单位人员。共发放问卷 280 份，回收有效问卷 245 份，样本中女性 195 人，男性 50 人，年龄在 18～40 岁之间，网购年龄至少一年以上，且在网购过程中比较依赖在线评论来做出购买决策。问卷采用李克特 7 级量表予以评分，1 表示非常不愿意购买，7 表示非常愿意购买。要求受访者对虚假评论的感知有用性、感知易用性等进行描述。结果如表 15-4 显示，消费者对三种在线评论操纵策略的欺骗性感知有显著差异。

表 15-4 测量变量及信度分析

测量指标	信度
感知欺骗性	0.930
便于检测	0.906
道德性	0.925
购买意愿（1：非常不可能；7：非常可能）	
购买此产品的可能性是	
我考虑购买此产品的可能性为	0.922
我购买此产品的愿望是	
评论的有效性（1：非常同意；7：非常不同意）	
评论提高了我线上购买的能力	0.856
评论提高了我的网购决策	
评论增强了我网购的有效性	
我发现评论对我的决策很有帮助	
线上专业知识（1：很低；7：很高）	
我的网购经验是	
我的网购知识为	0.898
我的网购专业性为	

为了有效测量消费者对这三种在线评论操纵策略的感知，我们采用重复测量的协方差进行测试，协方差包含性别、年龄、网购时间和网购专业性。然后使用成对对比进一步检查各策略之间的差异，结果显示（见表 15-5）：删除负面评论和增加好评与采取激励手段鼓励好评相比具有更大的欺骗性和不道德性，删除

评论和增加好评二者之间没有太显著差异。删除负面评论的平均值是最高的，也说明对消费者的购买意愿的影响是最大的，也是最隐蔽不易被发现的。

表 15-5　　　　　　　　　　协方差和成对对比

变量	增加评论（a）	删除评论（b）	激励措施（c）	F 值与校正
欺骗性	6.10c	6.27c	4.55AB	226.72 *** （0.090）
易检测性	5.21BC	5.51AC	4.34AB	42.37 *** （0.132）
道德性	6.08C	6.22C	4.63AB	162.91 *** （0.098）
评论有用性	4.82BC	4.52AC	3.84AB	49.08 *** （0.102）
购买意愿	3.16bc	2.93aC	4.07AB	54.52 *** （0.116）

注：A/B/C - $p < 0.05$；a/b/c - $p < 0.1$。

第四节　结论与建议

一、结论

（一）不同的在线评论操纵策略对消费者欺骗性感知是不同的

在线商家越来越多地通过操纵在线评论来提升产品销量，这是值得继续深入研究的课题。深度访谈的结果表明，消费者对在线评论欺骗持负面的看法，但是不同类型的操作手段对感知虚伪性、易发现性、消费者购买意愿以及在线商品销量的影响都是不同的。从对 245 名网购消费者的问卷调查发现，消费者意识到三种欺骗策略后，他们的被欺骗感知是不同的，激励措施是最容易被接受的，但是添加假的正面评论和删除负面评论会导致消极购买意愿，删除和隐藏负面评论是最不道德的，这样的做法导致严重的信息不对称，对消费者的经济利益构成威胁，影响电子商务的健康发展。

（二）消费者对不同虚假评论的感知对购买意愿有重要影响

在一般情况下，如果网络评论中不存在虚假评论，那么大部分消费者会觉得评论信息的真实度很高。因此，其对评论的戒备心理在这种情况下很少被激活，而是直接根据自己看到的网络评论信息内容进行相应的决策。这个时候消费者对网络评论的感知有用性一般会比较高，这也说明了真实评论的有用性高，此时评论的价值是有利于商家的。

有些商家在商品声誉不好或者遭遇竞争对手激烈竞争的情况下更倾向于雇用

人员撰写虚假评论以此提高自家商品的声誉或打击竞争对手商品的声誉。也有学者研究证实了商品的正面评论会正向影响消费者的决策，负面评论会负向影响消费者的决策，因此，很多商家理所当然地认为雇用水军撰写大量的好评或者是对竞争对手的商品进行恶意评价的方式能够改变消费者对商品的态度，从而做出有利于商家的决策。

但是，本研究发现，当网络评论中出现虚假评论时，大部分消费者还是能察觉到在线评论中的异样情况。消费者感觉到在线评论有可疑之处时，对评论的警觉心理被激活，通过感知判断使得消费者对评论的态度也发生了改变，由原来以评论作为购物参考到对评论存在戒心，再到把网络评论定性为商家的一种营销策略或者是竞争对手的恶意诋毁。此时网络评论对消费者而言是某种信息负担，网络评论的感知有用性也会急速下降，网络评论作为购物信息参考的价值也荡然无存。

特别是对于虚假的正面评论，一旦被消费者识别出来，消费者对评论的防御行为立即被激活，此时消费者对评论的不信任升高，对评论的感知有用性显著下降。而当评论中的虚假负面评论被识别出来时，由于负面评论更容易被消费者接受也更能引起消费者注意，因此，存在虚假负面评论的网络评论，特别是商家恶意攻击竞争对手的评论，这种负面评论往往是没有主题的夸张评论，因此，这类评论并不会给消费者带来负向影响，同样消费者对此类评论表现出不信任，从而评论的感知有用性显著下降。

（三）虚假评论的感知有用性对消费者的欺骗性感知产生重要影响

由上述研究结果可以看出，那些对评论操纵行为表现出友好的消费者，会认为网络虚假评论的出现与商家对网络评论的操纵是一种比较普遍的现象，在电子商务环境下几乎没有商家不会对自己商品的评论进行操纵。因此，在他们看来评论操纵已经是习以为常的口碑营销手段和竞争策略。这类消费者对虚假评论的感知有用性虽然在下降但是不会发生很大的降幅。但是对于那些不接受评论操纵行为的消费者来说，网络评论就应该是独立的非商业的决策助手，商家不应该在评论上做手脚，评论操纵行为就是欺骗消费者，这样消费者不容易知道商品的真实情况，因此，对评论的感知有用性会显著降低。

二、建议

（一）完善在线评论质量评估体系，及时过滤虚假评论

对于消费者来讲，在线评论是网购时进行决策的重要依据，而虚假评论严重

影响了在线评论的可靠性和可信度。因此，如何规避虚假评论的陷阱或者通过客观分析虚假评论的特征识别其欺骗性，从而做出更有利于自己的决策成为消费者较为关心的问题。首先，应完善在线评论体系，采用一定的技术手段过滤虚假评论，使在线评论能够真实反映商品的特征或卖家的服务质量，使潜在消费者通过真实有效的评论对商品进行全面了解，以减少其对消费者的消极影响和危害。其次，提高在线评论发布门槛，非真实购物者不能发布评论，并利用科技手段对可疑评论及时过滤，以维护在线评论的可信度感知。

（二）商家应对恶意诋毁类的在线评论进行及时有效的回复，降低其消极影响

在线评论不仅有顾客针对商品发表评论的区域，还有商家与顾客互动、问题答疑的区域。商家应及时对诋毁评论或恶意差评做出解释说明，甚至对一些对购物体验不满意的评论进行解释承诺，表明态度。这样不仅有力地回击了诋毁者，也打消了潜在消费者心中的疑虑，让他们看到商家的诚意和商德，提高消费者的购物体验，帮助他们做出正确的消费决策。只有评论信息"干净、真实且丰富"了，在线评论平台才能真正为消费者、零售商带来长期的利益。

（三）消费者要提高对在线评论的甄别能力

从访谈结果可以看出，消费者很容易受到虚假评论的迷惑而进行冲动性购买。因此，消费者网购时不要完全轻信在线评论，尤其当评论中含有煽动性和主观倾向的词汇时，更应该提高警惕，以免造成不必要的损失。一旦消费者因虚假评论的诱导而购买商品，导致出现不良的购物体验，不仅会影响零售商形象，也打击了消费者网购的信心，对零售商和电子商务平台的长远发展是不利的。网络上的虚假评论，一般分为两类，即商家自己夸大其词的评论，或是竞争对手恶意诋毁，而这两种信息的属性是明显不同的。商家自己捏造的评论相对不会产生致命的影响，反而是竞争者的诋毁评论危害极大。消费者要谨慎甄别，不断提高自身的说服知识水平，不断掌握虚假评论的识别方法，防范误导和欺骗。

（四）鼓励在线评论向中肯、客观的方向发展

实证研究表明，评论数量正向影响消费者的信任和购买意愿，负向影响感知风险。评论内容对购买意愿的影响更强烈，质量偏低的评论内容对卖家可以形成压力，使他们不断提高产品质量，改善服务水平和方式；高质量的评论内容对产品和商家来说是免费的广告宣传，可以更好地刺激潜在消费者做出购买决策，也使卖家清楚地了解自身的优势，更好地扬长避短。因此，网络零售商要通过各种方式鼓励消费者对产品和服务等做出评价，促进卖家更好地完善产品质量和服务

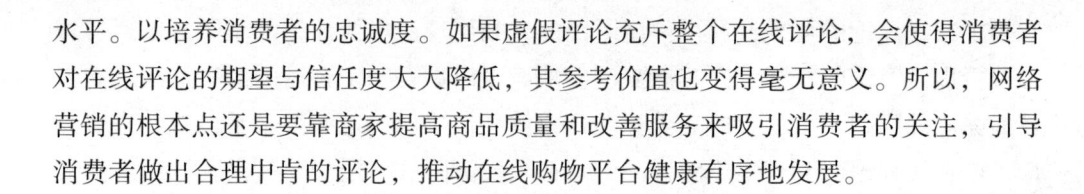

水平。以培养消费者的忠诚度。如果虚假评论充斥整个在线评论，会使得消费者对在线评论的期望与信任度大大降低，其参考价值也变得毫无意义。所以，网络营销的根本点还是要靠商家提高商品质量和改善服务来吸引消费者的关注，引导消费者做出合理中肯的评论，推动在线购物平台健康有序地发展。

三、不足

1. 受访对象是我国的网络消费者，研究的普遍性不足。在线购物者可能来自其他国家或其他文化的地区，东西方人由于文化差异导致在信息的接收和处理方面存在不同，对在线评论的欺骗性会有不同的感知。可以进一步探讨文化差异对虚假评论感知的影响。

2. 消费者对虚假评论的操控策略的理解和认知水平不同。我们找的都是有购物经验的且能够识别虚假评论的消费者，也许不同购物经验的消费者对虚假评论的感知也是不同的。而且，购物时间长短、购物经验丰富与否都对操控策略有着不同程度的理解与认知。笔者在访谈阶段和问卷调查阶段，均未考虑消费者的年龄、职业、产品类型（体验型产品和搜索型产品）、卷入度以及消费者个人的商品知识等因素对在线评论欺骗性感知的影响。因此，今后的研究可以把用户行为特征、商品特征或商店特征等因素加入研究设计中，如针对每一个虚假评论者增加其购买记录和评价评分等信息；针对每一个商品或商店增加其购买记录以及信息分布等信息。通过多方面的信息搜索和综合考虑，消费者可以更好地识别虚假评论和虚假评论者，而且对识别的结果会更有把握和信心。

3. 本研究的研究设计中考虑的是单一平台的情况，现实环境中消费者也可能采用跨平台的策略搜索虚假评论相关信息，如消费者在订酒店或机票的时候一般都会将多个平台的数据进行对比选择，在未来的研究中可以进一步探讨如何利用多平台来避免虚假评论的影响。

第十六章　基于差评的消费者减少购后失调的应对策略

第一节　引　言

认知失调理论由费斯廷格（Festinger，1957）最先提出。该理论认为，人们总是力图保持其内部认知系统的平衡与协调，其中的认知因素包括思想、信念、感情、态度、行动等。若认知因素之间发生冲突，便产生了认知失调。认知失调使人们产生不安的心理紧张状态，因而他们会努力摆脱这种状态来重新达到内心的平衡。不平衡的认知状态所具有的这种能动性，促使人们通过改变其认知系统的某些因素，来减少失调或恢复认知系统的平衡。

随着电子商务的出现，一种新的在线购物决策过程出现。在线购物对消费者来说面临着更多的不确定性，包含着更高的风险。在线购物产生的认知失调相对于传统渠道应该更大，而这方面的研究并未得到更多的重视，关于减少消费者购后认知失调应对策略的研究也比较少且未达成共识。由于应对策略的选取依赖于个体与情境，基于传统实体店渠道的购后失调应对策略研究成果并不能完全适用于解释网购购后失调的应对情况。因此，对于消费者在线渠道购后失调应对策略进行探索性研究十分有必要。

在线评论中的差评的内容往往是关于已发生交易的消费者的感知体验、不满意的认知、购后负面情绪以及购后的行为意向等。它能够影响其他潜在消费者的购买意愿且具有很强的说服力和传播效果。而研究网络负面口碑传播的文章大多数是从负面口碑接收者角度来写的，很少有文章是从生成或散布负面口碑的传播者的角度来写，他们为什么要发布负面口碑？他们采取了哪些策略来处理网购带给自己的负面情感困扰？带着这些问题，本书运用扎根理论的方法从消费者在线渠道购后差评中探究减少购后认知失调的应对策略。

第二节　扎根理论方法

一、扎根理论的概念

扎根理论（Grounded Theory）是由哥伦比亚大学社会学家巴尼·格拉泽和安瑟伦·施特劳斯（Barney Glaser & Anselm Strauss）于1967年在他们的专著 *The Discovery of Grounded Theory*：*Strategies for Qualitative Research* 中提出的一种质性研究分析方法，被公认为最规范和最权威的定性研究方法。扎根理论是一种自下而上、对资料层层归纳发展理论的质的研究，强调直接在实地所搜集资料的基础上建立理论，从原始资料中提炼出概念，并逐步将概念抽象归纳，最后升华为理论。扎根理论的研究流程如图16-1所示：

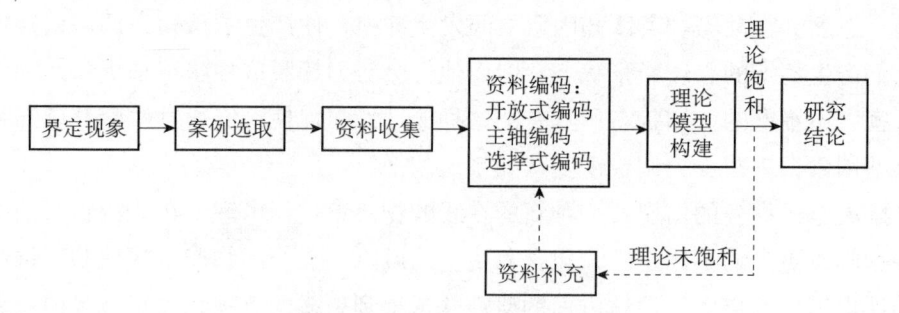

图 16-1　扎根理论的研究流程

二、应用扎根理论的缘由

扎根理论是经由系统化的资料搜集与分析，采用归纳推理的方法，致力于发展新理论。扎根理论适用于人们对于特定领域所知有限或尚未了解，或想观察特定情境人们的认知、行为与互动过程以建构真实世界以及根据先前知识建立新的理论来解释缺乏的系统解释。以往的文献关于消费者传统实体店减少购后失调的研究比较多，而在线购物因为面临各种不确定性、不可现场体验和检测原因，导致的购后认知失调应该更加严重，而相关的研究却寥寥无几。扎根理论方法作为一种基于数据来发现研究线索的质的研究，无疑是一种典型的具有理论探索性功能的研究方法。因此，本书采用扎根理论方法来建立消费者购后减少认知失调的应对策略无疑是十分合适的。消费者网络平台购物留言的匿名性、及时性和传播的广泛性对于在线购后认知失调的顾客来说很适合抒发自己的购后情感、表达自己的购后意见、倾诉自己的购物遭遇等，这些与传统购物场景下消费者遭遇到购后认知失调是完全不同的。在网络平台搜集消费者真实言论进行研究，不仅能够真实反映实际情况，还具有覆盖性广、参与者多元等优势，能规避定量研究常出现的样本自选择偏差、共同方法偏差和外部效度差等问题，已被学者们广泛运用。采用质性研究的方法来研究互联网上消费者自动生成的海量购后行为意向的文本性资料信息，可以有效地探索消费者在线渠道购后应对策略。扎根理论能够从用户真实购物经历来提炼概念，并建构理论。因此，本章采用扎根理论方法对消费者减少购后认知失调策略进行探索性的研究，并为下一步实证研究提供明确的导向和研究基础。

三、扎根理论研究方法及其操作程序

扎根理论的主要目的是构建新理论，常被用于解释未被完全理解的现象。目前，扎根理论被分为三大学派：经典扎根理论学派（也称为后实证主义学派）、程序化扎根理论学派（也称为批判主义学派）和构建型扎根理论学派。

由于施特劳斯（Strauss）的程序化扎根理论学派最早传入中国，在国际国内的影响都很大，因而国内扎根研究大都是采用施特劳斯的程序化扎根理论学派，而不是卡麦兹（Charmaz）的构建型扎根理论学派。程序化扎根理论学派的编码过程分为一级编码、二级编码和三级编码三部分。一级编码也称为开放式编码，是研究者通过整理原始资料，聚拢并形成较为规范的语句，同时进行范畴化操作。二级编码也称作主轴编码或关联式登录，该阶段要求对上阶段形成的初级范畴进一步归纳，形成若干主范畴。三级编码也被学者称为选择性编码或核心式登录，是依据上阶段形成的主范畴，构建研究最终的结构模型。

第三节　研究设计与研究过程

一、样本与数据收集

根据研究问题的提出，本书主要从购物平台的在线差评中搜集资料，进行数据收集和资料整理。差评是一种网络负面口碑，主要揭示的是消费者在消费后所形成的关于产品、服务和企业的负面体验和购后行为意向。消费者撰写的主要动

机是将再惠顾和转换行为的意愿向顾客社区进行负面在线信息反馈和广告通知、向提供这次令人失望的购物经历的企业提供建设性的批评意见，同时它还是顾客购后情绪的一种宣泄，也是消费者应对购后认知失调的一种手段。

本书选用京东在线平台的差评作为资料的来源，理由主要是首先京东作为中国最大的自营式网络零售商，拥有独立的物流供应链，以销售正品行货为经营理念，在消费者心目中建立了良好的品牌声誉。其次京东的在线评论具有很高的参考价值，其评价体系中单列差评一栏适合利用 Python 数据采集器来抓取差评内容。因此本研究在京东上选取 5 种比较热门、涵盖了搜索型和体验型两大品类的产品——服装、鞋子、电脑、手机以及空调的差评内容作为数据搜集的目标，搜索的时间跨度为 2017 年 6 月 1 日至 2017 年 12 月 1 日，共收集到负面评论 35 966 条，为了方便分析和建构理论，本研究特别选取差评字数在 50~80 字的评论内容，剔除重复和极为相似、比较简单、无实质内容、与主题无关、为了差评而差评的帖子，最终得到有效样本 11 042 条。

二、资料整理

研究小组分成两个小组，每个小组由一名博士生和一名硕士生组成，他们负责把收集到的资料整合在一起，在资料理解和分析方面，共同进行交叉验证，以尽可能消除个人主观因素的影响，进行初步分析、筛选、归类、编号，最终形成 12 万字的文档资料。

三、数据分析

本书借鉴扎根理论的程序化编码流程，把数据编码过程分为开放式编码、主轴式编码和选择性编码。

（一）开放式编码

开放式编码主要是将资料进行分解、提炼、概念化和范畴化，是用概念和范畴的方式精确地表达信息内容，同时又分离、重组、整合的一个过程。其具体步骤分为对原始语句贴标签、发展概念和提炼范畴三大部分。在实际操作时，两个研究团队平行工作，对案例资料独立进行编码，在编码时对收集到的资料进行逐句分解与提炼，并进行概念化和范畴化，完成后两个小组再对编码结果进行对比、讨论，以形成共同意见，最终从资料中提炼出了九个初始范畴（见表 16-1）。

第十六章 基于差评的消费者减少购后失调的应对策略

表 16-1　　　　　开放性编码形成的结果

编号	范畴	概念	对原始语句贴标签
1	情感失调	后悔；失望；气愤；沮丧	无法忍气吞声；整一肚子气；窝火；火冒三丈；怄气；气愤；恶心；闹心；后悔；烦死了；令人很失望
2	认知失调	被坑了；不好的购物体验；失败的购物；质量很堪忧	东西就那样；很不成功的网购；坑人的垃圾；烂的无法表达的购物；买错了；我也是服了；没有想象中的好；无语，表示呵呵；真不怎么样；真心差得很；最差的购物经历；最上当的，被坑了
3	正面交涉	联系售后；向商家讨要说法；质问客服；向商家反映问题；向商家提出建议；向商家吐槽；求商家解释；期望商家解决问题；对商家威胁、警告；对商家的谴责；对商家的建议；对商家的呼吁	打电话催；但愿你们能给我答复；我就想问问，店家你们那儿秋天和冬天温度是多少；请客服主动联系我，这是我的订单号；找店家理论；店家做何解释；你这到底是不是正牌的；我想问一下你们，你们的鞋子怎么来的，穿上走了不一会儿就把我的白袜子弄得黑乎乎的；我就想知道你们是眼瞎吗？申请换货你＊＊换回来就这样的货？
4	投诉	向消协投诉；向京东客服投诉	京东是不是要安慰我一下；京东难道都不规范一下供应商卖家吗？谁来维护一下我们消费者的权益，能不能给个说法？；已向消协投诉处理；结果一直没人来，京东客服也打了也没有给我处理
5	寻求支持	晒图吐槽；倾诉遭遇；向其他顾客吐槽	看到这里的哥哥姐姐阿姨叔叔，如果你们心中有什么方法可以帮到我，可以告诉我吗；看了同一天秒杀的，收到的都差评了，我们买的时候基本上没有评价
6	忠告和建议	对其他消费者忠告和建议；提醒别的顾客；提醒别的卖家注意	准备在我的大V和微信多告诫亲朋好友，防止其他人被骗；希望购买这家鞋子的注意啦；商家真坑人的！建议大家别买
7	差评报复	差评发泄不满	无限差评；第一次差评献给Dell献给京东；有0分的话坚决给0分（差评报复）
8	无奈接受	顾客自我心理调节；无奈接受	售后，我也懒得去问，一修又要好久；我不愿为了这几十元去跟谁扯皮；申请换货都拒绝了，我只能说吸取教训
9	品牌或渠道转换	不再购买该品牌；不再在京东上购买；还是到实体店买	最后一次在京东买东西了；让我对品牌失去了信心；京东在我视线里消失，就算免费给我也是消失；买一次，后悔下半辈子；以后坚决不会购买这个品牌的任何产品；质量真的太差劲了，我以后不会再买它家的东西；建议大家要是有时间的话还是到实体店买吧

（二）主轴式编码

从开放式编码中得到的范畴大多是独立的，并没有深入讨论其相互间的关系。主轴编码是把开放性编码中各个独立的范畴信息，以聚类分析的方式，在各范畴间建立逻辑关系（见表 16-2）。本书通过对开放性编码中减少认知失调的应对策略进行归纳总结和分析对比，尝试探索其中隐藏的脉络或因果关系，经过独立范畴的多次比较和分析，我们最终将其归纳成购后失调和减少失调的应对措施两个主范畴。构建了在线渠道减少购后失调的应对策略模型（见图 16-2）。

表 16-2　　　　　　　　　　主轴式编码结果

开放性编码抽取的范畴	副范畴	主范畴
情感失调 认知失调	购后失调	购后失调
正面交涉 投诉	积极应对	购后应对
寻求支持 忠告和建议 差评报复	表达应对	
无奈接受 品牌或渠道转换	回避应对	

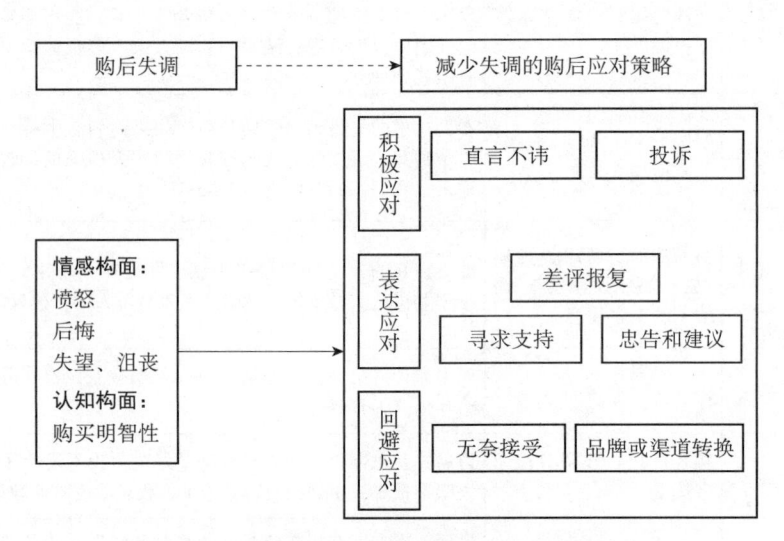

图 16-2　消费者减少购后失调的应对策略模型

（三）选择性编码

选择性编码是资料分析的最后阶段，其主要目标是从主范畴中识别出"核心范畴"，发展"故事线"。该过程主要任务包括：通过对原始资料、概念、范畴和主范畴等更为深入地分析，挖掘出能够统领其他所有范畴的"核心范畴"；通过分析和探讨核心范畴与主范畴及其他范畴之间的系统性关联，用所有资料及由此开发出来的范畴、关系等扼要描述全部现象，形成"故事线"，其实质就是发展出新的理论架构；继续开发范畴使其具有更细微、更完备的特征。图 16-2 所示围绕该核心范畴的故事线为：消费者在网络购物遭遇到不如意、不愉快状况时就会产生购后后悔、负面情绪和不舒适状态，出现了所谓的购后失调状态，为了减少这种负面情绪和不舒服状态，消费者会采取三种主要的应对策略（积极应对、回避应对以及表达应对）来重新恢复之前的平衡状态。消费者会采用何种应对策略取决于负面情绪的强度。愤怒的消费者也许会对企业采取积极应对策略，向商家直接交涉或者是向第三方机构进行投诉；而失望、沮丧的消费者可能会采取表达应对策略在购物平台发表自己购物的负面评价、寻求他人的支持和意见、向别的顾客发出购买忠告和意见；后悔的消费者可能会采取无奈接受或品牌、渠道转换的回应方式。

第四节 结论与讨论

本书利用扎根理论系统地分析了消费者在线渠道减少购后失调的应对策略，建构了消费者减少购后失调的应对策略模型，理清了在线渠道购物消费者减少失调应对策略的维度，丰富了消费者应对策略理论。总结下来，消费者在线渠道购后减少失调时通常会采用以下三种策略：

1. 积极应对策略。该策略主要是指消费者购后进行理性思考和积极采用行动来与产品或服务提供商、零售商进行直接正面交涉、表达不满，当他们得不到合理解决时就会向平台商或第三方管理机构进行投诉。

2. 回避应对策略。该策略主要是指消费者采取回避或拒绝等消极方法来处理不愉快的网购经历。消费者坦然或无奈地接受可能是认为事件是由自己导致，可能是考虑成本问题，可能是发现无力改变现状只好放弃目前的品牌和购买渠道。

3. 表达应对策略。该策略主要是指消费者向某人诉说感受从而获得支持、情绪支持和情绪宣泄作用的一种方法。在网络购物环境下，与传统渠道购物所不同的是消费者很多情况下是通过网络在线进行表达应对；他们或是通过书写负面口碑来对零售商的不当行为进行谴责和批评；或是撰写网购遭遇来寻求网络支持和安慰；或是书写和分享购物感想、购后体验、购买经验来帮助和指导别的顾客进行选购，通过网络留言这种方式来抒发自己心中的不满，宣泄自己的情感，从而减轻不舒服的状态，使内心恢复平衡的状态。

第十七章 平台企业定价行为与消费者平台转换研究

第一节 引 言

  过去十来年中，越来越多的企业开始采用"平台"这种商业模式，不仅是社交媒体、旅游、书籍或音乐领域，平台商业模式已经渗透到交通、银行甚至医疗保健和能源领域。平台公司通过高效匹配供求双方提高了市场交易的效率，比如阿里巴巴；同时，平台也利用"共享"的概念提高了现有资源的利用效率，比如各种二手交易平台；此外，平台也是重要的创新源泉，例如，在 2014 年，美国的九个平台获得了 11 585 项专利（Evans and Gawer, 2016）。

  "平台"的中心特征是存在网络效应：随着越来越多的用户使用平台，平台变得更有价值，同时平台对潜在的新用户变得更具吸引力。网络效应又可分两种：直接网络效应（更多的用户带来更多的用户，例如更多的 Facebook 用户会招致更多的用户加入 Facebook）；间接网络效应，平台的一侧的用户（例如，视频游戏用户）会吸引了更多的平台另一侧的用户（例如，视频游戏开发商）。网络效应在平台中普遍存在，意味着更多的用户带来更多的新的用户，最终形成一个自我强化的循环增长过程。

  平台以两种主要方式创造价值。第一是作为交易平台促进了本来很难找到彼此的不同类型的个人和组织之间的交易，这种平台被称为多边市场（Rochet & Tirole, 2003）。从匹配供求双方的角度而言，平台在此起到的作用约等于市场中的渠道，其主要的特征是让众多的生产厂家或商家借助平台来直接面对经销商或终端消费者用户。第二是创新平台，大量的创新者可以在基础平台上开发互补的服务或产品，并形成一个所谓的创新生态系统。

  综上，对于平台这一特殊的企业组织形式，规模既是初始成功的结果，也是进一步增长的引擎。快速扩大平台的用户规模，就成了平台企业与非平台企业以及平台间竞争的首要目的。而对于平台的使用者，无论是供给方还是需求方，在选择平台时，均依据于其对平台价值的判断以及平台所提供的诱因，如补贴的反应。这种补贴行为为平台为吸引使用者的定位行为，而规模是消费者对平台定价行为反应的结果。因此，本章以博弈论为主要研究方法，主要以作为渠道的平台企业（交易平台）的定价策略为研究对象，构建平台企业定价博弈模型，对竞争性平台的策略性定价行为以及对消费者平台转换进行研究。

第二节 文献回顾

一、平台企业定价模式与策略

学者们对平台理论的认识与研究起源于21世纪初，罗切特和蒂罗尔（Rochet & Tirole，2002，2003，2006）在对支付卡市场进行研究时发现，在现代经济中大量的产业采用了与支付卡产业同样的经济模式，这些产业都依靠平台来连接两边的客户群。2002年以后，平台经济理论研究取得了丰硕的成果。目前关于平台定价的研究主要集中在收费模式、价格结构以及相关影响因素等问题上。索尔斯克和西蒙森（Sorsker & Simonsen，2012）将双边市场理论中的六个因素整合到了策略定价金字塔中（其中策略金字塔包括创造价值、价格结构、价格和价值之间的沟通、定价政策、价格水平）。辛加尔和贝克尔（Zingal & Becker，2013）认为双边市场平台的最优定价策略依赖于间接网络效应，他们认为间接网络效应是平台的最优价格的重要影响因素。金和利斯曼（Jin & Rysman，2014）研究发现：首先，面向消费者定价随着竞争而降低，但是经销商的定价对竞争不敏感，甚至随着竞争而增加。其次，当消费者价格为零（受到限制）时，经销商价格随着竞争而下降。安杜（Ando，2015）通过预测市场需求和分析竞争环境，将商业分析纳入开发商家选择和定价策略。

多边平台的定价策略是平台定价研究的一个新方向。布拉戈夫（Blagov，2012）认为由于网络外部性的存在，多边网络平台在客户方设置零价格水平，增加平台上客户的数量，为客户提供免费的额外服务，以增加他们对平台的信任。龚和钟（Kung & Zhong，2017）通过考虑网络外部性来研究双边平台的利润最大化问题，他们关注了三种定价策略，即基于会员制定价，基于交易制定价和交叉补贴定价。格温（Gwon，2013）认为平台能够对购买双重应用程序的用户进行差别定价。古茨、卡希尔和威利肯斯（Goos, Cayseele & Willekens, 2013）通过简单的静态匹配模型，分析和比较了私人垄断和庇古平台的最优定价行为。

竞争性平台指市场双边都有多个平台可供选择，但市场两端的参与者只能选择其中一个平台进行交易。布鲁诺·朱利安和压力三德罗·帕万（Bruno Jullien & Alessandro Pavan, 2013）考察了分散信息对价格和均衡利润的影响，均衡结果取决于竞争平台的定价策略。谢卡尔（Shekhar, 2017）分析了差别定价对间接网络效应市场竞争所产生的影响。

二、差别定价的定义及分类

斯蒂格勒（Stigler, 1987）提出：当两个或更多的相似的商品出售的价格与边际成本的比率不同的时候，可以称之为差别定价。受庇古（Pigou, 1920）的影响，差别定价一般被分为三类。一级差别定价是完全的差别定价——企业获取了全部的消费者剩余。在个人偏好信息不完全的情形下，企业通过自我选择机制来榨取部分消费者剩余，这叫作二级差别定价。另外，生产者根据某些消费者偏好相关的信号（例如年龄、职业、所在地等）进行的差别定价，这叫作三级差别定价。

阿姆斯特朗（Armstrong, 2006）认为差别定价具体有以下几种形式：

（1）非匿名差别定价（non-anonymous price discrimination）。指一家企业向不同的消费者或消费者团体收取不同的价格的情况。当企业的收费为线性收费时，非匿名差别定价就类似于第三级差别定价。

（2）数量折扣（quantity discounts）。指某种商品的单位价格随着购买数量的增加而下降。数量折扣可以区分消费者对同一产品的偏好，即二级差别定价。

（3）捆绑折扣（bundling discounts）。指消费者购买某种商品的同时也购买另一种商品，导致前者的价格下降。

（4）动态差别定价（dynamic price discrimination）。指提供相同产品或服务的企业在不同的时点对消费者收取不同的价格。企业可以通过以下两种方式实现该目标：

第一种方式是，针对那些具有较高保留价格的消费者，企业可以收取较高的价格，但是商品价格随着时间递减。这种时期间差别定价类似于"数量折扣"，是二级差别定价的一种。静态和动态差别定价的重要差别是企业可以对未来的商品价格进行承诺。

第二种方式是，对于重复购买的消费者，企业可以根据消费者的购买历史来制定针对特定消费者的价格,即"基于行为的差别定价"(behavior-based price discrimination)。

第三节 模型及假设

建立一个双寡头平台定价博弈模型。假设市场上有两个交易型平台企业 A 和 B,两者以相同的边际成本 c($c \geqslant 0$)供给具有网络外部性的产品 A 和 B,且这两种产品完全替代。假设市场上有总量为 1 的连续统类型消费者,且每个消费者都有一个单位的需求,因此市场上的总需求为 1。假定所有消费者的保留价格[①]都为 R,其中 $R = c + \theta$,同时 R 足够大,从而保证市场始终处于出清状态。

本节引入"转换成本"概念,转换成本是指消费者改用其他企业的同类产品后产生的成本。假设消费者最初购买的是某企业的产品,如果要购买不同企业的产品,会产生转换成本 s,假定 s 在区间 $[0, \theta]$ 上服从均匀分布,θ 为最高转换成本。

由于市场存在网络外部性,消费者购买产品时会考虑未来从网络外部性中获得的收益,因此该预期对消费者的行为也会造成一定影响。本书使用卡茨和夏皮罗(Kats & Shapiro,1985)提出的理性预期的定义,也称为被履行的预期。假设消费者对网络的预期规模为 $\alpha = \dfrac{1}{2} + \dfrac{(27 - 18K)(p_{A1}^{DP} - p_{B1}^{DP})}{56K\theta - 36K^2\theta}$ 时,该规模对每个消费者产生的网络预期收益为 $u(x) = K\theta x$,其中 K 为网络外部性系数且 $0 \leqslant K \leqslant 1$,$K = 0$ 表示相关产品不具备任何网络外部性,随着 K 的增加,产品的网络产品特征也随之增加,而消费者从同等规模的网络中获得的网络外部性收益越大。[②]

假设市场上的消费者的购买决策都受价格、转换成本以及预期网络效用差距的影响,其平台选择决策的目的是最大化总消费者剩余。

本书博弈中双寡头平台是同时行动的。假定市场上企业 A 与企业 B 已经具备了各自的市场份额,双寡头企业均不知道每个消费者具体的转换成本,只知道

[①] 保留价格为消费者为了获取某种商品所愿意支付的最高价格。
[②] 网络性产品之间的兼容性问题也是影响企业定价策略的重要因素,兼容性是指不同产品或者网络之间的相互配合程度。根据产品之间兼容程度的不同可以分为三种情形:完全兼容、完全不兼容以及部分兼容。在现实中,大多数具有网络外部性的产业中不同企业之间的产品都为部分兼容。为了简化分析,本书假设产品 A 与产品 B 之间完全不兼容。在此假设下,产品之间完全兼容时网络外部性对双寡头市场价格不会产生影响,这样的市场就相当于不存在网络外部性的市场,关于此种情形详细的分析可以参考 Chen(1997)的研究。而部分兼容的情形可以表现为预期网络效用差距的减小。

每个消费者过去的消费记录（符合当前基于大数据交易平台的现实）。企业有两种可供选择的定价策略，即统一定价策略与动态差别定价策略。如果企业选择动态差别定价策略，那么该企业会对从对手企业转换过来的消费者提供价格上的优惠 m；如果企业选择统一定价策略，那么对转换过来的消费者没有任何优惠。基于以上假设，市场上博弈的战略式表述如下：

1. 博弈的参与人集合为 $I = \{A, B\}$；

2. 每个参与人的策略空间为 $S_i = \{DP, UP\}$，其中 DP 表示动态差别定价策略，UP 表示统一定价策略。

3. 每个参与人的收益函数为 π_i^*，π_i 表示企业 i 的利润。

第四节 企业定价博弈及对消费者的转化影响研究

一、动态差别定价策略下平台定价分析

假设企业 A 的市场份额为 α，企业 B 的市场份额为 $1-\alpha$。p_i^{DP} 为企业 i 在实行动态差别定价时的价格，m_i 为企业 i 对转换过来消费者给予的优惠，q_{ij} 为以前购买产品 j 但现在购买企业 i 产品的消费者数量。假设博弈开始时所有消费者都持有相同的预期，认为博弈结束时企业 A 的市场份额为 β，企业 B 的市场份额为 $1-\beta$。消费者预期一旦形成，就会对其决策行为产生影响。记 $v(\beta) = u(1-\beta) - u(\beta)$，该函数反映了消费者从企业 A、B 预期网络规模中所获得的效用差距（以下简称为预期网络效用差距），结合 $u(x) = K\theta x$ 可得 $v(\beta) = K\theta(1-2\beta)$。下面会对不同局面中的市场均衡进行分析。

由于双寡头平台企业都采取了动态差别定价策略，因此从对转换对来的消费者都会给予一定的优惠。假设某消费者在之前购买了企业 A 的产品，当该消费者的效用函数满足下式时，无论是继续消费产品 A，还是转换购买产品 B，其消费者剩余都是相同的，这样的消费者也被称为"边际消费者"。

$$R - p_A + u(\beta) = R - p_B - s + m_B + u(1-\beta) \tag{17.1}$$

由式（17.1）可知，如果消费者的转换成本满足 $s > p_A - p_B + m_B + v(\beta)$，则该消费者将会继续购买企业 A 的产品，原因是该消费者的转换成本较大，从而被"锁定"在企业 A 的平台上，成为该企业的忠诚客户。由于转换成本在区间 $[0, \theta]$ 上服从均匀分布，企业 A 忠诚客户的总量可以表示为以下式（17.2）：

$$q_{AA}^{DP} = \alpha \int_{p_A-p_B+m_B+v(\beta)}^{\theta} \frac{1}{\theta} ds = \alpha \left(1 - \frac{p_A - p_B + m_B + v(\beta)}{\theta}\right) \quad (17.2)$$

如果消费者转换成本满足 $s \leq p_A - p_B + m_B + v(\beta)$，则该消费者将会转换购买企业 B 的产品，原因是该类型消费者的转换成本较小，购买产品 B 后获得的优惠能够弥补因转换造成的损失。该类型消费者总量可以表示为以下式（17.3）：

$$q_{BA}^{DP} = \alpha \int_0^{p_A-p_B+m_B+v(\beta)} \frac{1}{\theta} ds = \frac{\alpha}{\theta}\left(p_A - p_B + m_B + v(\beta)\right) \quad (17.3)$$

由于 $0 \leq q_{AA}^{DP} \leq \alpha$ 且 $0 \leq q_{BA}^{DP} \leq \alpha$，所以可得下式（3-4）：

$$0 \leq p_A - p_B + m_B + v(\beta) \leq \theta \quad (17.4)$$

运用相同的方法可对企业 B 的原有消费者的购买行为进行分析，企业 B 的忠诚客户和转换客户的数量分别如式（3.5）和式（3.6）所示：

$$q_{BB}^{DP} = (1-\alpha)\left(1 - \frac{p_B - p_A + m_A - v(\beta)}{\theta}\right) \quad (17.5)$$

$$q_{AB}^{DP} = \frac{1-\alpha}{\theta}(p_B - p_A + m_A - v(\beta)) \quad (17.6)$$

由以上分析可知，q_{AA}^{DP} 和 q_{AB}^{DP} 共同构成了企业 A 现有的消费者群体，因此企业 A 博弈后现有的利润如式（17.7）所示：

$$\pi_A^{DP} = \alpha(p_A - c)\left(1 - \frac{p_A - p_B + m_B + v(\beta)}{\theta}\right)$$
$$+ \frac{1-\alpha}{\theta}(p_A - c - m_A)(p_B - p_A + m_A - v(\beta)) \quad (17.7)$$

同理可得企业 B 利润函数，如式（17.8）所示：

$$\pi_B^{DP} = (1-\alpha)(p_B - c)\left(1 - \frac{p_B - p_A + m_A - v(\beta)}{\theta}\right)$$
$$+ \frac{\alpha}{\theta}(p_B - c - m_B)(p_A - p_B + m_B + v(\beta)) \quad (17.8)$$

由于 $v(\beta) = K\theta(1-2\beta)$，将该式代入式（17.7），并对 π_A^{DP} 分别取 p_A 和 m_A 的一阶最优条件可得企业 A 的最优定价和最优优惠额度的策略表达式，如式（17.9）所示：

$$\begin{cases} p_A^s = \dfrac{c + 2m_A - 2\alpha m_A - \alpha m_B + p_B + \alpha\theta - v(\beta)}{\theta} \\ m_A^s = \dfrac{2p_A - p_B - c + v(\beta)}{2} \end{cases} \quad (17.9)$$

同理可得企业 B 的最优定价和最优优惠额度的策略表达式，如式（17.10）所示：

$$\begin{cases} p_B^s = \dfrac{c - (1-\alpha)m_A - 2\alpha m_B + p_A + (1-\alpha)\theta + v(\beta)}{\theta} \\ m_B^s = \dfrac{2p_B - p_A - c - v(\beta)}{2} \end{cases} \quad (17.10)$$

联立式（17.9）和式（17.10）可求得双寡头企业的最优定价以及最优优惠额度，如式 17.11 所示：

$$\begin{cases} p_A^{DP*} = \dfrac{2}{3}\theta + c - \dfrac{1}{3}v(\beta) \\ p_B^{DP*} = \dfrac{2}{3}\theta + c + \dfrac{1}{3}v(\beta) \\ m_A^{DP*} = m_B^{DP*} = \dfrac{\theta}{3} \end{cases} \quad (17.11)$$

由式（17.11）可知，企业 A 和企业 B 会给予新消费者以相同的优惠额度，而且优惠额度与网络外部性和各企业的初始市场规模无关。结合式（17.5）、式（17.6）和式（17.11）可得各企业的各类型消费者的数量，如式（17.12）所示：

$$\begin{cases} q_{AA}^{DP*} = \dfrac{\alpha(2\theta - v(\beta))}{3\theta} \\ q_{BA}^{DP*} = \dfrac{\alpha(\theta + v(\beta))}{3\theta} \\ q_{BB}^{DP*} = \dfrac{(1-\alpha)(2\theta + v(\beta))}{3\theta} \\ q_{AB}^{DP*} = \dfrac{(1-\alpha)(\theta - v(\beta))}{3\theta} \end{cases} \quad (17.12)$$

由于在理性预期下，各企业的市场规模与消费者的预测一致，因此市场博弈结束之后企业 A 的市场规模为 $\beta^{DP} = q_{AA}^{DP} + q_{AB}^{DP}$，具体如式（17.13）所示：

$$\beta^{DP} = \dfrac{(1+\alpha)\theta - v(\beta)}{3\theta} \quad (17.13)$$

因此企业 B 在市场博弈结束时的市场份额为 $1 - \beta^{DP} = \dfrac{(2-\alpha)\theta + v(\beta)}{3\theta}$。由于 $v(\beta) = K\theta(1-2\beta)$，因此各企业的最终市场份额可表示为式（17.14）：

$$\begin{cases} \beta^{DP} = \dfrac{\alpha + 1 - K}{3 - 2K} \\ 1 - \beta^{DP} = \dfrac{2 - \alpha - K}{3 - 2K} \end{cases} \quad (17.14)$$

由上式可知，$\partial\beta/\partial\alpha > 0$ 且 $\partial(1-\beta)/\partial(1-\alpha) > 0$，因此，在市场上进行动态差别定价时，消费者理性预期受到市场初始份额的影响。同时，注意到

$(\alpha\partial\ \beta)/(\beta\partial\ \alpha)<1$，企业初始市场份额对消费者预期的影响缺乏弹性。原因是双寡头企业采取动态差别定价的原本意图是为了"窃取"对手的消费者，但是如果每个企业都采取该方式"窃取"对方的消费者，会使这种定价方式的效果大打折扣。结合 $v(\beta) = K\theta(1-2\beta)$ 以及式（17.14）可得 $v(\beta) = (1-2\alpha)K\theta/(3-2K)$，将该式代入式（17.11）可得双寡头平台企业最优定价的具体表达式：

$$\begin{cases} p_A^{DP*} = \dfrac{2}{3}\theta + c - \dfrac{(1-2\alpha)K\theta}{3\times(3-2K)} \\ p_B^{DP*} = \dfrac{2}{3}\theta + c + \dfrac{(1-2\alpha)K\theta}{3\times(3-2K)} \end{cases} \quad (17.15)$$

由式（17.15）可知 $\dfrac{\partial p_A^{DP*}}{\partial \alpha} = \dfrac{\partial p_B^{DP*}}{\partial(1-\alpha)} = \dfrac{2K\theta}{3(3-2K)} \geq 0$，因此市场上不同企业的定价与该企业初始的市场份额正相关，初始市场份额较大的企业会制定较高的价格，而初始市场份额较小的企业产品价格较低。结合式（17.15）和各企业的利润函数可得不同企业的最优利润以及此时选择转换的消费者总量，如式（17.16）所示：

$$\begin{cases} \pi_A^{DP*} = \dfrac{(9+27\alpha+(9+4\alpha-4\alpha^2)K^2+6\times(2\alpha^2-5\alpha-3)K)\theta}{9\times(3-2K)^2} \\ \pi_B^{DP*} = \dfrac{(36-27\alpha+(9+4\alpha-4\alpha^2)K^2+6\times(2\alpha^2+\alpha-6)K)\theta}{9\times(3-2K)^2} \\ q_s^{DP} = \dfrac{3-(4\alpha^2-4\alpha+3)K}{3\times(3-2K)} \end{cases} \quad (17.16)$$

令 $\pi_\Delta^{DP*} = \pi_A^{DP*} - \pi_B^{DP*}$，结合式（17.16）可得 $\pi_\Delta^{DP*} = \dfrac{(2\alpha-1)\theta}{3-2K}$，因此如果企业 A 初始市场份额较大，则企业 A 会获取较多利润；反之，如果企业 A 初始市场份额较小，则该企业获取的利润要小于企业 B。

综上所述可得以下命题1：

命题1：在具有网络外部性市场上，如果双寡头平台企业采取动态差别定价，则各企业会给予新客户同等的优惠额度，该额度与各企业初始市场份额无关，但是企业的初始市场份额会影响消费者预期以及各企业的最优定价，初始市场份额较大的企业会获取较多利润。

二、统一定价下平台定价分析

如果双寡头企业均采取统一定价策略时，各企业对所有消费者都会制定同样的价格，均不会对新客户给予任何优惠。基于本书假设，易知各企业的边际消费者满足式（17.17）：

$$\begin{cases} R - p_A^{UP} + u(\beta_{II}) = R - p_B^{UP} - s + u(1-\beta) \\ R - p_B^{UP} + u(1-\beta_{II}) = R - p_A^{UP} - s + u(\beta) \end{cases} \quad (17.17)$$

因此，如果企业 A 的原有消费者转换购买企业 B 的产品，该消费者的转换成本必须满足式（17.18）：

$$s \leq p_A^{UP} - p_B^{UP} + v(\beta) \quad (17.18)$$

同理，如果企业 B 的原有消费者转换购买企业 A 的产品，该消费者的转换成本必须满足式（17.19）：

$$s \leq p_B^{UP} - p_A^{UP} + v(\beta) \quad (17.19)$$

对比式（17.18）和（17.19）可知，这两个不等式不可能同时成立。因此市场上只会出现单方面的转换，不会出现动态差别定价下双寡头企业都有消费者进行转换消费的情形。为简化分析，假设不等式（17.18）成立，此时只有企业 A 的消费者有激励转换购买企业 B 的产品，而各类型消费者数量如式（17.20）所示：

$$\begin{cases} q_{AA}^{UP} = \alpha \left(1 - \dfrac{p_A^{UP} - p_B^{UP} + v(\beta)}{\theta}\right) \\ q_{BA}^{UP} = \dfrac{\alpha}{\theta}(p_A^{UP} - p_B^{UP} + v(\beta)) \\ q_{BB}^{UP} = 1 - \alpha \end{cases} \quad (17.20)$$

由式（17.20）易知双寡头企业的利润函数，如式（17.21）所示：

$$\begin{cases} \pi_A^{UP} = \alpha(p_A^{UP} - c)\left(1 - \dfrac{p_A^{UP} - p_B^{UP} + v(\beta)}{\theta}\right) \\ \pi_B^{UP} = (1-\alpha)(p_B^{UP} - c) + \dfrac{\alpha}{\theta}(p_A^{UP} - p_B^{UP} + v(\beta))(p_B^{UP} - c) \end{cases} \quad (17.21)$$

对 π_A^{UP} 和 π_B^{UP} 分别取 p_A^{UP} 和 p_B^{UP} 的一阶最优条件，可得各企业的最优定价以及最终市场份额：

$$\begin{cases} \beta^{UP} = \dfrac{\alpha + 1 - \alpha K}{3 - 2\alpha K} \\ p_A^{UP*} = c + \dfrac{1+\alpha}{3\alpha}\theta - \dfrac{(1-2\alpha)K\theta}{3(3-2\alpha K)} \\ p_B^{UP*} = c + \dfrac{2-\alpha}{3\alpha}\theta + \dfrac{(1-2\alpha)K\theta}{3\times(3-2\alpha K)} \end{cases} \quad (17.22)$$

将式（17.22）代入 $s \leq p_A^{UP} - p_B^{UP} + v(\beta)$ 可知 $\alpha \geq 1/2$[①]，因此企业 A 的初始

[①] 运用相同的方法可求得 $p_A^u - p_B^u + v(\beta_{II}) \leq 0$ 时消费者预期以及各企业的最优定价，此时 α 的取值范围为 $\alpha \leq 1/2$，由于求解过程相同且结果类似，故省略。

市场份额较大。同时易知 $\partial p_A^{u*}/\partial K \geqslant 0$ 以及 $\partial p_B^{u*}/\partial K \leqslant 0$，因此网络外部性对不同企业会造成不同的影响。其原因是，一方面，消费者进行购买决策时，必须充分比较从不同网络中获得的网络外部性预期收益，会倾向于购买在未来具有较大市场份额企业的产品；另一方面，由于 $\partial \beta/\partial \alpha \geqslant 0$，消费者对某企业市场份额的预期与企业的初始市场份额正相关。故具有较大初始市场份额的企业可以从网络外部性中获得竞争优势，制定较高的产品价格。

结合式（17.21）和式（17.22）可得各企业的最优利润，如式（17.23）所示：

$$\begin{cases} \pi_A^{UP} = \dfrac{(1+\alpha(1-K))^2 \theta}{\alpha(3-2\alpha K)^2} \\ \pi_B^{UP} = \dfrac{(2-\alpha(1+K))^2 \theta}{\alpha(3-2\alpha K)^2} \end{cases} \quad (17.23)$$

接下来我们比较不同企业利润的大小，令 $\pi_\Delta^{UP*} = \pi_A^{UP*} - \pi_B^{UP*}$，结合式（17-16）可得 $\pi_\Delta^{UP*} = \dfrac{(2\alpha-1)(3+(2-4\alpha)K+8(\alpha-1)\alpha K^2)\theta}{\alpha^2(3-2K)^2}$。

将 θ 标准化为 1，然后利用 Mathmatica7.0 软件可得 π_Δ^{UP*} 在区间 $1/2 \leqslant \alpha \leqslant 1$ 和 $0 \leqslant K \leqslant 1$ 上的函数图像，如图 17-1 所示。由该图可知，当 $\alpha \in [1/2, 1]$ 时，无论 α 和 K 如何变动，π_Δ^{UP*} 严格大于零。利用相同的方法可得当 $\alpha \in [0, 1/2)$ 时，无论 α 和 K 如何变动，π_Δ^{UP*} 严格小于零。因此如果企业 A 初始市场份额较大，则企业 A 会获取较多利润；反之，如果企业 A 初始市场份额较小，则该企业获取的利润要小于企业 B。

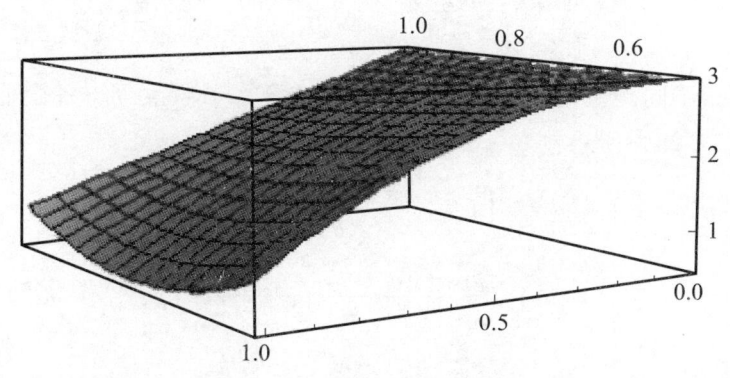

图 17-1 π_Δ^{UP*} 的函数图像

利用相同的方法可以求得当 $s \leqslant p_B^{UP} - p_A^{UP} - v(\beta)$ 时各企业的利润，如式（17.24）所示：

$$\begin{cases} \pi_A^{UP} = \dfrac{(1+\alpha(K+1)-K)^2 \theta}{(1-\alpha)(3-2(1-\alpha)K)^2} \\ \pi_B^{UP} = \dfrac{(2+\alpha(K-1)-K)^2 \theta}{(1-\alpha)(3-2(1-\alpha)K)^2} \end{cases} \quad (17.24)$$

通过比较不同企业利润易知 $\pi_A^{UP} < \pi_B^{UP}$。因此，综合前面的分析可得以下命题2：

命题2：在具有网络外部性市场上，如果双寡头企业采取统一定价策略，会出现单方面的消费者转换，初始份额较大企业的消费者会转换购买初始份额较小企业的产品，而初始份额较大企业会制定较高价格并获取较高利润。

三、不同定价策略下平台定价的分析

本节将对双寡头平台企业采取不同定价策略下的市场均衡进行分析。为便于分析展开，首先假设企业A采取动态差别定价，企业B采取统一定价，因此，企业A会给予新客户以价格上的优惠 m_A^{VP}，但是企业B对所有消费者都收取同样的价格。假设各企业的定价分别为 p_A^{VP} 以及 p_B^{VP}，故各企业的边际消费者如式（17.25）所示：

$$\begin{cases} R - p_A^{VP} + u(\beta) = R - p_B^{VP} - s + u(1-\beta) \\ R - p_B^{VP} + u(1-\beta) = R - p_A^{VP} + m_A^{VP} - s + u(\beta) \end{cases} \quad (17.25)$$

因此，满足以下条件的企业A的原消费者会转换购买企业B的产品：

$$s \leq p_A^{VP} - p_B^{VP} + v(\beta) \quad (17.26)$$

企业B的原消费者如果转换购买企业A的产品，则须满足以下条件：

$$s \leq p_B^{VP} - p_A^{VP} + m_A^{VP} - v(\beta) \quad (17.27)$$

由此可得不同类型消费者的数量，然后结合本书假设可得各企业的利润函数，如式（17.28）所示：

$$\begin{cases} \pi_A^{VP} = \alpha(p_A^{VP} - c)\left(1 - \dfrac{p_A^{VP} - p_B^{VP} + v(\beta)}{\theta}\right) \\ \qquad + (1-\alpha)\left(\dfrac{p_B^{VP} - p_A^{VP} + m_A^{VP} - v(\beta)}{\theta}\right)(p_A^{VP} - c - m_A^{VP}) \\ \pi_B^{VP} = (1-\alpha)\left(1 - \dfrac{p_B^{VP} - p_A^{VP} + m_A^{VP} - v(\beta)}{\theta}\right)(p_B^{VP} - c) \\ \qquad + \dfrac{\alpha}{\theta}(p_A^{VP} - p_B^{VP} + v(\beta))(p_B^{VP} - c) \end{cases} \quad (17.28)$$

对 π_A^{VP} 分别取 p_A^{VP} 和 m_A^{VP} 的一阶条件最优条件可得企业A利润最大化时的定

价和优惠额度的表达式：

$$\begin{cases} p_A^{VP*} = \dfrac{c + 2m_A^{VP} - 2\alpha m_A^{VP} - p_B^{VP} - v(\beta) + \alpha\theta}{2} \\ m_A^{VP*} = \dfrac{2p_A^{VP} - p_B^{VP} + v(\beta) - c}{2} \end{cases} \quad (17.29)$$

同理可得企业 B 利润最大化定价，如式（17.30）所示：

$$p_B^{VP*} = \dfrac{c - (1-\alpha) m_A^{VP} + p_A^{VP} + v(\beta) + (1-\alpha)\theta}{2} \quad (17.30)$$

联立式（17.29）和式（17-30）可得：

$$\begin{cases} p_A^{VP*} = (1 - \dfrac{\alpha}{4})\theta + c - \dfrac{1}{4}v(\beta) \\ p_B^{VP*} = (1-\alpha)\theta + c + \dfrac{1}{2}v(\beta) \\ m_A^{VP*} = \dfrac{\theta}{2} \end{cases} \quad (17.31)$$

由于 $v(\beta) = K\theta(1-2\beta)$，将其代入式（17.31）并结合式（17.28）可得各企业的市场份额：

$$\begin{cases} \beta^{VP} = \dfrac{2+\alpha-K}{2\times(2-K)} \\ 1-\beta^{VP} = \dfrac{2-\alpha-K}{2(2-K)} \end{cases} \quad (17.32)$$

结合式（17.28）、式（17.31）和式（17.32）可得不同类型消费者的数量，进而可得各企业的最优利润，如式（17.33）所示：

$$\begin{cases} \pi_A^{VP*} = \dfrac{((2-K)^2 + \alpha^2(3-4K+K^2) + \alpha(8-6K+K^2))\theta}{4\times(2-K)^2} \\ \pi_B^{VP*} = \dfrac{(2-\alpha-K)^2\theta}{2\times(2-K)^2} \end{cases} \quad (17.33)$$

下面对不同企业的利润进行比较。令 $\pi_\Delta^{VP*} = \pi_A^{VP*} - \pi_B^{VP*}$，结合式（17.34）可得：

$$\pi_\Delta^{VP*} = \dfrac{[(2-k)^2 + (16-10K+K^2)\alpha - (5-4K+K^2)\alpha^2]\theta}{4\times(2-K)^2} \quad (17.34)$$

将 θ 标准化为 1①，在区间 $0 \leq \alpha \leq 1/2$ 且 $0 \leq K \leq 1$ 上绘制 π_Δ^{VP*} 的三维函数图像可得图 17-2（a），区间 $1/2 < \alpha \leq 1$ 且 $0 \leq K \leq 1$ 的函数图像如图 17-2（b）所示。

由图 17-2 可知，当不同企业采取的定价策略不同时，市场份额较大的企业

---

① 下面在绘制类似的三维函数图像时，如无特殊说明，将默认 θ 标准化为 1。

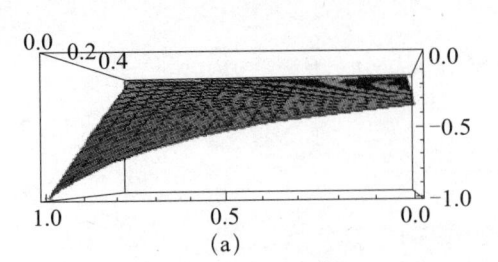

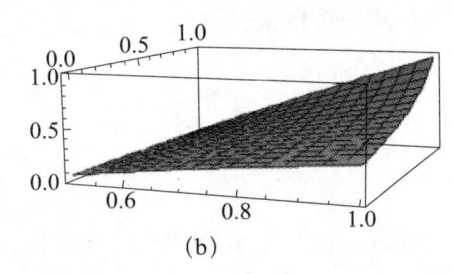

图 17-2 π_Δ^{VP*} 的函数图像

依然能够获取较大的利润。

运用相同的方法可以求出企业 A 采取统一定价策略,企业 B 采取差别定价策略时各企业的最优定价和利润,如式(17.35)所示:

$$\begin{cases} p_A^{VP**} = c + \dfrac{(3+\alpha(1-K)-K)\theta}{2\times(2-K)} \\ p_B^{VP**} = c + \dfrac{(1+\alpha-K)\theta}{(2-K)} \\ m_B^{VP**} = \dfrac{\theta}{2} \\ \pi_A^{VP**} = \dfrac{(1+\alpha-K)^2\theta}{2\times(2-K)^2} \\ \pi_B^{VP**} = \dfrac{((2-K)^2+(1-\alpha)^2(3-4K+K^2)+(1-\alpha)(8-6K+K^2))\theta}{4\times(2-K)^2} \end{cases}$$

(17.35)

综合本节的分析可得以下命题 3:

命题 3:在具有网络外部性市场上,如果双寡头企业采取不同定价策略,产品网络外部性特征的增强会提高初始市场份额较大的企业的利润,该企业获得的利润会高于初始市场份额较小的企业。

四、平台企业定价博弈的纳什均衡分析

首先给定企业 A 选择动态差别定价策略,此时企业 B 可以选择的策略为动态差别定价策略和统一定价策略,因此需要对 π_B^{DP*} 和 π_B^{VP*} 进行比较,通过前面的分析可得式(17.36):

$$\Delta\pi_1 = \pi_B^{DP*} - \pi_B^{VP*} = \dfrac{(1-\alpha)\alpha\theta}{9} \qquad (17.36)$$

由于 $\alpha \leq 1$,因此 $\Delta\pi_1 \geq 0$,所以给定企业 A 选择动态差别定价策略时,企业 B 必然也会选择同样的策略。

当企业 A 选择统一定价策略时，需要对 π_B^{VP**} 和 π_B^{UP*} 进行比较。由于双寡头平台都选择统一定价策略时，根据市场份额的不同，各企业的利润会发生变化，因此必须分别进行分析。如果 $\alpha \geq 1/2$，π_B^{VP**} 和 π_B^{UP*} 之间的比较结果如式（17.37）所示。

$$\Delta \pi_2 = \pi_B^{VP**} - \pi_B^{UP*}$$

$$= \frac{((2-K)^2 + (1-\alpha)^2 (3-4K+K^2) + (1-\alpha)(8-6K+K^2))\theta}{4 \times (2-K)^2}$$

$$- \frac{(9 \times (2-\alpha)^2 - 6(2\alpha^3 - 10\alpha^2 + 13\alpha - 2)K + 6(8\alpha^3 - 28\alpha^2 + 37\alpha - 8)\alpha K^2)\theta}{9\alpha(3-2\alpha K)^2}$$

（17.37）

利用 Mathmatic7.0 软件绘制 $\Delta \pi_2$ 的三维函数图像可得图 17-3（a），其中 $\alpha \in [0.5, 1]$，$K \in [0, 1]$。由该图可知 $\Delta \pi_2$ 恒小于零。因此，当 $\alpha \geq 1/2$ 时，有 $\pi_B^{VP**} < \pi_B^{UP*}$。同理，如果 $\alpha < 1/2$，π_B^{VP**} 和 π_B^{UP*} 之间的比较结果如图17-3（b）所示。由该图可知 $\Delta \pi_3$ 恒小于零。因此，当 $\alpha < 1/2$ 时，有 $\pi_B^{VP**} < \pi_B^{UP*}$。

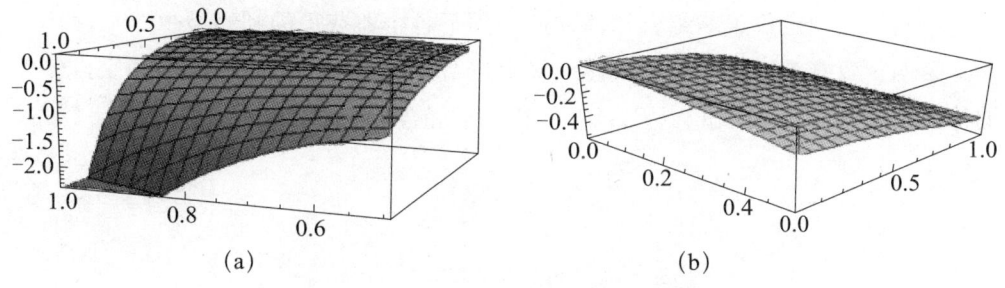

图 17-3 $\Delta \pi_2$ 和 $\Delta \pi_3$ 的三维函数图像

综合以上结果可知，无论各企业初始市场份额为多少，当企业 A 选择统一定价策略时，如果企业 B 必然会选择相同的策略，从而能够获得较高的利润。

同理，我们可以得到，无论平台 B 怎么定价，平台 A 都会采取相同的策略。因此，企业 A 的策略选择和企业 B 的策略选择完全一致。

综合以上分析结果可得以下命题4：

命题 4：双寡头平台企业在进行价格博弈时，存在两个纯策略纳什均衡和一个混合策略纳什均衡。

第五节 结 论

本章提出了作为渠道的交易型平台定价博弈的模型基本假设，并且对双寡头平台企业的定价策略进行了分析。具体而言，分析了不同策略组合下各企业的最优定价和利润，以及对消费者平台转换的影响，最终对不同市场均衡进行了比较，求解了纳什均衡。主要结论有以下几点：

第一，如果双寡头平台企业都采取动态差别定价，则各企业会给予新客户同等的优惠额度，该额度与各企业初始市场份额无关，但是企业的初始市场份额会影响消费者预期以及各企业的最优定价，初始市场份额较大的企业会获取较多利润。

第二，如果双寡头平台企业都采取统一定价策略，则会出现单方面的消费者转换，初始份额较大企业的消费者会转换购买初始份额较小企业的产品，而初始份额较大企业会制定较高价格并获取较高利润。与双寡头平台企业都采取动态差别定价的情形相比，此局面下各企业都会获得较高的利润。

第三，如果双寡头企业采取不同定价策略，产品网络外部性特征的增强会提高初始市场份额较大的企业的利润，该企业获得的利润会高于初始市场份额较小的企业。与其他定价策略组合相比，此局面下各企业获得的利润最少。

第四，双寡头平台企业在成熟市场上进行定价策略博弈时，存在两个纯策略纳什均衡 $\{DP, DP\}$ 和 $\{UP, UP\}$ 和一个混合策略纳什均衡。

参考文献

[1] 奥尔森. 集体的行动 [M]. 陈郁, 等, 译. 上海: 上海人民出版社, 1995.

[2] 白琳, 陈圻. 顾客感知价值与竞争优势关系的实证研究 [J]. 企业经济, 2007 (7): 60-71.

[3] 白长虹. 西方的顾客价值研究及其实践启示 [J]. 南开管理评论, 2001, 4 (2): 51-55.

[4] 保罗·萨缪尔森, 威廉·诺德豪斯. 经济学 [M]. 北京: 北京经济学院出版社, 1996.

[5] 毕达天, 邱长波. B2C 电子商务企业——客户间互动对客户体验影响机制研究 [J]. 中国软科学, 2014 (12): 124-135.

[6] 曹俊浩, 陈宏民, 胥莉. 基于网络外部性的电子商务企业纵向差异垄断定价策略 [J]. 上海交通大学学报, 2008 (9): 1557-1560.

[7] 曹元坤, 许晟. 部属追随力: 概念界定与量表开发 [J]. 当代财经, 2013 (3): 82-89.

[8] 陈明亮, 汪贵浦, 邓生宇, 等. 初始网络信任和持续网络信任形成与作用机制比较 [J]. 科研管理, 2008, 29 (5): 187-195.

[9] 陈瑞, 郑毓煌, 刘文静. 中介效应分析: 原来、程序、Bootstrap 方法及其应用 [J]. 营销科学学报, 2014, 9 (4): 120-135.

[10] 陈晔, 白长虹. 高接触型服务的顾客价值驱动要素实证研究 [J]. 山西财经大学学报, 2009, 31 (7): 51-59.

[11] 程贵孙. 具有负网络外部性的媒体平台竞争与福利研究 [J]. 管理科学学报, 2010, 13 (10): 89-96.

[12] 杜楠, 张闯, 夏春玉. 非对称依赖渠道关系中的契约治理和投机行为: 市场不确定性与政府支持的调节作用 [J]. 营销科学学报, 2015, 11 (3): 29-44.

[13] 范培华, 高丽, 侯明君. 扎根理论在中国本土管理研究中的运用现状与展望 [J]. 管理学报, 2017 (9): 1274-1282.

[14] 范小军, 陈宏民. 多零售渠道环境下渠道战略发展模型研究 [J]. 软科学, 2008, 22 (12): 80-85.

[15] 范晓屏, 韩洪叶, 孙佳琦. 网站生动性和互动性对顾客产品态度的影响——认知需求的调节效应研究 [J]. 管理工程学报, 2013, 27 (3): 196-204.

[16] 费小冬. 扎根理论研究方法论: 要素、研究程序和评判标准 [J]. 公共行政评论, 2008, 1 (3): 23-43.

[17] 傅晶晶. 个人—组织价值观匹配与组织承诺、离职倾向关系研究 [D]. 杭州: 浙江工业大学, 2006.

[18] 高昉. 在线购物背景下的顾客满意过程 [J]. 统计与信息论坛, 2011, 26 (4): 101-106.

[19] 郭国庆, 孙乃娟. 新进入者调适中介下感知互动类型对体验价值影响的实证研究 [J]. 管理评论, 2012 (12): 72-83.

[20] 郭国庆, 杨明海. 营销科学的新问题: 便利理论的研究评述及启示 [J]. 经济与管理评论, 2012, 12 (4): 38-44.

[21] 郭俊辉. 不同类别购物中心顾客体验影响效果对比 [J]. 商业研究, 2016 (10): 51-57.

[22] 郭燕, 周梅华, 吕雪晴. 研究型购物者的行为分析与调控策略——基于产品类别视角 [J]. 中国流通经济, 2014 (5): 112-116.

[23] 郭燕, 周梅华. 消费者跨渠道购买行为研究评述与展望 [J]. 技术经济与管理研究, 2014 (8): 55-58.

[24] 韩小芸, 汪纯孝. 服务性企业消费者满意感与忠诚感关系 [M]. 北京: 清华大学出版社, 2003.

[25] 郝媛媛, 邹鹏, 李一军, 叶强. 基于电影面板数据的在线评论情感倾向对销售收入影响的实证研究 [J]. 管理评论, 2009, 21 (10): 95-103.

[26] 胡广勤, 钱海东. 个人—环境匹配理论研究的进展与启示 [J]. 经济与管理, 2014 (7): 130-132.

[27] 胡正明, 王亚卓. 基于中国多渠道情境下消费者购买选择研究 [J]. 东岳论丛, 2011, 4 (4): 178-180.

[28] 黄海涛. 互动营销在微博广告中的应用 [D]. 成都: 西南交通大学, 2012.

[29] 贾雷, 周星, 朱晓倩. 不信任研究脉络梳理与未来展望 [J]. 外国经济与管理, 2012 (8): 73-81.

[30] 姜参, 赵宏霞, 孟雷. B2C 网络购物在线互动与消费者冲动性购买行为研究 [J]. 经济问题探索, 2014 (5): 64-73.

[31] 金萍, 陈东. 客户保留驱动因素分析 [J]. 山西财经大学学报, 2004, 26 (6): 72-76.

[32] 金杨华, 王重鸣. 人与组织匹配研究进展及其意义 [J]. 人类工效学, 2001, 7 (2): 36-39.

[33] 孔栋, 左美云, 孙凯. "上门"型 O2O 模式构成要素及其关系: 一个探索性研究 [J]. 管理评论, 2016 (12): 244-257.

[34] 李爱梅, 颜亮, 王笑天, 等. 时间压力的双刃效应及其作用机制 [J]. 心理科学进展, 2015, 23 (9): 1627-1636.

[35] 李飞. 全渠道零售的含义、成因及对策——再论迎接中国多渠道零售革命风暴 [J]. 北京工商大学学报（社会科学版）, 2013 (2): 1-11.

[36] 李凌. 平台经济发展与政府管制模式变革 [J]. 经济学家, 2015 (7): 27-34.

[37] 李淑燕. 移动购物全面消费体验对再购买意愿的影响机制研究 [D]. 泉州: 华侨大学, 2016.

[38] 李巍. 营销动态能力的概念与量表开发 [J]. 商业经济与管理, 2015 (2): 68-77.

[39] 林红焱, 周星. 网络环境下消费者不信任的测量 [C]. 厦门: JMS 年会论文, 2014.

[40] 刘刚, 拱晓波. 顾客感知价值构成型测量模型的构建 [J]. 统计与决策, 2007 (22): 131-133.

[41] 刘煜, 刘遗志, 汤定娜. 互联网时代零售企业构建全渠道商业模式的探讨 [J]. 北京工商大学学报（社会科学版）, 2016, 31 (6): 34-42.

[42] 刘煜, 汤定娜, 刘遗志. 零售企业实现全渠道战略的路径图 [J]. 商业经济研究, 2015 (3): 20-23.

[43] 刘振华. 个人用户手机支付采纳意向研究 [D]. 大连: 大连理工大学, 2010.

[44] 陆敏玲, 曹玉枝, 鲁耀斌. 基于移动商务特征视角的移动购物用户采纳行为研究 [J]. 情报杂志, 2012, 31 (9): 202-206.

[45] 罗刚, 黄丽华. 网络外部性条件下电子商务平台双边定价策略 [J]. 企业经济, 2007 (4): 135-137.

[46] 罗海成, 范秀成. 基于心理契约的关系营销机制: 服务业实证研究 [J]. 南开管理评论, 2005, 8 (6): 48-55.

[47] 罗海成. 营销情境中的心理契约及其测量 [J]. 商业经济与管理, 2005, 6 (164): 37-42.

[48] 吕洪兵. B2C 网店社会临场感与黏性倾向的关系研究 [D]. 大连: 大连理工大学, 2012.

[49] 孟美任, 丁晨春. 虚假商品评论信息发布者行为动机分析 [J]. 情报科学, 2013, 31 (10): 100-104.

[50] 彭赓, 寇纪淞, 李敏强. 信息技术投资降低搜索成本对市场的均衡分析 [J]. 管理科学学报, 2000, 3 (4): 37-45.

[51] 彭岚, 周启海, 邱江涛. 消费者在线评论有用性影响因素模型研究 [J]. 计算机科学, 2011, 38 (8): 205-207.

[52] 浦徐进, 刘伟, 杨浩. 互联网环境下双渠道供应链的渠道模式和定价决策 [J]. 营销科学学报, 2016, 12 (4).

[53] 齐丽云, 曹海燕, 魏婷婷. 客户知识管理——概念与量表开发 [J]. 数理统计与管理, 2012 (3): 471-483.

[54] 沙振权, 梁韵莹. 多渠道整合质量在顾客跨渠道保留中的作用研究 [J]. 商业经济研究, 2015 (29): 54-56.

[55] 沈璐, 庄贵军, 郭茹. 复杂型购买行为模式下的在线购买意愿: 以网购汽车为例的网络论坛扎根研究 [J]. 管理评论, 2015 (9): 221-230.

[56] 施圣炜, 黄桐城. 中介参与下信息搜寻成本三方对策模型研究 [J]. 情报杂志, 2005, 24 (7): 26-28.

[57] 石贵成, 王永贵, 邢金刚, 等. 对服务销售中关系强度的研究——概念界定、量表开发与效度检验 [J]. 南开管理评论, 2005, 8 (3): 74-82.

[58] 石奇, 孔群喜. 接入定价、渠道竞争与管制失败 [J]. 经济研究, 2009 (9): 116-127.

[59] 宋春红, 苏敬勤. 服务质量、顾客价值及顾客满意对顾客忠诚影响的实证检验 [J]. 统计与决策, 2008 (19): 182-184.

[60] 孙永波, 李霞, 孙娇娇. 消费者购物渠道选择行为述评 [J]. 首都经济贸易大学学报, 2017, 19 (6): 95-100.

[61] 谭娟, 汤定娜. 传统零售业闭店潮背景下我国零售行业跨渠道变革模式研究 [J]. 学术论坛, 2013, 36 (7): 151-154.

[62] 谭娟, 汤定娜. 多渠道零售变革中实体零售商发展战略探讨 [J]. 商业经济研究, 2015 (11): 19-20.

[63] 唐嘉庚. 互动性对B2C环境下信任及购买行为倾向影响研究 [D]. 上海: 复旦大学, 2006.

[64] 陶厚永, 李燕萍, 骆振心. 山寨模式的形成机理及其对组织创新的启示 [J]. 中国软科学, 2010 (11): 123-135.

[65] 涂红伟, 周星. 消费者渠道迁徙行为研究评介与展望 [J]. 外国经济与管理, 2011 (6): 42-49.

[66] 涂红伟, 贾雷, 周星. 消费者渠道迁徙行为的定义及其结构维度 [J]. 现代管理科学, 2011 (10): 99-102.

[67] 王崇, 李军, 叶强. 互联网环境下基于消费者感知价值的购买决策研究 [J]. 预测, 2007, 26 (3): 21-26.

[68] 王崇, 刘健. 消费者网络购物渠道决策——基于感知价值 [J]. 北京理工大学学报 (社会科学版), 2012, 14 (3): 62-68.

[69] 王纯孝, 韩小芸. 客户满意感与忠诚感关系的实证研究 [J]. 南开管理评论, 2003 (4): 70-74.

[70] 王大伟, 刘永芳. 归因风格、时间压力对购买决策影响的实验研究 [J]. 心理科学, 2008, 31 (4): 905-908.

[71] 王大伟. 决策制定过程中的时间压力效应 [J]. 心理研究, 2009, 2 (6): 42-46.

[72] 王高. 顾客价值与企业竞争优势——以手机行业为例 [J]. 管理世界, 2004 (10): 97-106.

[73] 王国顺, 杨晨. 实体与网络零售下消费者渠道迁徙行为模型的构建 [J]. 系统工程, 2014, 32 (8): 92-101.

[74] 王菁, 李妍星. 在线顾客体验的形成路径: 基于沉浸理论的实证研究 [J]. 中国地质大学学报 (社会科学版), 2015, 15 (2): 132-139.

[75] 王全胜, 韩顺平, 吴陆平. 客户异质性与银行服务渠道选择 [J]. 山西财经大学学报, 2010, 32 (8): 24-30.

[76] 王全胜, 韩顺平, 传明. 西方消费者渠道选择行为研究评析 [J]. 南京社会科学, 2009 (7): 32-36.

[77] 王锡秋. 顾客价值及其评估方法研究 [J]. 南开管理评论, 2005, 8 (5): 31-34.

[78] 王亚卓. 双渠道顾客消费行为研究 [D]. 济南: 山东大学, 2011.

[79] 王艳萍, 程岩. 参考组与时间压力影响下在线消费者对主动式推荐的心理抗拒及接受意愿分析 [J]. 管理评论, 2013, 25 (2): 70-78.

[80] 王雁飞, 孙楠. 个人—环境匹配理论与相关研究新进展 [J]. 科技管理研究, 2013 (8): 139-147.

[81] 王渊, 白永秀. 时间压力下序贯决策研究进展——基于TAM扩展框架的评述 [J]. 经济管理, 2013, 35 (8): 181-188.

[82] 卫海英, 杨国亮. 企业—顾客互动对品牌信任的影响分析——基于危机预防的视角 [J]. 财贸经济, 2009 (4): 79-84.

[83] 吴锦峰, 常亚平, 潘慧明. 多渠道整合质量对线上购买意愿的作用机理研究 [J]. 管理科学, 2014, 27 (1): 86-98.

[84] 吴泗宗, 苏靖. 消费者渠道选择意愿形成机制研究 [J]. 当代财经, 2012 (1): 75-83.

[85] 吴兆龙, 丁晓. 顾客保留的竞争战略选择 [J]. 管理现代化, 2004 (4): 37-41.

[86] 武永红, 范秀成. 基于顾客价值的企业竞争力整合模型探析 [J]. 中国软科学, 2004 (11): 86-92.

[87] 徐晋. 平台经济学——平台竞争的理论与实践 [M]. 上海: 上海交通大学出版社, 2007

[88] 薛求知, 黄佩燕, 鲁直等. 行为经济学——理论与应用 [M]. 上海: 复旦大学出版社, 2003.

[89] 闫玮. 基于跨渠道购买的消费者购买转移行为分析 [J]. 商业经济研究, 2014 (8): 14-15.

[90] 严建援, 张丽, 张蕾. 电子商务中在线评论内容对评论有用性影响的实证研究 [J]. 情报科学, 2012 (5): 713-716.

[91] 杨水清, 鲁耀斌, 曹玉枝. 基于跨渠道的消费者移动支付采纳研究 [J]. 科研管理, 2011, 32 (10): 79-88.

[92] 杨水清. 基于消费者视角的渠道扩展与选择行为研究 [D]. 武汉: 华中科技大学, 2012.

[93] 杨晓燕. 中国消费者行为研究综述 [J]. 经济经纬, 2003 (1):

56 - 58.

[94] 姚公安. 消费者对电子商务企业信任建立过程中信息搜索体验的影响 [J]. 管理科学, 2009, 22 (5): 49 - 60.

[95] 银成钺, 杨雪, 王影. 基于关键事件技术的服务业顾客间互动行为研究 [J]. 预测, 2010 (1): 15 - 20.

[96] 于本海, 杨永清, 孙静林, 等. 顾客体验与商户线下存在对社区O2O电商接受意向的影响研究 [J]. 管理学报, 2015, 12 (11): 1658 - 1664.

[97] 喻辉, 纪汉霖. 搜索成本理论研究述评 [J]. 当代经济, 2009 (3): 143 - 145.

[98] 云乐鑫, 胡保玲. 营销渠道沟通对关系绩效影响的实证研究——关系型治理的中介效应 [J]. 营销科学学报, 2010, 8 (1): 63 - 75.

[99] 张武康, 郭立宏. 多渠道零售研究述评与展望 [J]. 中国流通经济, 2014 (2): 88 - 96.

[100] 张新安. 中国消费者的顾客价值形成机制: 以手机为对象的实证研究 [J]. 管理世界, 2010 (1): 107 - 121.

[101] 张兴贵, 罗中正, 严标宾. 个人—环境 (组织) 匹配视角的员工幸福感 [J]. 心理科学进展, 2012 (6): 935 - 943.

[102] 赵宏霞, 才智慧, 何珊. 基于虚拟触觉视角的在线商品展示、在线互动与冲动性购买研究 [J]. 管理学报, 2014 (1): 133 - 141.

[103] 赵宏霞, 王新海, 周宝刚. B2C网络购物中在线互动及临场感与消费者信任研究 [J]. 管理评论, 2015 (2): 43 - 54.

[104] 赵占波, 杜晓梦, 梁帆, 等. 产品类型和时间压力对消费者网络冲动性购买倾向的影响 [J]. 营销科学学报, 2015, 11 (2): 118 - 132.

[105] Adams W J, Yellen J L. Commodity Bundling and the Burden of Monopoly [J]. Quarterly Journal of Economics, 1976, 90 (3): 475 - 498.

[106] Agrebi S, Jallais J. Explain the intention to use smartphones for mobile shopping [J]. Journal of Retailing & Consumer Services, 2015, 22: 16 - 23.

[107] Ahrens J, Coyle J R, Strahilevitz M A. Electronic word of mouth: The effects of incentives on e-referrals by senders and receivers [J]. European Journal of Marketing, 2013, 47 (7): 1034 - 1051.

[108] Aldás-Manzano J, Ruiz-Mafé C, Sanz-Blas S. Exploring individual personality factors as drivers of M-shopping acceptance [J]. Industrial Management &

Data Systems, 2009, 109 (6): 739 – 757.

[109] Anderson J C, Gerbing D W. Structural equation modeling in practice: A review and recommended two-step approach [J]. Psychological Bulletin, 1988, 103 (3): 411 – 423.

[110] Ando T. Merchant selection and pricing strategy for a platform firm in the online group buying market [J]. Annals of Operations Research, 2018, 263 (1 – 2): 209 – 230.

[111] Andrei Hagiu, Hanna Hałaburda. Information and two-sided platform profits☆☆☆ [J]. Harvard Business School Working Papers, 2014, 34 (C): 25 – 35.

[112] Ansari A, Mela C F, Neslin S A. Customer Channel Migration [J]. Journal of Marketing Research, 2008, 45 (1): 60 – 76.

[113] Armstrong M, Vickers J. Competitive Non-linear Pricing and Bundling [J]. Review of Economic Studies, 2010, 77 (1): 30 – 60.

[114] Armstrong M, Vickers J. Competitive Price Discrimination [J]. Rand Journal of Economics, 2001, 32 (4): 579 – 605.

[115] Armstrong M. Recent Developments in the Economics of Price Discrimination [J]. General Information, 2006: 149.

[116] Avery B A, Calder B. New Media Interactive Advertising vs. Traditional Advertising [J]. Journal of Advertising Research, 1998, 38 (4): 23 – 32.

[117] Avery J, Steenburgh T J, Deighton J, Caravella M. Adding Bricks to Clicks: Predicting the Patterns of Cross-channel Elasticities Over Time [J]. Journal of Marketing, 2012, 76 (3): 96 – 111.

[118] Avery R J. Determinants of Seareh for Nondurable Goods: An Empirical Asses sment of the Econotnics of Inforination Theory [J]. Journal of Consumer Affairs, 1996, 30 (2): 390 – 419.

[119] Baal S V, Dach C. Free riding and customer retention across retailers' channels [J]. Journal of Interactive Marketing, 2005, 19 (2): 75 – 85.

[120] Bakos Y, Brynjolfsson E. Bundling and Competition on the Internet [J]. Social Science Electronic Publishing, 2000, 19 (1): 63 – 82.

[121] Balasubramanian S, Raghunathan R, and Mahajan V. Consumers in a Multichannel environment: product utility, process utility, and channel choice [J]. Journal of Interactive Marketing, 2005, 19 (2): 12 – 30.

[122] Bambauer-Sachse S, Mangold S. Do consumers still believe what is said in online product reviews? A persuasion knowledge approach [J]. Journal of Retailing & Consumer Services, 2013, 20 (4): 373 – 381.

[123] Bandura A. Self-efficacy: toward unifying theory of behavioral change [J]. Psychological Review, 1977, 84 (2): 191 – 215.

[124] Bansal H S, Taylor S F, and James Y S. "Migrating" to new service providers: toward a unifying framework of consumers' switching behaviors [J]. Journal of the Academy of Marketing Science, 2005, 33 (1): 96 – 115.

[125] Beatty S E, Smith S M. External Search Effort: An Investigation across Several Product Categories [J]. Journal of Consumer Research, 1987, 14 (1): 83 – 95.

[126] Berman B, Thelen S. A guide to developing and managing a well-integrated multi-channel retail strategy [J]. International Journal of Retail & Distribution Management, 2004, 32 (3): 147 – 156.

[127] Berry L L, Seiders K, Grewal D. Understanding Service Convenience [J]. Journal of Marketing, 2002, 66 (3): 1 – 17.

[128] Black N J, Lockett A, Ennew C, Winklhofer H, Mckechnie S. Modelling Comsumer Choice of Distribution Channels: An Illustration from Financial Sevics [J]. International Journal of Bank Marketing, 2002, 20 (4): 161 – 173.

[129] Blagov, E. Y., Factors of multi-sided network pricing: current state and perspective of research [D]. Working Paper, St. Petersburg State University, 2012.

[130] Blancero D, Ellram L. Strategic supplier partnering: a psychological contract perspective [J]. International Journal of Physical Distribution & Logistics Management, 1997, 27 (9/10): 616 – 629.

[131] Bonner J M. Customer interactivity and new product performance: Moderating effects of product newness and product embeddedness [J]. Industrial Marketing Management, 2010, 39 (3): 485 – 492.

[132] Bouwman H, Simons L P A, Steinfield C. Strategic positioning of the Web in a multi-channel market approach [J]. Internet Research, 2002, 12 (4): 339 – 347.

[133] Brakus, J J, Schmitt, B H, Zarantonello L. Brand Experience: What is It? How is It Measured? Does It Affect Loyalty? [J]. Journal of Marketing, 2009,

73（3）：52-68.

[134] Brown L G. Convenience in Services Marketing [J]. Journal of Services Marketing, 1990, 4（1）：53-59.

[135] Burnham T A, Frels J K, Mahajan V. Consumer switching costs: A typology, antecedents, and consequences [J]. Journal of the Academy of Marketing Science, 2003, 31（2）：109.

[136] Cable D M, Judge T A. Pay Preferences and Job Search Decisions: A Person-Organization Fit Perspective [J]. Personnel Psychology, 1994, 47（1）：317-348.

[137] Cacioppo J T, Petty R E, Kao C F. The efficient assessment of need for cognition [J]. Journal of Personality Assessment, 1984, 48（3）：306-315.

[138] Calzada J, Martínez-Santos F. Pricing strategies and competition in the mobile broadband market [J]. Journal of Regulatory Economics, 2016, 50（1）：1-29.

[139] Carlson J, O'Cass A. Managing web site performance taking account of the contingency role of branding in multi-channel retailing [J]. Journal of Consumer Marketing, 2013, 28（7）：524-531.

[140] Carlton D W, Chevalier J A. Free Riding and Sales Strategies for the Internet [J]. Journal of Industrial Economics, 2001, 49（4）：441-461.

[141] Cassab H, Maclachlan D L. A consumer-based view of multi-channel service [J]. Journal of Service Management, 2009, 20（1）：52-75.

[142] Chandrashekaran R, Suri R. Effects of gender and price knowledge on offer evaluation and channel transition in retail and e-tail environments [J]. IEEE Journal on Selected Areas in Communications, 2013, 33（5）：910-921.

[143] Chatterjee P. Multiple-channel and cross-channel shopping behavior: role of consumer shopping orientations [J]. Marketing Intelligence & Planning, 2010, 28（1）：9-24（16）.

[144] Chen Y, Xie J. Online Consumer Review: Word-of-Mouth as a New Element of Marketing Communication Mix [J]. Management Science, 2008, 54（3）：477-491.

[145] Chen Y. Paying Customers to Switch [J]. Journal of Economics & Management Strategy, 1997, 6（4）：877-897.

[146] Cheung M Y, Sia C L, Kuan K K Y. Is This Review Believable? A Study of Factors Affecting the Credibility of Online Consumer Reviews from an ELM Perspective

[J]. Journal of the Association for Information Systems, 2012, 13 (8): 618 –635.

[147] Chiang W Y K, Zhang D, Zhou L. Predicting and explaining patronage behavior toward web and traditional stores using neural networks: a comparative analysis with logistic regression [J]. Decision Support Systems, 2006, 41 (2): 514 –531.

[148] Childers T L, Carr C L, Peck J, et al. Hedonic and utilitarian motivations for online retail shopping behavior [J]. Journal of Retailing, 2001, 77 (4): 511 –535.

[149] Chiu H C, Hsieh Y C, Roan J, et al. The challenge for multichannel services: Cross-channel free-riding behavior [J]. Electronic Commerce Research & Applications, 2011, 10 (2): 268 –277.

[150] Cho S, Workman J. Gender, fashion innovativeness and opinion leadership, and need for touch [J]. Journal of Fashion Marketing & Management, 2011, 15 (3): 363 –382.

[151] Choi, J, Park, J. Multichannel Retailing in Korea: Effects of Shopping Orientations and Information Seeking Patterns on Channel Choice Behavior [J]. International Journal of Retail & Distribution Management, 2006, 34 (8): 577 –596.

[152] Choi, S, and Mattile, A S. Perceived fairness of price differences across channels: The moderating role of price frame and norm perceptions [J]. Journal of Marketing Theory and Practice, 2009, 17 (1): 37 –47.

[153] Chu, J, Chintagunta, P, Cebollada, J. A comparison of within household price sensitivity across online and offline channels [J]. Marketing Science, 2008, 27 (2): 283 –299.

[154] Chung J, Tan F B. Antecedents of perceived playfulness: an exploratory study on user acceptance of general information-searching websites [J]. Information & Management, 2004, 41 (7): 869 –881.

[155] Churchill G A. A Paradigm for Developing Better Measures of Marketing Constructs [J]. Journal of Marketing Research, 1979, 16 (1): 64 –73.

[156] Claas MüllerLankenau, Kai Wehmeyer, Stefan Klein. Multi-Channel Strategies: Capturing and Exploring Diversity in the European Retail Grocery Industry [J]. International Journal of Electronic Commerce, 2005, 10 (2): 85 –122.

[157] Collins M K, Winrow B. Porter's generic strategies as applied toward e-tailers post-Leegin [J]. Journal of Product & Brand Management, 2010, 19 (4): 306 –311.

[158] Corkle D E, Reardon J. A consumer model for channel switching behavior [J]. International Journal of Retail & Distribution Management, 2002, 30 (4): 179 – 185.

[159] Coser L A, Barber B. The Logic and Limits of Trust [J]. Political Science Quarterly, 1983, 2 (3): 77 – 78.

[160] Cronin J J, Brady M K, Hult G T M. Assessing the effects of quality, value, and customer satisfaction on consumer behavioral intentions in service environments [J]. Journal of Retailing, 2000, 76 (2): 193 – 218.

[161] Cyr D, Hassanein K, Head M, Ivanov A. The role of social presence in establishing loyalty in e-service environments [J]. Interacting with Computers, 2007, 19 (1): 43 – 56.

[162] Darke P R, Ritchie R J. Damage from corrective advertising: Causes and cures [J]. Journal of Marketing, 2008, 72 (6): 81 – 97.

[163] Davis F D. Perceived usefulness, perceived ease of use, and user acceptance of information technology [J]. Mis Quarterly, 1989, 13 (3): 319 – 340.

[164] Davis F, Bagozzi R, Warshaw P. Extrinsic and Intrinsic Motivation to Use Computers in the Workplace [J]. Journal of Applied Social Psychology, 1992, 22 (14): 1111 – 1132.

[165] Davis, Fred D, Bagozzi, et al. User acceptance of computer technology: a comparison of two theoretical models [J]. Management Science, 1989, 35 (8): 982 – 1003.

[166] De Maeyer, P. Impact of online consumer reviews on sales and price strategies: a review and directions for future research [J]. Journal of Product & Brand Management, 2012, 21 (2): 132 – 139.

[167] Deighton J. Commentary on "Exploring the implications of the internet for consumer marketing" [J]. Journal of the Academy of Marketing Science, 1997, 25 (4): 347 – 351.

[168] Dellarocas C. Strategic Manipulation of Internet Opinion Forums: Implications for Consumers and Firms [J]. Ssrn Electronic Journal, 2006, 52 (10): 1577 – 1593.

[169] Deng Z, Lu Y, Wei K K, et al. Understanding customer satisfaction and loyalty: An empirical study of mobile instant messages in China [J]. International Journal of Information Management, 2010, 30 (4): 289 – 300.

[170] Dholakia R R, Uusitalo O. Switching to electronic stores: consumer char-

acteristics and the perception of shopping benefits [J]. International Journal of Retail & Distribution Management, 2002, 30 (10): 459 –469.

[171] Dholakia R R, Zhao M, Dholakia N. Multichannel retailing: A case study of early experiences [J]. Journal of Interactive Marketing, 2010, 19 (2): 63 –74.

[172] Diederick Van Thiel Advice Robo, Fred, Raaij. Explaining Customer Experience of Digital Financial Advice [J]. Economics, 2017, 5 (1): 69 –84.

[173] Dong Hee Shin, Youn Joo Shin. Consumers' Trust in Virtual Mall Shopping: The Role of Social Presence and Perceived Security [J]. International Journal of Humanâ computer Interaction, 2011, 27 (5): 450 –475.

[174] Dorai S, Varshney S. A multistage behavioural and temporal analysis of CPV in RM [J]. Journal of Business & Industrial Marketing, 2012, 27 (5): 403 –411.

[175] Duffy D L. Multi-channel marketing in the retail environment [J]. Journal of Consumer Marketing, 2004, 21 (5): 356 –359.

[176] Eroglu S A, Machleit K A, Davis L M. Atmospheric qualities of online retailing: A conceptual model and implications [J]. Journal of Business Research, 2001, 54 (2): 177 –184.

[177] Fernández-Sabiote E, Román S. Adding clicks to bricks: A study of the consequences on customer loyalty in a service context ☆ [J]. Electronic Commerce Research & Applications, 2012, 11 (1): 36 –48.

[178] Florenthal B, Shoham A. Four-mode channel interactivity concept and channel preferences [J]. Journal of Services Marketing, 2013, 24 (1): 29 –41.

[179] Forsythe S, Liu C, Shannon D, et al. Development of a scale to measure the perceived benefits and risks of online shopping [J]. Journal of Interactive Marketing, 2010, 20 (2): 55 –75.

[180] Fortin D R, Dholakia R R. Interactivity and vividness effects on social presence and involvement with a web-based advertisement [J]. Journal of Business Research, 2005, 58 (3): 387 –396.

[181] Frambach R T, Roest H C A, Krishnan T V. The impact of consumer Internet experience on channel preference and usage intentions across the different stages of the buying process [J]. Journal of Interactive Marketing, 2010, 21 (2): 26 –41.

[182] Fudenberg D, Tirole J. Customer Poaching and Brand Switching [J].

Rand Journal of Economics, 2000, 31 (4): 634 – 657.

[183] Ganesan S. Determinants of Long-Term Orientation in Buyer-Seller Relationships [J]. Journal of Marketing, 1994, 58 (2): 1 – 19.

[184] Ganesh J. Managing Customer Preferences in A Multichannel Environment Using Web Service [J]. International Journal of Retail & Distribution Management, 2004, 32 (3): 140 – 146.

[185] Gaswamy A, Van Bruggen G H. Opportunities and challenges in multichannel marketing: An introduction to the special issue [J]. Journal of Interactive Marketing, 2005, 19 (2): 5 – 11.

[186] Gaumer C, Lafief W C. Social facilitation: affect and application in consumer buying situations [J]. Journal of Food Products Marketing, 2005, 11 (1): 75 – 82.

[187] Gefen D, Straub D W. Consumer trust in B2C E-commerce and the importance of social presence: experiments in E-products and E-Services [J]. The International Journal of Management Science, 2004, 32 (6): 407 – 424.

[188] Gefen D, et al. Inexperience and Experience with Online Stores: the Importance of TAM and Trust [J]. IEEE Transaction on Engineering Management, 2003, 50 (3): 307 – 321.

[189] Gefen D. E-commerce: the role of familiarity and trust [J]. OMEGA, 2000, 28 (6): 725 – 737.

[190] Gehrt K C, Onzo N, Fujita K, et al. The Emergence of Internet Shopping in Japan: Identification of Shopping Orientation-Defined Segments [J]. Journal of Marketing Theory & Practice, 2007, 15 (2): 167 – 177.

[191] Geyskens, Inge, Gielens K et al. The Market Valuation of Internet Channel Additions. Journal of Marketing. 2002, 66 (2): 102 – 119.

[192] Gilbert A L, Han H. Understanding mobile data services adoption: Demography, attitudes orneeds? [J]. Technological Forecasting & Social Change, 2005, 72 (3): 327 – 337.

[193] Girard T, Korgaonkar P, Silverblatt R. Relationship of Type of Product, Shopping Orientations, and Demographics with Preference for Shopping on the Internet [J]. Journal of Business & Psychology, 2003, 18 (1): 101 – 120.

[194] Goos M, Van Cayseele P J G, Willekens B. Platform Pricing in Matching

Markets [J]. Social Science Electronic Publishing, 2013, 12 (4): 437 - 457.

[195] Griffith D A, Ryans J K. Strategically employing natural channels in an era of global marketing [J]. Journal of Marketing Practice Applied Marketing Science, 1995, 1 (4): 52 - 69.

[196] Guijarro L, Pla V, Vidal J R, et al. Maximum-Profit Two-Sided Pricing in Service Platforms Based on Wireless Sensor Networks [J]. IEEE Wireless Communications Letters, 2016, 5 (1): 8 - 11.

[197] Gupta A, Su B C, Walter Z. An empirical study of consumer switching from traditional to electronic channels: A purchase-decision process perspective [J]. International Journal of Electronic Commerce, 2004, 8 (3): 131 - 161.

[198] Gupta A, Su B, Walter Z. Risk profile and consumer shopping behavior in Electronic and traditional channels [J]. Decision Support Systems, 2004, 38 (3): 347.

[199] Ha L, James E L. Interactivity reexamined: A baseline analysis of early business web sites [J]. Journal of Broadcasting & Electronic Media, 1998, 42 (4): 457 - 474.

[200] Haeckel S H. About the Nature and Future of Interactive Marketing [J]. Journal of Interactive Marketing, 1998, 12 (1): 63 - 71.

[201] Hagiu A. Pricing and commitment by two-sided platforms [J]. Rand Journal of Economics, 2010, 37 (3): 720 - 737.

[202] Hahn K H, Kim J. The Effect of Offline Brand Trust and Perceived Internet Confidence on Online Shopping Intention in the Integrated Multi-channel Context [J]. International Journal of Retail & Distribution Management, 2009, 37 (2): 126 - 141.

[203] Hakim C. Researchdesign: strategies and choices in the design of social research [M]. Allen & Unwin, 1987.

[204] Harsanyi, J C R. Selton, A generalized Theory of Eqilibrium Selection in Games [M]. 1988, MIT Press.

[205] Hassanein K, Head M. Manipulating perceived social presence through the web interface and its impact on attitude towards online shopping [J]. International Journal of Human-Computer Studies, 2007, 65 (8): 689 - 708.

[206] Heider R, Moeller S. Outlet patronage in on-the-go consumption: An analysis of patronage preference drivers for convenience outlets versus traditional retail

outlets [J]. Journal of Retailing & Consumer Services, 2012, 19 (3): 313-324.

[207] Hou A C Y, Chern C C, Chen H G, et al. Migrating to a new virtual world: exploring MMPORG switching through human migration theory [J]. Computers in Human Behavior, 2011, 27 (5): 1892-1903.

[208] Hou A C Y, Chern C C, Chen H G, et al. Using Demographic Migration Theory to Explore Why People Switch Between Online Games [C]. Hawaii International Conference on System Sciences. IEEE Computer Society, 2009: 1-9.

[209] Hsiao C, Yeh H, Li E. Exploring consumer value of multi-channel shopping: a perspective of means-end theory [J]. Internet Research, 2011, 22 (3): 318-339.

[210] Hsieh, YiChing, et al. All for one but does one strategy work for all?: Building consumer loyalty in multi-channel distribution [J]. Journal of Service Theory & Practice, 2012, 22 (3): 310-335.

[211] Hsu C L, Chang K C, Chen M C. Flow Experience and Internet Shopping Behavior: Investigating the Moderating Effect of Consumer Characteristics [J]. Systems Research & Behavioral Science, 2012, 29 (3): 317-332.

[212] Hu N, Bose I, Gao Y, et al. Manipulation in digital word-of-mouth: A reality check for book reviews [J]. Decision Support Systems, 2011, 50 (3): 627-635.

[213] Hu N, Bose I, Koh N S, et al. Manipulation of online reviews: An analysis of ratings, readability, and sentiments [J]. Decision Support Systems, 2012, 52 (3): 674-684.

[214] Hu W. Retail service for mixed retail and E-tail channels [J]. Annals of Operations Research, 2012, 192 (1): 151-171.

[215] Hyun Hwa Lee, Jihyun Kim. Investigating Dimensionality of Multichannel Retailer's Cross-Channel Integration Practices and Effectiveness: Shopping Orientation and Loyalty Intention [J]. Journal of Marketing Channels, 2010, 17 (4): 281-312.

[216] Ijsselsteijn W A, Ridder H D. Presence: concept, determinants, and measurement [J]. Proceedings of SPIE-The International Society for Optical Engineering, 2000, 3959: 520-529.

[217] Jae Hynn G, Pricing strategy of monopoly platforms [D], Working Paper, University of Southern California, 2013.

[218] Jeon D S, Rochet J C. The Pricing of Academic Journals: A Two-Sided Market Perspective [J]. American Economic Journal Microeconomics, 2010, 2 (2): 222 – 255.

[219] Jeong Y, Maruyama M. Strategic choice of price policy under exogenous switching costs [J]. Economics Bulletin, 2008, 12 (26): 1 – 8.

[220] Jiang L, Yang Z, Jun M. Measuring Consumer Perceptions of Online Shopping Convenience [J]. Journal of Service Management, 2013, 24 (2): 191 – 214.

[221] Jih W J. Effects of Consumer-Perceived Convenience on Shopping Intention in Mobile Commerce: An Empirical Study [J]. International Journal of E-Business Research, 2007, 3 (4): 33 – 48.

[222] Kabadayi S, Lerman D. Made in China but sold at FAO Schwarz: country-of-origin effect and trusting beliefs [J]. International Marketing Review, 2013, 28 (1): 102 – 126 (25).

[223] Kassarjian H H. Content Analysis in Consumer Research [J]. Journal of Consumer Research, 1977, 4 (1): 8 – 18.

[224] Katz M L, Shapiro C. Network Externalities, Competition, and Compatibility [J]. American Economic Review, 1985, 75 (3): 424 – 440.

[225] Kauffman R, Lee D, Lee J, et al. A Hybrid Firm's Pricing Strategy in Electronic Commerce Under Channel Migration [J]. International Journal of Electronic Commerce, 2009, 14 (1): 11 – 54.

[226] Kaufman-Scarborough C, Forsythe S. Current issues in retailing: Relationships and emerging opportunities: Introduction to the special issue from the American Collegiate Retailing Association 2005 and 2006 conferences [J]. Journal of Business Research, 2009, 62 (5): 517 – 520.

[227] Kaynar O, Amichai-Hamburger Y. The effects of Need for Cognition on Internet use revisited [J]. Computers in Human Behavior, 2007, 23 (1): 880 – 891.

[228] Keeney, Ralph L. The Value of Internet Commerce to the Customer [J]. Management Science, 1999, 45 (4): 533 – 542.

[229] Khai S L, Tan S J. E-retailing Versus Physical Retailing: A Theoretical Model and Empirical Test of Consumer Choice [J]. Journal of Business Research, 2003, 56 (11): 877 – 885.

[230] Kilcourse B. Finding the Integrated Multi-Channel Retailer [J]. Bench-

mark Study, 2008.

[231] Kim D, Ferrin D, Rao R. A trust-based consumer decision-making model in electronic commerce [J]. Decision Support Systems, 2008, 44 (2): 544 – 564.

[232] Kim G, Shin B S, Lee H G. Understanding dynamics between initial trust and usage intentions of mobile banking [J]. Information Systems Journal, 2010, 19 (3): 283 – 311.

[233] Kim H W, Chan H C, Gupta S. Value-based Adoption of Mobile Internet: An empirical investigation [J]. Decision Support Systems, 2007, 43 (1): 111 – 126.

[234] Kim J, Ma Y J, Park J. Are US consumers ready to adopt mobile technology for fashiongoods? [J]. Journal of Fashion Marketing & Management, 2009, 13 (2): 215 – 230.

[235] King R C, Sen R, Xia M. Impact of Web-based e-Commerce on Channel Strategy in Retailing [J]. International Journal of Electronic Commerce, 2004, 8 (3): 103 – 130.

[236] Kiousis S. Broadening the boundaries of interactivity: A concept explication [C]. Annual Conference Association for Education in Journalism and Mass Communication, August, New Orleans, LA, 1999.

[237] Klaus P, Maklan S. EXQ: a multiple-item scale for assessing service experience [J]. Journal of Service Management, 2012, 23 (1): 5 – 33.

[238] Kleijnen M, Ruyter K D, Wetzels M. An assessment of value creation in mobile service delivery and the moderating role of time consciousness [J]. Journal of Retailing, 2007, 83 (1): 33 – 46.

[239] Klemperer P. Markets with Consumer Switching Costs [J]. The Quarterly Journal of Economics, 1987, 102 (2): 375 – 394.

[240] Kodera T. Discriminatory Pricing and Spatial Competition in Two-Sided Media Markets [J]. B. e. Journal of Economic Analysis & Policy, 2015, 15 (2).

[241] Komiak S Y X, Benbasat I. A Two-Process View of Trust and Distrust Building in Recommendation Agents: A Process-Tracing Study [J]. Journal of the Association for Information Systems, 2008, 9 (12): 727 – 747.

[242] Koufaris, M. Applying the Technology Acceptance Model and Flow Theory to Online Consumer Behavior [J]. Information Systems Research, 2002, 13 (2): 205 – 223.

[243] Kramer R M. Trust and distrust in organizations: emerging perspectives, enduring questions. [J]. Annual Review of Psychology, 1998, (50): 569 - 598.

[244] Kristof A L, Zimmerman R D, Johnson E C. Consequences of individual's fit at work: A meta-analysis of person-organization, person-group, and person-supervisor fit [J]. Personnel Psychology, 2005, 58: 281 - 342.

[245] Kumar A, Mukherjee A. Shop while you talk: Determinants of Purchase Intentions through a mobile device [J]. International Journal of Mobile Marketing, 2013, 8 (1): 23 - 37.

[246] Kumar V, Venkatesan R. Who are the multichannel shoppers and how do they perform? correlates of multichannel shopping behavior [J]. Journal of Interactive Marketing, 2005, 19 (2): 44 - 62.

[247] Kung L C, Zhong G Y. The optimal pricing strategy for two-sided platform delivery in the sharing economy [J]. Transportation Research Part E Logistics & Transportation Review, 2017, 101: 1 - 12.

[248] Kuruzovich J, Viswanathan S, Weitzman S, et al. Marketspace or Marketplace? Online Information Search and Channel Outcomes in Auto Retailing [J]. Information Systems Research, 2008, 19 (2): 182 - 201.

[249] Lai J Y, Debbarma S, Ulhas K R. An empirical study of consumer switching behaviour towards mobile shopping: A Push-Pull-Mooring model [J]. International Journal of Mobile Communications, 2012, 10 (4): 386 - 404.

[250] Lemon K N, Verhoef P C. Understanding Customer Experience Throughout the Customer Journey [J]. Journal of Marketing A Quarterly Publication of the American Marketing Association, 2017, 37 (6): 69 - 96.

[251] Li G C B, Kumar A. Explaining consumer acceptance of handheld Internet devices [J]. Journal of Business Research, 2005, 58 (5): 553 - 558.

[252] Li M L, Green R D. A Mediating influence on customer loyalty: The role of perceived value [J]. Journal of Management & Marketing Research, 2011 (1): 1 - 12.

[253] Lin Z, Bennett D. Examining retail customer experience and the moderation effect of loyalty programmes [J]. International Journal of Retail & Distribution Management, 2014, 42 (10): 929 - 947.

[254] Liu D W, Kai L I. An Equilibrium Analysis of Competition Between Two-Sided Platforms with Agent Multi-homing [J]. Journal of Northeastern University,

2012, 33 (1): 145 – 148.

[255] Liu Q, Serfes K. Price Discrimination in Two-Sided Markets [C]. NET Institute, 2007: págs. 768 – 786.

[256] Lombard M, Jones M T. Identifying the (Tele) Presence Literature [J]. Psychology Journal, 2007, 5 (2): 197 – 206.

[257] Lu H, Su P Y. Factors affecting purchase intention on mobile shopping web sites [J]. Internet Research, 2013, 19 (4): 442 – 458.

[258] Luca M, Zervas G. Fake It Till You Make It: Reputation, Competition, and Yelp Review Fraud [J]. Harvard Business School Working Papers, 2013, 62: 412 – 3427.

[259] Mackinnon D P, Lockwood C M, Williams J. Confidence Limits for the Indirect Effect: Distribution of the Product and Resampling Methods [J]. Multivariate Behavioral Research, 2004, 39 (1): 99 – 128.

[260] Mahar S, Salzarulo P A, Wright P D. Using online pickup site inclusion policies to manage demand in retail/E-tail organizations [J]. Computers & Operations Research, 2012, 39 (5): 991 – 999.

[261] Mark Armstrong. Competition in Two-Sided Markets [J]. Rand Journal of Economics, 2006, 37 (3): 668 – 691.

[262] Mayer R C, Davis J H, Schoorman F D. An Integrative Model of Organizational Trust [J]. Academy of Management Review, 1995, 20 (3): 709 – 734.

[263] Mcallister D J. Affect and cognition-based trust as foundations for interpersonal cooperation in organizations [J]. Academy of Management Journal, 1995, 38 (1): 24 – 59.

[264] Mccole P. The role of trust for electronic commerce in services. [J]. International Journal of Contemporary Hospitality Management, 2002, 14 (2): 81 – 87.

[265] Mcknight D H, Kacmar C. Developing and Validating Trust Measures for e-Commerce: An Integrative Typology [J]. Information Systems Research, 2002, 13 (3): 334 – 359.

[266] McMillan S J. Interactivity is in the eye of the beholder: Function, perception, involvement, and attitude toward the web site [C]. Proceedings of the conference-American academy of advertising. Pullman, WA, 2000: 71 – 78.

[267] McMillan S J. What is interactivity and what does it do [C]. Paper submitted to the Communication Technology and Policy Division AEJMC annual conference, Phoenix. 2000.

[268] Montes G. Is interaction the message the effect of democratizing and non-democratizing interaction in video conferencing small group on social presence and quality of outcome [J]. Technology-mediated Communication, 1992 (1): 187-223.

[269] Montoya-Weiss M M, Voss G B, Grewal D. Determinants of online channel use and overall satisfaction with a relational, multichannel service provider [J]. Journal of the Academy of Marketing Science, 2003, 31 (4): 448-458.

[270] Moon B. Paradigms in migration research: exploring "moorings" as a schema [J]. Progress in Human Geography, 1995, 19 (4): 504.

[271] Müller-Lankenau C, Kai W, Klein S. Strategic channel alignment: an analysis of the configuration of physical and virtual marketing channels [J]. Information Systems and e-Business Management, 2006, 4 (2): 187-216.

[272] Neslin S A, Grewal D, Leghorn R, et al. Challenges and Opportunities in Multichannel Customer Management [J]. Journal of Service Research, 2006, 9 (2): 95-112.

[273] Neslin S A, Shankar V. Key Issues in Multichannel Customer Management: Current Knowledge and Future Directions [J]. Journal of Interactive Marketing, 2009, 23 (1): 70-81.

[274] Noble S M, Griffith D A, Weinberger M G. Consumer derived utilitarian value and channel utilization in a multi-channel retail context [J]. Journal of Business Research, 2005, 58 (12): 1643-1651.

[275] Nunes P F, Cespedes F V. The customer has escaped [J]. Harvard Business Review, 2003, 81 (11): 96.

[276] Nungsari M. Essays on pricing and matching on two-sided platforms [D]. Working Paper, University of North Carolina at Chapel Hill Graduate School, 2015.

[277] Ofek E, Katona Z, Sarvary M. "Bricks and Clicks": The Impact of Product Returns on the Strategies of Multichannel Retailers [M]. INFORMS, 2011.

[278] Oh J, Fiorito S S, Cho H, et al. Effects of design factors on store image and expectation of merchandise quality in web-based stores [J]. Journal of Retailing & Consumer Services, 2008, 15 (4): 237-249.

[279] Oh L B, Teo H H, Sambamurthy V. The effects of retail channel integration through the use of information technologies on firm performance [J]. Journal of Operations Management, 2012, 30 (5): 368 - 381.

[280] Okazaki S, Mendez F. Exploring Convenience in Mobile Commerce: Moderating Effects of Gender [J]. Computers in Human Behavior, 2013, 29 (3): 1234 - 1242.

[281] Oliver R L. Measurement and Evaluation of Satisfaction Process in Retail Settings [J]. Journal of Retailing, 1981, 57 (3): 25 - 48.

[282] Parker E B, Short J, Williams E, et. al. The Social Psychology of Telecommunication [J]. Contemporary Sociology, 1978, 7 (1).

[283] Patwardhan P, Ramaprasad J. A rational integrative model of online consumer decision making [J]. Journal of Interactive Advertising, 2005, 6 (1): 2 - 13.

[284] Pavlik J V. New media technology: cultural and commercial perspectives [J]. Journalism & Mass Communication Educator, 1998, 52.

[285] Pavlou P A, David G. Building effective online marketplaces with institution-based trust [J]. Information Systems Research, 2004, 15 (1): 37 - 59.

[286] Pavlou P, Fygenson M. Understanding and Predicting Electronic Commerce Adoption: An Extension of the Theory of Planned Behavior [J]. MIS Quarterly, 2006, 30 (1): 115 - 143.

[287] Pedersen P E, Nysveen H. Search Mode and Purchase Intention in Online. [J]. International Journal of Internet Marketing & Advertising, 2005, 2 (4).

[288] Philips, C. "Webrooming" -New Trend Holds Promise for In-store Sales. Power Retail report [EB/OL]. 2013 - 4 - 23/2014 - 2 - 10.

[289] Pitta D, Franzak F, Fowler D. A strategic approach to building online customer loyalty: integrating customer profitability tiers [J]. Journal of Consumer Marketing, 2006, 23 (7): 421 - 429.

[290] Pookulangara S, Hawley J, Xiao G. Explaining consumers' channel-switching behavior using the theory of planned behavior [J]. Journal of Retailing & Consumer Services, 2011, 18 (4): 311 - 321.

[291] Pookulangara S, Hawley J, Xiao G. Explaining consumers' channel-switching behavior using the theory of planned behavior [J]. Journal of Retailing & Consumer Services, 2011, 18 (4): 311 - 321.

[292] Porter M E. Competitive Strategy [M]. New York: Free Press, 1980.

[293] Rabbanee F K, Ramaseshan B, Wu C, et al. Effects of store loyalty on shopping mall loyalty [J]. Journal of Retailing & Consumer Services, 2012, 19 (3): 271-278.

[294] Rafaeli S. From new media to communication [J]. Sage annual review of communication research: Advancing communication science, 1988, 16: 110-134.

[295] Rapp A, Baker T L, Bachrach D G, et al. Perceived customer showrooming behavior and the effect on retail salesperson self-efficacy and performance [J]. Journal of Retailing, 2015, 91 (2): 358-369.

[296] Reinartz W, Thomas J S, Kumar V. Balancing Acquisition and Retention Resources to Maximize Customer Profitability [J]. Journal of Marketing, 2005, 69 (1): 63-79.

[297] Reisinger M. Two-part tariff competition between two-sided platforms [J]. European Economic Review, 2014, 68 (3): 168-180.

[298] Rhee E. Multi-channel management in direct marketing retailing: Traditional call center versus Internet channel [J]. Journal of Database Marketing & Customer Strategy Management, 2010, 17 (2): 70-77.

[299] Rochet J C, Tirole J. Platform Competition in Two-Sided Markets [J]. Journal of the European Economic Association, 2003, 1 (4): 990-1029.

[300] Roehling M V. The origins and early development of the psychological contract construct [J]. Journal of Management History, 1996, 3 (2): 204-217.

[301] Rose S, Clark M, Samouel P, et al. Online Customer Experience in e-Retailing: An empirical model of Antecedents and Outcomes [J]. Journal of Retailing, 2012, 88 (2): 308-322.

[302] Roxburgh S. "There just aren't enough hours in the day": the mental health consequences of time pressure. [J]. Journal of Health & Social Behavior, 2004, 45 (2): 115-131.

[303] Rui S, Voss C A. Service Quality in Multichannel Services Employing Virtual Channels [J]. Journal of Service Research, 2006, 8 (4): 356-371.

[304] Rysman M. The Economics of Two-Sided Markets [J]. Journal of Economic Perspectives, 2009, 23 (3): 125-143.

[305] Sabiote C M, Frías D M, Castañeda J A. The moderating effect of uncertainty-avoidance on overall perceived value of a service purchased online [J]. 2012,

22 (2): 180 - 198 (19).

[306] Salo J. Customer experience management in the music industry online communities [J]. International Journal of Music Business Research, 2012, 1 (2): 7 - 30.

[307] Sanjukta Denton, Texas, Ge Xiao. Explaining multichannel consumer's channel migration intention using theory of reasoned action [J]. International Journal of Retail & Distribution Management, 2011 (39): 183 - 202.

[308] Schmitt B H, Martínez M. Experiential Marketing [J]. Journal of Marketing Management, 1999, 15 (1 - 3): 53 - 67.

[309] Schoenbachler D D, Gordon G L. Multi-channel shopping: understanding what drives channel choice [J]. Journal of Consumer Marketing, 2002, 19 (1): 42 - 53.

[310] Schramm-Klein, Hanna, Wagner, et al. Cross-channel integration-is it valued bycustomers? [J]. International Review of Retail Distribution & Consumer Research, 2011, 21 (5): 501 - 511.

[311] Shekhar, Shiva. Homing choice and platform pricing strategy [J]. Dice Discussion Papers, 2017, 247: 48 - 59.

[312] Shen J. Social comparison, social presence, and enjoyment in the acceptance of social shopping websites [J]. Journal of Electronic Commerce Research, 2012, 13 (3): 198 - 212.

[313] Sheth J N, Mittal B, Newman B I. Customer behavior: consumer behavior and beyond [M]. Customer Behavior: Consumer Behavior and Beyond. 1999: 1 - 47.

[314] Shih, HungPin. An empirical study on predicting user acceptance of e-shopping on the Web [J]. Information & Management, 2004, 41 (3): 351 - 368.

[315] Shin J. How Does Free Riding on Customer Service Affect Competition? [J]. Marketing Scienee, 2007, 26 (4): 488 - 503.

[316] Shrout P E, Bolger N. Mediation in experimental and nonexperimental studies: New procedures and recommendations. [J]. Psychological Methods, 2002, 7 (4): 422.

[317] Sicilia M, Munuera J L. Effects of Interactivity in a Web Site: The Moderating Effect of Need for Cognition [J]. Journal of Advertising, 2005, 34 (3): 31 - 44.

［318］ Simon F. The experiential aspects of online search information for new customers to a website ［J］. Canadian Journal of Administrative Sciences, 2010, 27 (4): 292 - 305.

［319］ Skadberg Y X, Kimmel J R. Visitor's flow experience while browsing a web site: its measurement, contributing factors and consequences ［J］. Computers in Human Behavior, 2004, 20 (3): 403 - 422.

［320］ Sohn D, Ci C, Lee B K. The moderating effects of expectation on the patterns of the interactivity-attitude relationship ［J］. Journal of Advertising, 2007, 36 (3): 109 - 119.

［321］ Song K, Fiore A M, Park J. Telepresence and fantasy in online apparel shopping experience ［J］. Journal of Fashion Marketing & Management, 2005, 11 (4): 553 - 570.

［322］ Srinivasan N, Ratchford B T. An Empirical Test of a Model of External Search for Automobiles ［J］. Journal of Consumer Research, 1991, 18 (2): 233 - 242.

［323］ Steinfield C. Understanding Click and Mortar E-Commerce Approaches ［J］. Journal of Interactive Advertising, 2002, 2 (2): 1 - 10.

［324］ Strauss A, Corbin J M. Basics of qualitative research: Grounded theory procedures and techniques. ［J］. Modern Language Journal, 1990, 77 (2): 129.

［325］ Suddaby R. From the Editors: What Grounded Theory Is Not ［J］. Academy of Management Journal, 2006, 49 (4): 633 - 642.

［326］ Suntornpithug N, Khamalah J. Machine and Person Interactivity: The Driving Forces Behind Influences on Consumers' Willingness to Purchase Online ［J］. Journal of Electronic Commerce Research, 2010, 11 (4): 299 - 325.

［327］ Szollos A. Toward a Psychology of Chronic Time Pressure: Conceptual and Methodological Review. ［J］ Time &Society, 2009, 18 (2 - 3): 332 - 350.

［328］ Taylor C. Supplier Surfing: Price Discrimination in Markets with Repeat Purchases ［J］. RAND Journal of Economic, 2003, 34: 223 - 246.

［329］ Teo T S H, Yeong Y D. Assessing the consumer decision process in the digital marketplace ［J］. Omega, 2003, 31 (5): 349 - 363.

［330］ Thomas J S, Sullivan U Y. Managing marketing communications with multichannel Customers ［J］. Journal of Marketing, 2005, 69 (4): 239 - 251.

［331］ Timmer P. Business Models for Electronic Markets ［J］. Journal on Electronic Markets, 1998, 8 (2): 3 – 8.

[332] Trevinal A M, Stenger T. Toward a conceptualization of the online shopping experience [J]. Journal of Retailing & Consumer Services, 2014, 21 (3): 314 – 326.

[333] Venkatesan R, Kumar V, Ravishanker N. Multichannel Shopping: Causes and Consequences [J]. Journal of Marketing, 2007, 71 (2): 114 – 132.

[334] Venkatraman N, Camillus J C. Exploring the concept of "fit" in strategic management [J]. Academy of Management Review, 1984, 9 (3): 513 – 525.

[335] Verhagen T, Nes J G V, Feldberg J F M, et al. Virtual customer service agents: Using social presence and personalization to shape online service encounters [M]. Blackwell Publishing Ltd, 2011.

[336] Verhoef P C, Neslin S A, Vroomen B. Multichannel customer management: Understanding the research-shopper phenomenon [J]. International Journal of Research in Marketing, 2007, 24 (2): 129 – 148.

[337] Vi jayasarathy L R, Predicting consumer intentions to use online shopping: the ease for an augmented technology acceptance model [J]. Information & Management, 2004, 06: 747 – 762.

[338] Vishwanath V, Mulvin G. Multi-Channels: The Real Winners in the B2C Internet Wars [J]. Business Strategy Review, 2010, 12 (1): 25 – 33.

[339] Voyer P A. Word-of-Mouth Processes Within a Services Purchase Decision Context [J]. Journal of Service Research, 2000, 3 (2): 166 – 177.

[340] Vulkan N. Economic Implications of Agent Technology and E-commerce [J]. Economic Journal, 1999, 109 (2): 67 – 90.

[341] Weiss A M, Anderson E. Converting from Independent to employee Sales Forees: The Role of Perceived switching Costs [J]. Journal of Marketing Researeh, 1992, 29 (1): 101 – 115.

[342] Wen Chin Tsao, and YaLing Tseng. "The impact of electronic-service quality on online shopping behaviour." Total Quality Management & Business Excellence 22. 9 (2011): 1007 – 1024.

[343] Weyl E G. A Price Theory of Multi-Sided Platforms [J]. American Economic Review, 2010, 100 (4): 1642 – 1672.

[344] White A. Imperfect Platform Competition: A General Framework [J].

Working Papers, 2010.

[345] Wolfinbarger M, Gilly M C. Shopping Online for Freedom, Control, and Fun [J]. California Management Review, 2001, 43 (2): 34 - 55.

[346] Wu J F, Chang Y P. Multichannel integration quality, online perceived value and online purchase intention: A perspective of land-based retailers [J]. Internet Research, 2016, 26 (5): 1228 - 1248.

[347] Wu J H, Wang S C. What drives mobile commerce? An empirical evaluation of the revised technology acceptance model [M]. Elsevier Science Publishers B. V. 2005.

[348] Xiaolin Li, Suvankar Ghosh. Power-Dependence and Reseller Influence on SMEs' Continued Use of Online Direct Sales Channels: An Empirical Study [J]. Journal of Organizational Computing & Electronic Commerce, 2012, 22 (1): 87 - 106.

[349] Yale L, Venkatesh A. Toward the Construct of Convenience in Consumer Research [J]. Advances in Consumer Research, 1986, 13 (1): 403 - 408.

[350] Yang K, Kim H. Mobile shopping motivation: an application of multiple discriminant analysis [J]. International Journal of Retail & Distribution Management, 2012, 40 (10): 778 - 789.

[351] Yang K. Determinants of US consumer mobile shopping services adoption: implications for designing mobile shopping services [J]. Journal of Consumer Marketing, 2010, 27 (3): 262 - 270.

[352] Yieh K, Wei M B. The Effects of Technology Readiness on Customer Perceived Value: An Empirical Analysis [J]. Journal of Family & Economic Issues, 2012, 33 (2): 177 - 183.

[353] Yoo W S, Lee Y, Park J K. The role of interactivity in e-tailing: Creating value and increasing satisfaction [J]. Journal of Retailing & Consumer Services, 2010, 17 (2): 89 - 96.

[354] Yoo-Kyoung S, Lauren R B. The influence of college students, shopping Orientations and gender differences on online information searches and Purchase behaviors [J]. Antinational Journal of Consumer Studies. 2008, 32 (2): 113 - 128.

[355] Zeithaml V A. Consumer perceptions of price, quality, and value: A means-end model and synthesis of evidence. [J]. Journal of Marketing, 1988, 52 (3): 2 - 22.

[356] Zhang J, Farris P W, Irvin J W, et al. Crafting Integrated Multichannel Retailing Strategies [J]. Journal of Interactive Marketing, 2010, 24 (2): 168 – 180.

[357] Zhang K Z K, Cheung C M K, Lee M K O, et al. Understanding the Blog Service Switchingin Hong Kong: An Empirical Investigation [C] // hicss. IEEE Computer Society, 2008: 269.

[358] Zhang X. Retailers' Multichannel and Price Advertising Strategies [J]. Marketing Science, 2009, 28 (6): 1080 – 1094.

[359] Zhao X, Lynch J G, Chen Q. Reconsidering Baron and Kenny: Myths and truths about mediationanalysis. [J]. Journal of Consumer Research, 2010, 37 (2): 197 – 206.

[360] Zhao Y, Yang S, Narayan V, et al. Modeling Consumer Learning from Online Product Reviews [J]. Marketing Science, 2011, 32 (1): 153 – 169.

索 引

B

B2C 互动　116
版本化定价　216
便利型购物导向　184
不信任　108

C

差别定价　216
刺激　107
刺激—机体—反应（S-O-R）
　　107，181

D

搭便车　106
单渠道　3
动态差别定价　217
多边市场　214
多渠道　3
多渠道购物　18
多渠道整合　142
多渠道整合质量　142

E

二级编码　207
二级的差别定价　216

F

反展厅 webrooming　7
非匿名差别定价　216

服务构造透明度　143
服务关联性　146
服务透明度　146
服务一致性　145

G

感知便利性　157
感知价值　120
感知实用价值　120
感知享乐价值　120
感知易用性　92
感知有用性　93
感知娱乐性　93
个人化定价　216
公平理论　145
购后便利　159
购物者搜索成本　67
顾客保留　131
顾客购物导向　184
顾客价值　130
顾客价值层次模型　135
顾客价值管理　131
顾客价值管理模型　131
顾客满意　132
顾客—渠道价值匹配　134
顾客体验　114

关系营销　131

过程一致性　143

H

互动　167

互动传播　115

互动媒介　117

互动性　167

获益便利　158

基于交易环境的信任　122

基于交易双方的信任　122

基于行为的差别定价　217

激励性好评　195

技术接受模型　78

间接网络效应　214

兼容性　218

交易便利性　159

接入便利性　159

接入成本　78

解释水平理论　160

经济型购物导向　184

竞争型研究型购物者　19

竞争性平台　214

决策便利　158

K

开放式编码　208

跨渠道保留　6

跨渠道搭便车　19

捆绑折扣　217

L

理性预期　218

"连锁式"互动　116

量表的信度　28

临场感　103

零售渠道价值　130

M

卖家—顾客互动　168

满意度　182

锚定因素　60

N

内容效度　23

P

PPM 模型　77

匹配　133

评论操纵行为　192

Q

迁徙　5

情感社会临场感　170

情感信任　168

情绪调节理论　160

渠道　3

渠道便利　158

渠道搭便车　7

渠道迁徙　4

渠道转换　5

全渠道　3

群体化定价　216

R

认知社会临场感　170

认知失调理论　205

认知信任　168

认知行为理论　146

认知需求　170

认知资源理论　160

S

三级编码　207
三级差别定价　216
设备成本　78
社会促进理论　108
社会临场感　104
社会认知理论　136
社会学习理论　136
深度访谈　20
时间压力　155
数量折扣　217
搜索便利性　159
探索型因子分析方法　25

T

体验　114
体验学习理论　115
同构测量　134
推动因素　59

W

网络购物　166
网络互动　122
网络使用经验　68
网络水军　193
网络信息搜索满意　182
网络信息搜索体验　182
物理临场感　104

X

响应性　119

消费者搭便车行为　106
消费者渠道迁徙　57
消费者体验　114
心理契约　143
信任　133
信息搜寻　67
信息一致性　142
选择理论　115
选择性编码　210

Y

亚马逊飞轮　214
研究型购买　58
研究型购物行为　5
研究型购物者　18
业务关联性　143
一级编码　207
一级差别定价　216
意识社会临场感　170

Z

再访问意愿　185
扎根理论　206
展厅 showrooming　6
障碍因素　61
直接网络效应　214
主轴编码　23
转换成本　68
自我临场感　104